끝까지
살아남는
미국주식
고르기

시장의 역경을 극복하고 다시 찾아올
부의 기회를 포착하는 방법

끝까지
살아남는
미국주식
고르기

한상희 지음

길벗

Contents

PART 1   주식은 자산 배분에 꼭 있어야 하는 투자 수단

PART 4 | **성장주 밸류에이션 방법과
투자 전략**

PART 5 | 가치주 밸류에이션 방법과 투자 전략

프롤로그

미국 주식을
공부하고자 하는
당신은 이미 승자!

"강세장은 비관론에서 태어나고 회의 속에서 자라며
낙관 속에 성숙하고 희열을 느끼며 끝난다."

"Bull markets are born on PESSIMISM, grow on SKEPTICISM,

mature on OPTIMISM and die on EUPHORIA."

― 존 템플턴 경 *Sir John Templeton*

돈을 벌 기회는
언제나 있다

주사위를 던져 숫자를 맞추면 10만 원을 주는 게임이 있다고 가정해 보자. 참가비가 얼마라야 이 게임에 참가할 마음이 생길까? 논리적으로는 16,666원 미만일 때 참여해야 한다. 그 이유는 주사위의 6개 눈 중 1개가 나올 확률을 고려한 1회 시행 시의 기댓값이 16,666원이기 때문이다. 실제로는 1만 원 정도까지 낮아져야 사람들의 관심을 끌 수 있다.

미국에서 진행된 실험[1]에 따르면, 사람들은 손해를 볼 수 있는 금액의 2배를 딸 가능성이 있어야 게임에 응하는 경향이 있다고 한다. 이는 동일 금액을 잃었을 때 느끼는 괴로움이 땄을 때 느끼는 기쁨의 2배에 이른다는 것을 의미한다. 행동경제학에서는 이를 가리켜 '손실 회피 편향Loss Aversion Bias'이라고 한다.

손실 회피 편향은 사람이 타인과 같은 선택을 하거나 처지에 놓였을 때 편안함을 느끼는 속성과 밀접한 관계가 있다. 이러한 특징이 잘 나타나는 곳이 바로 '자산 시장'이다. 지난 5년간 다양한 자산의 가격이 급등하면서 벼락거지, 고립 공포감FOMO, Fear Of Missing Out과 같은 말이 회자되고 있다. 여기서 고립 공포감은 '정보가 없거나 경험이 부족해서 나타나는 불안한 감정'을 말한다. 최근에는 부동산, 주식, 암호화폐 등을 통해 부자가 된 주변 사람들을 보면서 '나는 왜 남들처럼 그렇게 하지 못했을까?'라는 열패감을 느끼는 사람들이 많아졌다. 분명 같은 시대를 살고 있는데, 남들과 달리 변화의 물결을 받아들이지 못하고 있는 자신의 우둔한 머리를 원망하면서 말이다. 이런 사람들의 머릿속에는 '사촌이 땅을 사면 배가 아프다', '배 고픈 건 참아도 아픈 건 못 참는다'라는 생각이 깔려 있다.

인간이 본능적으로 갖고 있는 손실 회피 성향이 극대화된 시장 참여자가 고립 공포감을 느끼면 남들에게 뒤처지기 싫은 욕구가 상승장의 막판에 자산을 급하게 매수하는 동력으로 작용한다. 특정한 투자 대상의 수익률이 양호해 많은 사람이 돈을 넣었다는 기사가 넘쳐나면 그 자산이 계속 양호할 것이라고 믿으며 투자를 한다. 이와 반대로 언론에서 나쁜 소식을 쏟아 내면 그 뉴스의 주인공인 자산은 쳐다보지도 않는다.

행동경제학자들은 "인간은 본능적으로 자산을 비쌀 때 사고 쌀 때 팔도록 태어났다"라고 주장한다. 손실을 회피하려는 시도가 투자 수익률에 영향을 미치는 것이다. 구스타브 르봉[2]에 따르면, 대중은 정신적으로 통일된 속성이 있기 때문에 이성보다는 감정에 이끌려 선택하는 경우가 많다. 어떠한 현상에 맞닥뜨리면 당장의 현실이 영원히 지속될 것이라고 믿으면서 자신도 이 현상에 편입돼 마음의 위안을 받으려고 한다.

과거를 돌아보면서 좋은 투자 기회를 놓쳤다는 회한에 빠질 필요가 없다. 너나 할 것이 없이 누구나 그렇다는 점을 알아야 정신 건강에 이롭다. 하지만 '돈을 번 사람은 소수이고 못 번 사람은 다수'라는 자기 위로가 군중 심리에 편승하려는 습성과 맞물리면 다시는 기회가 없을 것이라 생각해 투자를 통한 자산 증식을 쉽게 포기한다. 필자의 경험상 세상이 끝난 듯한 시장의 폭락 이후에는 자산 가격이 반드시 회복했고 영원히 지속된다고 느껴지는 강세장이 지나면 예상도 못한 약세장이 나타나곤 했다.

2004년에 회사에 입사해 지점에서 교육OJT, One the Job Training을 받을 때의 일이다. 당시 선배 중 한 분이 해 준 이야기를 아직도 잊을 수 없다. IT 버블의 절정기에는 고객들이 빈 주문지에 자신의 계좌 정보만 적어 지점 앞에서 기다리고 있다가 담당 영업직원에게 다음과 같이 말했다고 한다.

"A 과장, 코스닥 좀 사 줘."

스마트폰으로 거의 모든 거래가 가능해진 지금과 같은 상황에서는 믿을 수 없는 이야기다. 그 정도로 많은 자금이 증시로 유입됐고 시장 참여자들은 상승장의 희열을 즐기고 있었다. 코스피가 1,000을 돌파하고 코스닥이 3,000에 육박하면서 너도나도 증시에 뛰어들었다. 열정의 끝은 참담했다. 코스피는 반토막이 났고 코스닥은 거의 90%가 빠졌다. 1998년에서 2000년 초반까지 이어지는 폭등장의 막차를 탄 투자자는 자신의 인생에 주식 투자로 돈 벌 수 있는 기회는 더 이상 없을 것이라고 생각하면서 주식 시장에는 눈길도 주지 않겠다고 다짐했다. 물론 S&P500, 나스닥 그리고 다른 지역의 증시도 이와 비슷한 시기에 폭락했다.

코스피는 IT 버블의 상처를 딛고 반등해 2004년 하반기에는 800~900선에 머물러 있었다. 2004년 4월, 원자바오 중국 총리가 인플레이션Inflation을 막기 위한 긴축을 시사하면서 여름에 주가가 일시적으로 약세를 보인 후 올라가고 있었다. 당시에는 1,000을 다시 돌파할 수 있을 것인지에 대한 갑론을박이 많았다. 부정론을 펼치는 사람들은 "이미 500~600% 이상 올랐고 코스피의 상한선이 1,000으로 제한돼 있기 때문에 1000을 돌파하기는 어렵다"라고 주장했다. 반면, 긍정론을 펼치는 사람들은 "기업의 체질이 변화하고 있고 금리가 곧 하락할 것이기 때문에 1000을 다시 돌파할 수 있다"라고 주장했다. 결과는 긍정론의 승리였다. 중국이 2001년 세계무역기구WTO, World Trade Organization에 가입한 이후 세계 경제에 본격적으로 편입되면서 조선, 건설, 철강 등의 중후 장대 산업의 성장성이 부각됐고 코스피가 2007년에 2,000을 돌파했다. 바닥에서 많이 상승한 시기에 다시 주식 투자에 관심을 가졌다고 해도 견조한 수익을 올리는 데는 아무런 문제가 없었다.

여의도인들이 활황세를 온몸으로 느끼던 2007년, 필자는 동원증권(현한국투자증권)의 건설 담당 애널리스트로 일하고 있었다. 좋은 소식과 강력한 분기 실적을 반영해 목표 주가를 올리기가 무섭게 개별 건설 회사의 주가가 새롭게 상향 조정된 목표 주가를 뚫어버렸다. 시장이 워낙 세서 하락을 고민하기보다는 매수 의견을 유지하고 목표 주가를 올릴 수 있는 논리에 대해 훨씬 더 많이 연구했던 기억이 생생하다. 2007년부터 서브프라임 모기지Subprime Mortgage[1]가 문제라는 이야기가 들리기 시작했지만, 시장은 개의치 않았다. 2008년이 코스피 3,000 시대에 대한 기대와 함께 시작됐지만, 베어스턴스와 리먼 브라더스Lehman Brothers가 파산하면서 악몽이 시작됐다. 코스피는 다시 1,000 이하로 떨어졌다.

우울한 기분으로 저녁을 먹으면서 선배 및 동료들과 코스피의 바닥이 얼마인지에 대해 토론했던 2008년 10월의 어느 날이 떠오른다. 나를 포함한 다수의 참석자가 코스피가 언제까지 떨어질지 모르기 때문에 주식에 대한 긍정적인 접근은 시기상조라고 생각했다. 선배 중 한 명은 "이번 금융 위기는 대공황 이후 처음으로 나타난 콘드라티에프 파동Kondratiev Wave[2]의 저점에 해당하므로 주가가 전 고점에 도달하려면 최소 10년은 걸릴 것이다"라는 절망적인 전망을 내놓기도 했고 또 다른 선배는 "100년에 한 번 오는 기회일 테니 정신 똑바로 차리고 있어야 한다"라고 말하기도 했다.

---

1 비우량 주택 담보 대출을 말한다. 주택 가격이 정체되면서 부실화됐고 2008년 리먼 브라더스 파산으로 연결되며 금융 위기로 이어졌다.
2 1925년에 러시아의 경제학자 콘드라티에프가 주창한 50~60년간의 긴 파동을 말한다.

하지만 증시의 움직임은 예상과 달랐다. 언제 위기가 있었냐는 듯이 2009년 6월까지 단 8개월 만에 50% 폭등했다. 대부분의 투자자는 저점을 놓쳤을 가능성이 높은데, 50% 상승 이후 증시에 들어왔어도 그 이후 1년간 50%의 수익률을 누릴 수 있었다.

2008년 이후 2011년의 유럽 재정 위기 및 미국 신용 등급 강등, 2013년의 긴축 발작Taper Tandrum[3], 2015년의 중국 불황, 2018년의 금리 상승에 따른 자금 이동 등 각양각색의 이유로 주가는 내렸고 증시 참여자를 힘들게 했다. 한 번의 예외도 없이 조정 이후의 지수는 다시 올랐다.

주식 시장만큼 '위기 이후 기회'라는 야구의 격언이 잘 어울리는 분야도 없다. 2020년 코로나19의 창궐은 2008년 리먼 브라더스 사태를 떠올리게 했다. 전쟁과 비슷하게 경제 활동이 중단되고 전염병이 삶에 어떠한 영향을 미칠지 불확실했다. 코스피는 한 달 만에 1,500 이하로 고점 대비 40% 가까이 하락했고 S&P500도 30% 이상 폭락했다. 미국의 투자 은행 중 일부는 "S&P500이 2,000 이하로 떨어질 수 있다"라고 경고하기도 했다. 이후의 주가 움직임은 전문가도 예측하지 못했다. 한국과 미국의 대표 지수는 3~4개월 만에 직전 고점을 회복했다. 바닥부터 올라온 이 기간을 놓치고 주식을 샀다고 해도 코스피와 S&P500 모두 50% 내외의 훌륭한 수익률을 안겨 줬다. 찬스는 항상 있었다.

---

3 연방준비제도FED, Federal Reserve System가 시장에서 채권을 매수해 통화를 공급하는 양적 완화QE, Quantitative Easing 규모를 축소해 시행하는 긴축 정책Tapering이 신흥국 통화 가치와 증시의 급락을 야기했던 현상을 말한다.

S&P500, 코스피 지수 추이

주 1: 양 지수 모두 미국 달러 및 로그 수익률 기준, 코스피는 1,000을 곱한 수치

자료: Factset

준비된 자가
먼저 발견한다

자산 가격의 폭등 중 벼락거지가 됐다는 기분과 고립 공포감을 느끼게 했던 것이 바로 '부동산 값 앙등'이다. 아파트를 사서 돈을 벌었다는 이야기는 주변에서 쉽게 들을 수 있고 투자 규모가 커서 차이가 단번에 벌어지기 쉽기 때문이다. 자기 집은 인생을 살아가는 데 중요한 과제 중 하나로, 사고 나면 성공했다는 기분을 느끼게 해 주는 재산과 관련된 목표이다.

필자가 건설 업종 애널리스트로 10년 정도 일했기 때문인지 부동산 시장이 어떻게 변할 것인지에 대해 물어보는 사람이 종종 있다. 필자의 대답은 대개 "입주할 예정이라면 담보 인정 비율LTV, Loan To Value[4]이 60% 미만이고 원리금을 감당할 수 있을 때 사라"였다.

마젤란 펀드를 운용해 1977~1990년까지 연평균 29%의 수익률을 기록한 전설적인 주식 투자자인 피터 린치Peter Lynch는 "주식을 사기 전에 내 집을 먼저 사라"라고 주장했다. 그는 "자신의 집을 보유하면 레버리지를 통해 실질 수익률을 높일 수 있고 강제 저축 효과를 누릴 수 있을 뿐 아니라 인플레이션도 방어할 수 있기 때문이다"라고 말했다.[3]

자산 증식에 기본이 되는 자기 집 매수에 가장 적절했던 시기는 언제였을까? 1980년대 중반의 200만 호 건설이나 외환 위기는 너무 오래전의 일이라서 독자의 마음에 와 닿는 사례는 아니라고 생각한다. 최근 10년으로 좁혀 본다면 단연 2013년이었다.

김모 씨(51)는 2008년 봄 경기 파주시에 2억 5,000만 원짜리 전용면적 84m² 아파트를 장만할 때까지만 해도 '내 집 마련의 꿈'을 이룬 성공한 투자자였다. 자신이 모은 돈 6,000만 원에 은행과 캐피털업체에서 대출한 1억 9,000만 원을 합쳐 장만했지만, 아파트 가격이 오르면 '남는 장사'라고 생각했다.

하지만 월급이 300만 원인 중소기업에 다니는 김 씨에게 월 이자 160만 원은 어마어마한 부담이었다. 엎친 데 덮친 격으로 식당에서 일하던 아내도 건강에 이상이 생겨 일을 그만 뒀다. 중·고교생인 두 자녀의 학원비조차 내기 힘들어진 김 씨 가족은

---

4 자산 평가 가격 대비 대출의 비율을 말한다. 예를 들어, 집값이 100인데 60을 빌렸다면 담보 인정 비율은 60%가 된다.

전형적인 내 집 빈곤층(하우스푸어)이 됐다. 대출 이자를 갚기 위해 카드사와 저축은행에서 신용 대출을 해서 쓰다 보니 추가로 낸 빚이 8,000만 원에 이르렀다. 빚의 수렁이 깊어지자 2011년 아파트를 내놓았지만, 1년이 넘도록 집을 보러 오는 사람이 없었다. 신용 불량 상태에 빠진 김 씨는 지난해 신용회복위원회에 채무 조정을 신청했다. …(중략)…

부동산 시장 침체가 길어지면서 하우스푸어뿐 아니라 세입자까지 공포에 떨고 있다. 집을 팔아도 대출 이자를 다 갚지 못하는 하우스푸어 집주인들이 한계 상황에 몰리면서 이들의 집이 대거 경매로 나오고 있다. 보증금도 찾지 못한 채 거리로 내몰리는 세입자도 늘어나고 있다. 경매업체인 '부동산태인'에 따르면, 수도권 주택 경매 물건은 2008년 2만 8,417건이었지만, 이후 매년 늘어나 지난해는 6만 1,328건이나 됐다.

문제는 부동산 가격 하락이 진행형이라는 점이다. 본 보가 부동산 전문가 20명을 긴급 설문 조사한 결과, 80%가 '특단의 대책이 없으면 집값이 계속 내릴 것'이라고 내다봤다. A 부동산 전문위원은 "실물 경기 침체가 여전한 데다 주택 매매를 이끌던 베이비부머는 은퇴하고 실수요층이라 할 30대의 주택 구매력은 약화된 상태"라며 "일부에서는 떨어질 만큼 떨어졌다고 보는데, 추가 하락할 가능성이 있다"라고 말했다. …(하략)…

－동아닷컴(Donga.com), 2013년 3월 26일 기사 중

지금으로부터 8년 전의 기사를 길게 인용한 이유는 인간은 망각의 동물이라는 점을 말하고 싶었기 때문이다. 2013년에는 "집이 있어서 고통스럽고 집을 산 것이 후회스럽다"라는 이야기가 넘쳐났다. 심지어 "아파트 사면 바보"라고도 했다. 인구 구조와 일본의 사례까지 끌어와 부동산은 끝났다는 의견을 내는 전문가들도 많았다. "집값과 전세가가 같아지면서 사용 가치만 남았기 때문에 부동산은 투자 수단으로서의 지위를 상실할 것이다"라는 급진적인 주장을 하는 사람도 있었다.

하지만 놀라운 사실은 부동산에 대한 부정적인 의견이 극에 달했던 2013년에 우리나라의 주택 거래량이 2012년에 비해 37% 늘어났다는 점이다. 이와 같은 사실은 많은 사람이 불안에 떨면서 집을 팔 때 같은 수의 매수자가 시장에 나온 물건을 사갔다는 것을 의미한다. 그 결과는 우리가 지금 목도하고 있는 그대로이다. 아파트 가격은 2013년 3월을 기점으로 11월에 전년 동월 대비 상승세로 전환됐고 2019년 소폭의 조정기를 제외하면 계속 올랐다.[4]

2013년과 같은 시기에 매수자의 위치에 서는 데 꼭 필요한 것은 근로를 통해 마련해 둔 종잣돈과 시장 상황에 대한 지속적인 관심 및 공부다. 자기가 갖고 있는 현금과 감당할 수 있는 대출에 맞는 집을 끊임없이 업데이트해 둘 필요가 있다. 임장이나 부동산 사이트 검색을 통해 여러 지역의 집 가격을 비교하면서 상대 가치에 대한 개념을 쌓아야 한다. 1개의 아파트만으로는 적정 가치를 알기 어렵다. 평소 비교를 해 두면 선택지 중에서 우월한 물건을 골라 낼 수 있다.[5] 2013년 서울 아파트 중위 가격은 4억 9,000만 원 수준이었고 대출도 가능했기 때문에 12억 원에 육박하는 지금보다 월등히 접근하기 쉬웠다.[5] 이번 주기에 자기 집을 마련한 주변의 지인을 통해 몇 가지 공통점을 확인했다.

첫째, 목표가 명확하고 자금을 마련할 방안도 확실하다. 이들은 대부분 주택을 매입하는 이유가 명확하고 자금을 마련할 방안도 어느 정도 세워 놓고 있다. 이들과의 대화는 보통 다음과 같다.

"잘 생각했어. 그런데 집을 사려고 하는 이유가 뭐야?"

A: "이제는 내 집에서 살고 싶어."
B: "돈이 조금 모여서 투자 좀 해 보려고."

"전세가 불편했니?"

A: "애들도 컸으니 학군 좋은 곳에 정착해야지."
B: "이번에 승진해서 직장하고 조금 가까운 곳으로 가려고…."
C: "와이프가 새로운 일을 시작하려고 하는데 일을 편하게 하려면 넓은 집이 필요해서…."

"이미 집이 있는데 주식이나 다른 재테크 생각은 안 해 봤어?"

---

5   에필로그에 부동산 투자의 개관에 대해 적었다.

A: 네가 평소 미국 주식 이야기 많이 하는데, 나는 아무래도 주식은 마음이 불편해. 내가 편하게 할 수 있는 투자는 부동산 같아서….”

이처럼 집을 사려는 이유가 명확해야 한다. 만약, 투자가 목적이라면 자신의 투자 성향과 부동산의 위험성을 잘 알고 있어야 한다. 이 단계에서 자가 등기에 실패하는 구매 희망자의 3분의 2 이상이 걸러진다.

“살기 좋으면서 투자 매력도도 높은 집이면 좋겠는데….”
“주변에서 집 많이 산다고 해서 한번 생각해 봤어.”

대화가 이런 식으로 이뤄지면 이야기를 해 보나마나다. 아무리 열심히 여러 가지 제안을 해도 상대방은 다양한 이유를 들어 필자가 말하는 집의 부정적인 요소를 찾아 낼 것이다. 이것이 바로 필자가 예산에 대해 묻는 이유이기도 하다. 상대방이 갖고 있는 돈과 대출을 감안해 추천해 줄 수밖에 없기 때문이다. 당연히 그 물건이 100% 마음에 들 수는 없다. 누군들 50억 원짜리 집에 살고 싶지 않겠는가? 포기할 것은 포기하고 가능한 것에만 집중해야 하는데, 집을 사지 못하는 사람은 대개 그렇지 못하다.

아파트에는 특정 가격을 형성하는 다양한 요소가 있고 이것들이 조합돼 100이라는 가격이 매겨진다. 이후에 이뤄지는 대화는 다음과 같다.

"그렇구나. 그럼 대략 예산은 얼마 정도로 생각하고 있어?

A: "대출 60% 정도…."

B: "거래 비용을 포함해 전세보증금 60% 정도…."

C: "한 50% 정도…. 20%는 지금 있고 30%는 대출을 받으려고…. 대출을 20년 만기로 계산해 보니 한 달 벌이의 3분의 1 미만으로 자를 수 있을 듯해서…."

D: "나는 재건축을 보고 있어서 전세보증금이 60%는 안 돼. 그래서 40% 정도라고 생각하고 이야기해 줘."

대화가 이 정도까지 진행되면 90% 이상 집을 살 수 있다. 목표가 명확하고 방안까지 세워 놓은 친구라면 상대방이 제시하는 몇몇 지역의 집을 열린 마음으로 진지하게 검토한다.

"음, 글쎄 지금 정확히 얼마를 쓸 수 있는지는 계산해 보지 않았는데…. 일단 네가 옵션을 몇 개 주면 자세히 살펴볼게."

이 대화를 통해 집을 사지 못하는 나머지 3분의 1이 탈락한다. 집은 신용카드로 쉽게 살 수 있는 공산품이 아니다. 10년에 한 번 정도 거래하는 초장기 내구재에 가깝다.

우리는 자동차를 살 때 '돈이 어느 정도 있으니 C까지는 탈 수 있는데, 그럴 바에는 조금 더 주고 B나 A를 사는 게 낫다'라는 식의 이야기를 많이 한다. 자동차를 사면서도 다양한 선택지를 돈과 맞춰 검토하면서 훨씬 비싸고 중요한 주택은 그냥 사 보겠다는 생각은 용감한 게 아니라 무모한 것이다.

둘째, 생각은 깊게 하고 행동은 빨리 취한다. 이미 집을 사야겠다고 마음먹은 상황이기 때문에 다방면으로 검토한다. 이때는 자가를 결정한 이유나 투자 목적에 집중해야 한다. 이 사람들은 결단을 하는 데 필요한 90%의 확신을 갖고 있다. 이 경우에는 지역과 단지를 몇 개 골라 객관식으로 물어본다. 보기에 있는 아파트의 교통, 학군, 연식, 브랜드, 장기적인 전망까지 분석해 가져온다. 이렇게 되면 필자가 할 일이 적어진다. 주택을 매입하는 결정이 쉬워지도록 정신적으로 지지해 주고 가치 대비 가격이 싼 물건을 골라 추천해 주기만 하면 되기 때문이다. 필자의 경험상 이 정도 단계까지 이르면 바로 임장에 나서고 얼마 지나지 않아 매매계약서를 썼다는 소식을 듣게 된다. 자신이 직접 공부하고 남에게 묻고 부동산을 보고 와 놓고도 좌고우면하는 것은 문전 처리가 미숙한 축구 선수와 다를 바 없다.

셋째, 평소 부동산에 관심을 갖고 공부하는 자기만의 경로Routine 가 있다. 이는 깊게 생각하고 빨리 행동하는 바탕이 된다. 하루에 한 번 부동산 앱에 들어가 관심 지역의 매물을 검색하고 가격 동향은 어떤지 확인하거나 다른 곳의 움직임과는 어떻게 다른지 관찰한다. 새로운 정책이 발표되면 유튜브에서 관련 영상을 찾아보거나 기사 및 책을 통해 시장에 미치는 영향을 알기 위해 노력한다. 주말에 가족과 함께 시간을 보내면서 가게 되는 장소에 대해서도 호기심을 갖고 알아보려고 한다. 정기적으로는 현장에 나가 분위기를 살피고 자신이 지금 당장 구매할 수 없는 아파트라도 발품을 팔아 본다. 자기만의 가격과 가치의 기준을 세우기 위해서라도 다녀 볼 필요가 있다.

이번 자산 가격 상승 사이클에서 부자로 등극한 사람들이 부동산과 함께 투자했던 또 하나의 대상은 암호화폐Cryptocurrency였다. 암호화폐는 블록체인 기술을 활성화시키기 위한 인센티브 정도로 이해되고 있지만, 암호화폐별로 추구하는 이상향이 다르기 때문에 단정 지을 수는 없다. 블록체인의 필요성은 데이터 독점에 대한 반발로 대두됐다. 비트코인Bitcoin은 블록체인 기술로 구현된 최초의 암호화폐로 알려져 있다. 비트코인은 2008년 10월에 공개됐고 2009년 1월에 처음 발행됐다. 정보는 중앙의 관리자 대신 네트워크에 참여하는 개인의 거래 기록을 통해 검증한다. 비트코인은 결제와 거래에 필요한 화폐로서의 기능에 충실하도록 설계됐는데, 전송 시간이 길어지면서 현금보다 디지털 금으로 자리잡았다. 총 공급량은 2,100만 개로 제한돼 있다.

필자는 암호화폐와 관련된 현상을 네덜란드에서 벌어졌던 '튤립 버블' 정도로 생각하고 비트코인 정도만 이해한 후 대화에 참여하는 정도에서 공부를 끝냈다. 사람들 사이의 신뢰를 바탕으로 주고받을 수 있는 디지털 정보 정도로만 치부한 것이다. 하지만 필자의 친구 중 한 명은 달랐다.

그 친구는 2017년 출시된 지 2년 밖에 안 된, 이름도 생소한 이더리움Ethereum에 대해 파고들기 시작했다. 연말에 만났던 걸로 기억하는데, 그는 "비트코인에 비해 이더리움의 활용성이 월등히 좋아서 가격 상승 폭이 월등히 클 수 있다"라고 주장하면서 필자에게 매수를 권유했다. 당시에는 이더리움에 대한 연구가 미진했고 매수 의지도 없었기 때문에 자산으로 편입하지 않았다. 하지만 결과는 놀라웠다. 2018년 급락하는 과정에서 어려움을 겪기도 했지만, 지금은 당시 가격의 6배가 넘는다. 이 친구는 아직도 상당량의 이더리움을 갖고 있다. 불과 4년 전에 암호화폐의 대장 격인 비트코인이라도 샀다면 3배 가까운 수익을 거둘 수 있었을 것이다.

이더리움에 대해 긍정적인 견해를 갖고 있던 후배 한 명은 아이디어를 주식 투자로 연결시켰다. 그 후배는 암호화폐는 앞으로 커질 수밖에 없지만, 암호화폐는 실체가 모호하기 때문에 매수하기 싫다는 입장을 고수했다. 그 대신 암호화폐 채굴과 플랫폼을 형성하는 데 필요한 제품 및 서비스를 제공하는 기업이나 암호화폐가 암시하는 새로운 물결의 선봉에 서 있는 회사를 발굴하겠다고 했다. 그가 선택한 회사는 바로 엔비디아NVIDIA와 테슬라Tesla였다. 얼마나 많은 물량을 샀는지, 언제까지 보유했는지는 모르지만, 큰 돈을 벌었다는 것만은 확실하다. 2018년부터 지금까지 엔비디아는 약 400%, 테슬라는 1,500%의 수익률을 투자자들에게 안겨 줬다. 이처럼 재산을 증식할 수 있는 기회를 포착해 실행에 옮기기 위해서는 확신이 필요하다.

확신은 평소에 쌓아 둔 내공에서 나오고 내공은 관심에서 시작된다. 관심을 갖고 공부하며 준비해 둬야 우리에게 빈번하게 주어지는 투자 기회를 놓치지 않고 잡을 수 있다. 기회라고 생각하면 전체 자산 대비 의미 있는 비율로 투자해야 하고 가격의 단기 움직임을

아파트, 비트코인 가격 추이

자료: KB, Bloomberg

견딜 준비가 돼 있어야 한다. 비트코인은 지난 몇 년간 꾸준히 올랐지만, 2018년에 80% 넘게 폭락했고 코로나19 시기에 40% 이상 내린 적도 있으며 2021년 3월부터 6월까지 40% 하락하기도 했다. 이성과 감정 양쪽 측면에서 완벽하게 준비된 사람만이 큰 수익을 누릴 수 있다. 대비 정도에 따라 얼마나 자산을 늘릴 수 있는지가 결정되는 것이다. 자신을 돌아볼 때 어느 쪽에 속하는지 생각해 보고 지금부터라도 관심을 가져 보자.

주식은 경제적인 자유를 얻는 데 꼭 필요한 수단

부동산이나 암호화폐를 통해 부자가 되는 사람이 심심치 않게 등장하고 있어서 누구나 쉽게 접근할 수 있다고 생각할 수 있다. 이제부터라도 관심을 갖고 연구하면 할 수 있을 것 같은 마음이 들기도 한다. 집, 상가, 건물은 주변에서 쉽게 접할 수 있고 암호화폐는 사용처, 적용 기술에 따른 확장성 및 차트 정도만 연구하면 돈을 벌 수 있을 것 같다. 하지만 어느 정도 자신감이 붙어 실제로 투자에 나섰다가 생각지도 못한 난관에 부딪히거나 예상보다 수익이 작아 실망하게 되는 경우가 많다.

자기 집을 산 후에 가장 많이 고려하는 대상은 또 다른 아파트 또는 주택이다. 부동산을 추가로 매수하기 위해 발품을 팔다 보면 생각보다 큰 거래 비용에 놀라고 그다음으로 보유세 및 양도세 그리고 의외로 부족한 유동성에 놀라게 된다. 2020년 7월 10일 취득세 중과가 도입되면서 조정 지역에서 두 번째 집을 사려는 세대는 집값의 9%[6]를 내야 등기를 마칠 수 있다. 일단 10% 가까이 손해를 보고 시작하는 셈이다. 조정 지역에 2주택을 소유하게 되면 보유세도 만만치 않다. 취득세는 양도소득세를 낼 때 원가에 가산돼 양도소득세를 줄이는 효과라도 있지만, 재산세, 종합부동산세는 온전히 비용으로 나간다.

여러 가지 세금에도 불구하고 운 좋게 시세가 상승해 수익이 났다고 가정해 보자. 현금화를 해야 하는데 뜨거운 사이클이 아닌 한 시간이 많이 걸리거나 호가에 비해 낮은 실매도 금액을 보고 실망하는 사례도 종종 봤다. 부동산은 팔지 않고 사기만 하는 투자 대상이다. 월세로 세금만 감당할 수 있고 자식에게 상속하겠다는 목적이라면 모르지만, 이익을 실현하는 대상으로서의 조정 지역 내 두 번째 집은 세후 실질 수익률이 의외로 낮을 가능성이 높다.

주거용이 아닌 상업용에 투자하면 다주택자에게 가해지는 규제는 피할 수 있다. 주택이 포함되지 않은 꼬마 빌딩 거래가 폭발적으로 증가했다는 소식도 심심찮게 들린다. 평소 임대업에 대한 이해가 깊고 임차인과 건물을 충분한 시간을 들여 직접 관리한다면 좋은 투자 수단이 되기도 한다. 보통은 세입자들의 끊임없는 요구에

---

6 취득세는 8%이지만, 농어촌특별세 0.6%와 지방교육세 0.4%가 추가된다. 종합부동산세와 양도소득세에도 농어촌특별세 또는 지방소득세가 별도로 부과된다.

피곤함을 느끼고 계획했던 수준에 미치지 못하는 월간 현금흐름 유입에 어려움을 겪는다. 상업용 부동산 중개인은 수익률을 관리비 수입이 포함된 연간 수익금을 매도 호가에서 보증금을 뺀 수치로 나눠 설명한다. 보고받은 수익률이 매력적으로 다가온다고 해도 임대인이 내야 하는 각종 비용과 소득세, 건강보험료까지 감안하면 수익률이 낮아진다.

암호화폐는 변동성이 크지만, 가격이 지난 5년간 꾸준히 올랐기 때문에 투자 대상으로 고려하는 사람이 많다. 암호화폐 투자에 성공해서 은퇴하고 유유자적하는 직장인이 많다는 뉴스를 보면서 누구나 그렇게 될 수 있다는 희망을 갖는다. 자산 배분의 차원에서 암호화폐를 일부 편입하는 것은 충분히 가능하다. 평소 암호화폐에 대해 비판적이었던 헤지펀드 브리지워터의 창업자인 레이 달리오도 물가 상승에 대응하기 위한 포트폴리오 구성 차원에서 소량의 암호화폐를 갖고 있다고 밝히기도 했다.[6] 문제는 '투자의 규모'와 '기간'이다.

암호화폐에 투자해 100억 원을 번 사람이 있다고 가정해 보자. 10배의 수익이 났다면 암호화폐에 10억 원을 투자한 셈이다. 100배의 잭팟이 터진 사례를 봤다고 해도 암호화폐에 1억 원을 투자한 것이다. 평범한 계층에서 부자가 됐다는 이야기는 1억 원이라는 금액이 암호화폐를 사겠다고 결단한 시기에 없어도 되는 돈은 결코 아니었을 것이다. 용기를 내 자산의 큰 부분을 암호화폐에 배정했다고 가정해도 1억 원을 투자했는데 100% 오르면 2억 원이 된다. 2억 원에서 안 팔고 버티는 사람이 과연 몇 명이나 될까? 팔고 난 후 떨어지는 과정에서 기가 막히게 매매해 암호화폐 가격의 상승, 하락을 모두 챙기는 투자자는 몇 명이나 될까? 감히 말하지만, 전자는 1% 미만, 후자는 0.1% 미만이다.

행동경제학에서 이야기하는 인간의 이익 확정 심리와 손실 이연 성향을 이겨 내는 사람만이 암호화폐로 인생이 항로를 바꿀 정도의 자산가가 된다. 암호화폐에 투자하면 대부분은 작은 규모로 시작하고 조심스럽게 매매해 소액을 벌게 된다. 자신감이 붙어 큰 돈을 손에 넣게 되더라도 귀신같이 빠지는 가격으로 마음 고생을 하고 나면 암호화폐에 투자한 자신을 원망한다.

주식은 2가지 측면에서 부동산과 암호화폐의 장점을 고루 갖고 있다. 장기 보유가 가능하고 유동성도 높다. 이 말에는 잘못된 선택으로 오랜 시간 고생하거나 이익이 나면 빨리 팔아 치운다는 단점도 공유한다는 의미도 포함돼 있다. 장점을 살리고 단점을 억제하기 위해서는 반드시 공부를 해야 한다. 정신과 지식 면에서 준비가 되면 재산을 늘리는 가장 유용한 수단이 될 수 있다. 개별 기업 또는 업종을 연구해 확신을 갖고 샀다면 암호화폐와 달리 중간에 가격이 흔들려도 추가로 매입하는 데 주저하지 않게 된다. 인생에 급한 일이 생겨 현금이 필요할 때도 부동산처럼 안 팔릴까 노심초사하지 않아도 된다.

국내 시장만으로는
충분하지 않다

우리나라는 세계 10위의 경제 대국이고 치안 등과 같은 사회간 접자본도 최고 수준이다. 필자는 미국, 유럽, 일본, 홍콩, 싱가포르 등과 같은 선진국에 출장을 다니면서 이 나라들이 한국에 비해 특별히 뛰어난 사회 제도를 갖추고 있다고 느낀 적은 별로 없다. 필자는 부스터샷을 제외한 코로나19 백신을 모두 서울에 있는 공공 접종 센터에서 맞았다. 입장하는 순간부터 접종 후 대기까지 완벽하게 짜인 시스템을 보면서 우리나라가 선진국에 진입했다는 사실을 다시 한번 깨달았다.

한국의 증시도 많이 발전했다. 시가총액 상위 기업의 짜임새도 많이 개선됐다. 코스피하면 생각나는 제조업에서 탈피해 4차 산업

혁명 시기의 총아인 바이오, 소프트웨어, 전기차 및 2차 전지로 다각화됐다. 한국 주식 시장에서 종목을 적절히 선택하면 꾸준히 좋은 수익률을 내기도 한다. 한국 증시가 아직 국력만큼의 대접을 받지 못하고 있다는 것이 문제다.

2020년 6월 당국의 경고에도 불구하고 디디추싱DiDiChuXing이 미국 증시에 상장했다. 중국 정부는 즉시 자국의 모든 앱스토어에서 다운로드를 금지했다. 신규 이용자를 받지 못하게 하는 초고강도 제재인 셈이다. 기존 이용자는 계속 써도 된다고 했지만, 주식 시장은 공산당발 규제 위험을 느꼈고 중국 주가 지수는 급락하기 시작했다. 이 시기에 다수의 금융 기관에 근무하는 전문가들이 "중국에 문제가 생기면 한국에 반사 이익이 있지 않느냐?"라고 물었다. 필자는 "그럴 가능성은 거의 없다"라고 대답했다. 2010년 이후 9년간 수많은 외국인 투자자를 만나면서 해외 펀드매니저는 한국을 신흥국 시장의 일부 또는 중국과 유사하게 움직이는 종속 시장으로 바라보고 있다는 것을 깨달았다. 텐센트Tencent, 알리바바Alibaba, 바이두Baidu에 문제가 있다고 해서 시간을 들여 네이버, 카카오, 엔씨소프트 등을 연구하지 않는다는 뜻이다. 공교롭게도 코스피 지수는 중국이 약세를 보이면서 부진에 빠졌다. 실적 추정치마저 8월부터 하향 조정되기 시작했다.

증시 동조화의 원인은 경제에서 신흥국이 차지하는 비중보다 지수 내 위치가 낮기 때문이다. MSCI ACWIAll Country World Index를 기준으로 증시에서 신흥국이 차지하는 비중은 대략 12%에 불과하다. 국내 총생산GDP, Gross Domestic Product 상위 10개국 중 세 나라가 신흥국이라는 것을 감안하면 대우가 확실히 박하다. 신흥국 중 중국, 대만을 합치면 50%, 인도와 한국이 각각 12%다. ACWI 전체와 비교하면 중국, 대만이 6%, 한국, 인도가 각각 1.5%에 불과하다. 그런데 미국은 60%가 넘는다.[7] 주식 시장은 모든 수단을 동원해 돈을 벌기 위해 노력하는 소리 없는 전쟁터다. 노력에 비해 수익이 적으면 냉정하게 내쳐진다. 이것이 바로 1.5%의 시장을 위해 굳이 자원을 투입해 공부하지 않는 이유이다. 2010년만 해도 국내에 들어와 있는 대부분의 외국계 증권사들이 리서치센터를 운영했다. 지금은 숫자도 줄었고 애널리스트의 경력도 짧아졌다.

생업을 포기하고 주식 투자를 하면서 한국 증시만을 대상으로 삼는다면 미국 시장까지 쳐다볼 필요가 없을지도 모른다. 하지만 자산 배분을 통한 장기적인 재산 증식이 목표라면 세계 주식 시장의 60%를 넘게 차지하고 있는 미국을 등한시하면 안 된다.

미국에는 한국 국적을 갖고 있지 않은 국민이 들어도 알 만한 회사가 넘쳐난다. 시장이 효율적인 편이므로 정보의 비대칭성에 대한 우려도 적다. 우리나라에서는 분기 실적이 컨센서스Consensus[7]를 상회하게 발표된 후 주가가 내려갈 때가 종종 있다. 미국에서는 영업 성과가 좋아서 주가가 뛰는 날에 주식을 사도 양호한 수익율을 거두는 사례가 많다. 달러로 거래하기 때문에 통화에 대한 걱정도 할 필요가 없다. 시장이 급락하는 시기에 원화가 절하되는 경향이 있

---

7   애널리스트들의 추정치 평균으로, 기업이 발표한 실적이 좋았는지를 판별하는 기준으로 사용한다. 블룸버그Bloomberg, 팩셋Factset 등에서 확인할 수 있다. 한국의 대표적인 제공 기관으로는 '애프앤가이드'를 들 수 있다.

기 때문에 약간 만회된다.

투자 대상 자산에 대한 검토는 다양할 필요가 있다. 상장지수펀드ETF, Exchange Traded Fund[8]가 활성화됐고 해외 상장 ETF에도 쉽게 접근할 수 있기 때문에 아이디어만 있다면 전문가가 아닌 일반인도 웬만한 자산에 투자할 수 있다. 1970년대부터 10년 단위로 상승 폭이 컸던 자산군은 일정하지 않았다. 항상 주식이 좋았던 것도 아니다. 1970년대는 오일 쇼크[9]로 원유 수익률이 우수했다. 미국 국채는 인플레이션을 막기 위한 금리 인상이 연속적으로 단행되면서 다소 저조했다. 1980년대는 버블 경제의 극을 달리던 일본의 주식 시장과 1980년 초반 정점 이후 금리가 하락기에 접어들었던 미국의 국채가 성과를 냈다. 물가가 안정되면서 대표적인 인플레이션 헤지 자산인 금은 부진했다. 1990년대는 IT 버블이 목도되면서 나스닥이 선두에 나섰다. 2000년대는 중국의 WTO 가입에 따른 원자재 랠리 기간이었다. 금이 오랜만에 강건한 수익을 줬고 리먼 브라더스 파산에 따른 금융 위기 전까지 신흥국 주식이 견조했다. 2010년대는 FAANG[10]과 비트코인의 시대였다. 비트코인 1만 개로 피자 두 판을 주문했던 2010년에서 비트코인 1개의 가치가 5만 달러까지 오르는 데 걸린 시간은 10년에 불과했다.

8　주가 지수, 상품 및 환 등의 특정 지수를 추종하는 인덱스 펀드의 일종으로, 주식 시장에 상장돼 있으므로 거래하기 쉽다는 특징이 있다. 환매 절차가 길고 복잡한 펀드의 대안으로 급부상 중이다.

9　1차와 2차로 나뉜다. 1차의 원인은 석유 수출국 기구OPEC, Organization of the Petroleum Exporting Countires의 감산, 석유 가격 인상, 2차의 원인은 이란의 이슬람 혁명이다.

10　페이스북(F, 현메타), 애플(A), 아마존(A), 넷플릭스(N), 구글(G, 알파벳)의 앞 글자를 따서 만든 신조어이다.

시기별로 수익률에 도움이 되는 자산은 다양

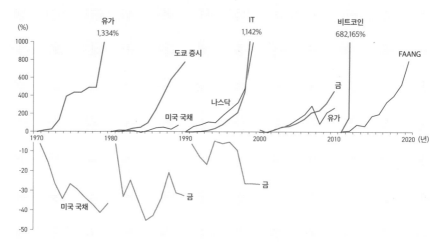

자료: Factset

고정 관념 버리기: 주식 vs. 기타 투자 수단

새로운 사람을 만나거나 뭔가를 시작하면서 편견을 갖게 되면 될 일도 안 된다. 재테크에는 돈을 벌겠다는 확고부동한 목적과 불법이 아닌 한 과정보다 결과가 중요하다. 투자 대상에 대해 편견을 갖고 월등하다고 인정받는 옵션을 제외하면 만족스러운 결과가 나올 리 만무하다. 우리나라에서 가장 강력한 편견 중 하나는 '부동산 불패'가 아닐까?

1부에서는 미국 주식에 대한 공부를 하기에 앞서 부동산은 언제나 절대적인 우위라는 편견을 불식시키고 수익률을 투자의 효율 관점에서 비교하며 실질적인 사례를 제시한다. 손실 회피 경향이 극대화된 예금에 대한 집착이 물가 상승을 감안한 실질 자산 가치에 미치는 악영향도 분석한다. 최근 들어 관심이 커지고 있는 대체 자산의 장단점을 알아보고 이에 적절한 방법도 제시한다.

세계는 넓고 좋은 종목은 많다

필자가 초등학교(꼰대 같지만, 필자가 어렸을 때는 국민학교였다) 5
학년이었던 1989년, 지금은 해체된 대우그룹 김우중 회장이 『세계
는 넓고 할 일은 많다』라는 책을 출간했다. 이 책은 선풍적인 인기
를 끌면서 100만 부 이상 팔렸다.[8] 아버지가 사다 준 책을 읽으면서
1990년대 중반을 강타할 '세계화'라는 개념이 필자의 머릿속에 어
렴풋이 자리잡았다.

미국 주식 사고팔기가 쉬워진 지금이야말로 세계화에 나설 때
다. 우리는 일상생활을 영위하는 과정에서 많은 미국 기업을 보게
된다. 필수 소비재가 된 스마트폰의 대명사 애플, 커피하면 떠오르
는 스타벅스, 오징어게임으로 대한민국을 알린 넷플릭스, 업무 효
율을 높여 준 마이크로소프트, 생활 용품 기업인 존슨앤존슨, 프록
터앤갬블 등이 모두 미국 기업인 것이다.

2부에서는 이런 회사들이 왜 미국에 많은지를 역사적 관점에서 알
려 준다. 미국 주식에 대한 긍정적 관점이 유리한 이유를 과거 데이터
를 통해 설명하고 미국 위주로 생각하는 것이 좋은 이유도 설명한다.

밸류에이션, 너는 누구냐

필자는 2000년대 중반부터 애널리스트 생활을 하다 2018년부
터 2년간 한국투자신탁운용에 근무했다. 애널리스트는 과정이 결

과보다 중요한 반면, 펀드매니저는 결과가 과정보다 중요하다. 주식을 추천하고 의견을 내는 과정에서 적정 주가가 산출되지 않는, 즉 밸류에이션Valuation이 높은 기업은 잘 분석하지 않게 된다. 밸류에이션을 금과옥조로 여기게 되는 것이다. 하지만 운용은 달랐다. 2년간 일하면서 체득했던 것 중 가장 중요한 것은 '밸류에이션이 중요하다'라는 생각이 '밸류에이션도 중요하다'로 바뀌었다는 점이다.

3부에서는 밸류에이션의 이론적 측면에 들어가기 전에 주가를 결정하는 요인을 찾기 위한 개념을 언급한다. 현금흐름 할인법과 배수법에 대한 기본적인 사항과 이를 현실에 적용하는 방법을 알아본다.

성장주와 가치주, 경기 민감주와 경기 방어주

4, 5부에서는 성장주와 가치주, 경기 민감주와 경기 방어주에 대해 알아본다. 지난 5년간 성장주에 대한 고정 관념이 생겼지만, 역사적으로 성장하는 업종은 그때그때 달랐다는 점을 설명한다. 현재를 기준으로 성장주에 투자할 때 생각해 봐야 할 사항을 살펴보고 업종별 예시를 제시한다. 성장주 주가의 움직임에 영향을 미치는 사항이 무엇인지, 잉여 현금흐름Free Cash Flow[11]이 갖는 의미는 무엇

---

11 기업이 번 돈에서 영속적으로 성장하는 데 필요한 자금 소요를 제외한 개념으로, 영업 활동 현금흐름에서 투자를 빼서 구한다. 주주에게 배당이나 자사주 매입을 통해 이익을 돌려 줄 수 있는 원천이 된다.

인지도 알아본다. 경기 민감주와 경기 방어주에 맞는 개별적인 방식을 기술하고 경기 방어주 전략의 일종으로 고안된 SWAN에 대해서도 알아본다.

각 부에는 필요한 경우 ETF나 종목에 대한 간단한 예를 넣어 독자들의 이해를 돕기 위해 노력했다.

감사의 말씀

필자는 2000년에 공대를 졸업한 후 대학원에 진학했다. 유학을 가는 사람을 제외하고는 누구나 밟는 수순이었다. 박사 과정까지 진학하면 전문 연구 요원으로 병역을 해결할 수 있기 때문이다. 1년 만에 내가 갈 길이 아니라는 것을 알게 됐다. '늦었다고 느끼면 진짜 늦어진다'라는 생각에 당장 새로운 길로 가고 싶었다. 군대 문제를 해결하기 위해 수소문 끝에 산업 기능 요원 자리를 구했다. 3년에 가까운 의무 복무를 마치고 2004년에 소집 해제된 이후 동원증권에 입사해 주식이라는 자산을 처음 접했다. 그 전에는 주식의 '주' 자도 몰랐다. 개인이 미국 기업에 직접 투자할 수 있으리라고는 상상할 수도 없었다. 18년이 지난 지금, 미국 주식에 관한 책을 쓰고 있다는 사실이 믿어지지 않는다.

길벗출판사에서 집필 제안을 받고 많은 고민을 했다. '투자에 관한 서적이 넘쳐나는 상황에서 바닷가에 모래를 더하는 꼴이 되는 것이 아닐까?' 하는 두려움이 컸다. 그럼에도 제안을 수락한 이유는 재테크에 대해 물어보던 친지, 친구 그리고 동료들에게 나만의 방법을 정리해서 알려 주고 싶었기 때문이다. 건설 업종을 분석했던 경험과 실제로 결행했던 투자의 결과를 바탕으로 한 부동산에 관한 이야기는 향후에 할 기회가 있을 것으로 기대한다.

필자는 지난 20여 년 동안 여러 가지 자산에 투자했고 운 좋게도 나쁘지 않은 결과를 얻었다. 필자가 실행했던 방식과 주장하는 내용이 항상 정답은 아니다. 이 책이 투자에 필요한 지식과 마음가짐에 조금이라도 도움이 된다면 더 이상 바랄 게 없다. 이 책이 주식 투자에 처음 나서거나 국내 증시에 참여한 경험은 있지만, 미국에 대한 막연한 두려움 때문에 진입에 어려움을 겪고 있는 사람에게 항상 곁에 두고 읽을 수 있는 참고서가 되기를 바란다.

이 책은 학교에서 배운 지식, 사회에서 좋은 선후배, 동료를 만나 겪은 경험 그리고 다양한 석학이 쓴 방대한 분야의 도서를 바탕으로 쓰여졌다. 미래를 정확히 예측하는 것은 불가능하다. 하지만 과거를 기반으로 현재를 해석하면 예측이 틀려도 후회하지 않을 수는 있다. 이 책에 활용된 과거의 연구를 현재의 시각에서 해석한 방법이 적합하지 않다고 느끼는 독자가 있다면 이는 전적으로 필자의 잘못이다. 결론에 대한 이견도 있을 것이다. 하지만 독자에게 생각할 거리를 만들어 줬다는 것만으로도 만족한다.

이 책을 쓰는 동안 많은 사람의 도움을 받았다. 가장 먼저 책의 출간을 허락해 준 한화투자증권에 깊이 감사 드린다. 리서치센터를 이끌고 있는 박영훈센터장(상무)은 창작의 고통을 겪고 있는 필자에게 격려와 조언을 아끼지 않았다. 기업분석팀의 이봉진 팀장은 글쓰기에 매몰돼 회사의 펀더멘탈Fundamental[12]을 간과할 때마다 경각심을 심어 줬다. 특히, 투자전략팀을 맡고 있는 박승영 팀장은 필자와는 2006년부터 알고 지낸 오랜 친구로, 주식에 대한 번뜩이는 아이디어, 그 아이디어를 리포트로 바꿔 고객에게 전달하는 능력 그리고 팀원들을 성장시키는 리더십까지 어느 하나 부족함이 없는 애널리스트다. 이 책에는 지난 15년간 박 팀장과 나눴던 대화, 토론 및 끝없는 의견 교환이 고스란히 담겨 있다.

이 책이 출간되기까지 물심양면으로 도와 준 길벗출판사에도 감사의 마음을 전하고 싶다. 특히, 필자에게 집필을 제안해 주고 원고를 묵묵히 기다려 준 이치영 기획편집자님을 비롯한 많은 분의 수고에 감사한다.

언제나 나의 결정을 믿어 주고 지지해 주는 사랑하는 반려자 주현정이 있었기에 힘든 과정을 견딜 수 있었다. 두 아이를 키우기 위해 사회적인 경력을 포기한 희생은 평생 갚아도 모자랄 것이다. 아이들이 이 책을 재미있게 읽을 수 있는 나이가 되면 필자의 인생도 반환점을 지나게 될 것이다. 글쓰기를 마무리하며 지나온 세월을 돌아보고 더 나은 장래를 맞이할 수 있도록 더욱 정진하려고 한다. 마지막

---

12 해당 기업을 분석할 때 활용되는 지표로, 매출, 순이익, 현금흐름, 재무 건전성 등과 같은 재무제표상의 수치들과 전방 산업의 상태를 알 수 있는 지표들을 의미한다. 예를 들어 조선 업종의 신조선 가격Newbuilding Price, 반도체 업종의 디램DRAM, Dynamic Random Access Memory 가격 등이 포함된다.

으로 독자들의 무궁한 영광과 번영을 기원하며 나를 세상에 나오게 해 준 부모님께 이 책을 바친다.

PART 1

주식은 자산 배분에
꼭 있어야 하는
투자 수단

"발전을 막는 가장 큰 장애물은 편견이다."

"The great obstacle to progress is prejudice."

— 크리스찬 네스텔 보비 Christian Nestell Bovee

2016년 3월 미국에서는 한 기업을 대상으로 설명회NDR, Non Deal Roadshow가 열렸다. 이 설명회는 동부에서 시작해 서부에서 마무리하는 일정으로 진행됐다. LA에 도착해 짐을 풀고 저녁 식사 후에 호텔로 복귀했다. 알파고 대 이세돌의 바둑 대결인 구글 딥마인드 챌린지Google Deepmind Challenge의 1국이 진행되고 있었다. 바둑을 조금 둘 줄 알고 IBM의 딥 블루Deep Blue, 왓슨Watson[1]으로 이어지는 인공지능의 역사에 관심이 많아 흥미롭게 지켜봤다. 경기에 돌입하기 직전까지도 대다수의 바둑 및 인공지능 전문가는 이세돌의 압승을 예상했다.

바둑은 체스와 달리, 경우의 수가 거의 무한대에 가깝고 행마가 유연하다는 것이 근거로 제시됐다. 내 생각도 이와 마찬가지였다.

---

1   딥블루는 인공지능 체스 소프트웨어로, 1996년에 세계 일인자 가리 카스파로프Garry Kasparov와 최초로 대결했고 1997년에 다시 대결해 승리했다. 또한 왓슨은 인간과 지식을 겨루도록 고안된 인공지능 소프트웨어로, 2011년 미국의 유명한 퀴즈 쇼인 '제퍼디Joepardy'에 나가 기존에 최대 금액을 획득한 우승자와 가장 오랫동안 1위를 유지한 참가자를 이겼다.

해설자는 시합이 진행되는 중간에도 이세돌의 우위를 주장했다. 대결이 종반에 접어들면서 분위기가 미세하게 바뀌었다. 이세돌이 비세非勢라는 언급이 많아졌다. 결국 첫 판을 이긴 알파고가 이세돌을 4대1로 꺾었다. 최초로 기계가 바둑에서 인간을 이긴 것이다.

필자는 충격을 받았다. 알파고가 바둑알을 직접 판에 놓지 못해 아자 황Aja Huang[2] 박사가 대신 해 주긴 했지만, 육체를 써서 바둑알을 놓는 물리적 행위를 제외하면 컴퓨터가 인류를 따라잡았다고 느꼈다. 인공지능이 삶에 어떤 영향을 미칠 것인지는 그 누구도 정확히 예측하기 어렵지만, 인공지능에 대한 편견이 있다면 인생에 도움이 되지 않는다. 2016년 이후 나타난 엔비디아와 테슬라 또는 미국 반도체 업종의 급등을 보면서 손가락만 빨았을 테니까.

코로나19라는 전염병으로 비대면Untact 경제가 전례 없이 활성화됐다. 오랜 기간에 걸쳐 적용했을 법한 디지털 기술과 인공지능을 단숨에 받아들이게 됐다. 컨설팅 회사인 맥킨지의 조사에 따르면, 고객과의 의사소통이 평균적으로 위기 이전에 비해 3~4배 정도 빨리 언택트로 진행됐다. 제품 또는 서비스 중 디지털 형태로 제공되는 비중도 코로나19 위기 이후 단숨에 7~10년치가 한꺼번에 상승했다. 원격 근무는 43배, 온라인으로 구매하는 비율은 27배, 클라우드Cloud[3] 도입은 24배 빨라졌다. 데이터 보안에 대한 투자도 18배 증가했다.[1] 이처럼 급속한 디지털화와 인공지능의 도입은 피할 수

---

2 대만의 컴퓨터 과학자로, 알파고의 알고리즘을 설명한 논문의 공동 1저자이다.
3 사용자가 직접 관리하지 않으면서 필요할 때마다 원격지의 저장 장치, 소프트웨어 등의 컴퓨터 시스템을 사용할 수 있는 서비스를 말한다.

없는 대세가 됐다. 기계가 많은 일을 대신해 주면 편견이 없어질 수 있을까? 현재까지의 인공지능 발달 수준으로는 편견을 완벽하게 배제하기는 어렵다.

하버드 대학교 교수인 라타냐 스위니Latanya Sweeny는 고객 지향 온라인 광고에서 나타나는 차별에 대한 논문을 쓰기 위해 이름을 검색했다. 이름과 주소를 넣으면 체포 여부를 알 수 있는 광고가 화면에 자동으로 나타났다. 학습을 통해 알고리즘이 강화된 인공지능은 라타냐가 전형적인 흑인 이름이라는 점을 가장 먼저 파악해 범죄 연루 가능성을 확인할 필요성이 높을 것이라는 결론을 내고 이와 관련된 광고를 보여 줬다.[2] 검색 엔진을 개발한 그 누구도 이러한 결과를 의도하지 않았다. 구글은 인재를 채용하는 과정에서 인종, 종교, 성별, 국적, 장애, 나이 등의 이유로 어떠한 차별도 하지 않는다고 공식적으로 천명하고 있기도 하다.[3] 효과적인 광고 집행과 사용자의 편의성을 극대화하는 방식으로 초기 조건이 주어졌을 뿐이다.

인간은 능력의 한계가 있고 효율적인 일 처리를 지향한다. 일단 한 번 편안해진 과정은 엔트로피가 늘어나듯이 비가역적이다. 배달 앱이 없는 세상을 상상할 수 있겠는가? 인공지능과 디지털의 확대는 필연적이고 시간이 흐를수록 가속도가 붙는다. 이것이 바로 편견을 버리고 컴퓨터에 의존하는 일이 위험한 이유이다. 편견을 달고 사는 인류의 본성을 인정하고 살아가는 데 세 손가락에 들 정도로 중요한 문제인 돈에 관해서라도 편견을 최소화하도록 노력할 뿐이다.

부동산이 항상 우위였다는 무서운 편견

주식으로 돈을 번 사람은 왜 적어 보일까?

지뢰처럼 주변에 널린 편견을 강화하는 요소: 과거에는 맞고 지금은 틀리다

직장을 다니다 보니 매년 정기적으로 건강 검진을 받는다. 내시경을 받는 해라면 며칠 전부터 음식을 조절하고 전날에는 금식을 하기도 한다. 아침에 도착해 설명을 들은 후 옷 보관함의 열쇠를 받아 검사복으로 갈아 입고 대기한다.

필자가 가는 건강검진센터는 손님을 많이 받아 회전율을 높이는 곳이 아니라서 기다리는 시간이 짧은 편이기는 하지만, 기다림은 역시 지루하다. 오랜만에 스마트폰 뉴스가 아닌 종이 신문을 읽고 있다가 필자의 차례가 돌아와 검사실로 들어간다. 피도 뽑고 대·소변도 내고 체성분 검사도 한다. 덮개가 있는 헤드폰을 쓰고 귀가 잘 들리는지, 한쪽을 가리고 눈이 잘 보이는지 점검한다. 초음파가 잘 통과하도록 배에 젤을 바르고 복부, 갑상선 등에 이상이 있는지도 진찰한다. 수면 유도 진정제가 투입된 후 눈을 뜨면 내시경 검사가 끝나 있다. 1주일 정도 시간이 지나면 건강 검진 결과를 설명해 주기 위해 담당 의사가 전화를 한다. 대장에 있는 용종을 제거했다고 말하면서 조직 검사 결과 담낭에 용종, 신장에 낭종이 발견됐다고 한다. 작년에 비해 크기의 변화가 거의 없어서 문제는 아니라고 설명한다. 옛날부터 콜레스테롤Cholesterol 수치가 높게 나오는 경향이 있다고도 말했는데, 여기서부터는 의사의 말을 직접 들어 보자.

의사: "한상희님, A 대학교 검진센터 내과 B입니다. 지난 C월 D일 건강 검진 결과 상담 건으로 전화 드렸습니다. …(중략)… 나쁜 콜레스테롤 수치LDL, Low-Density Lipoproteins가 낮아졌다가 올해 다시 기준선을 넘었네요. 특별히 생활에 변화가 있었나요? 문진표상으로 식생활에는 큰 문제는 없는데, 운동 빈도는 낮아졌네요."

필자: "네. 코로나19로 회사 시설이 문을 닫아 몇 개월간 운동을 하지 못했습니다."

의사: "그러시군요. 좋은 콜레스테롤 수치HDL, High-Density Lipoproteins

는 정상 수준 이상이므로 문제가 없는데, 나쁜 콜레스테롤 수치
는 관리하는 게 좋습니다. 나쁜 콜레스테롤은 혈관벽에 콜레스테
롤 침착을 유발해 동맥경화증과 심장 질환의 위험을 높입니다."

필자: "알겠습니다. 다시 운동하고 먹는 것도 조심할게요."

오랜만에 콜레스테롤에 대한 주의 사항을 들었다. 콜레스테롤이
높아지지 않도록 조심하자고 다짐했다. '코로나19가 이렇게까지
영향을 미치는구나' 싶기도 했다. 특정 콜레스테롤이 몸에 좋지 않
다는 이야기는 언론에 자주 나오고 주변에서도 이야기를 많이 하
기 때문에 자연스럽게 받아들이는 건강에 관한 명제 중 하나다. 포
화 지방이 높은 서양식 음식을 자주 먹으면 나쁜 콜레스테롤이 높
아진다고 알려져 있다. 나이가 들면서 혈관 및 심장 관련 병이 젊을
때에 비해 쉽게 발생하므로 더욱 관리에 힘써야 한다고도 한다. 적
어도 나쁜 콜레스테롤을 낮춰야 한다는 주장에 대한 이견은 없는
듯하다.

1950년대에 질병의 원인을 생활 관습 등에서 찾으려는 사회 이
론The Social Theory이 제안되기 시작했다. 오스틴 브래드포드 힐 경Sir
Austin Bradford Hill[4]이 흡연과 폐암의 연관성을 입증한 이후, 의료계는
사회 이론을 통해 아픈 이유를 설명하고 다양한 해결책을 찾기 위해

---

4 1897~1991, 영국의 전염병학자이면서 통계학에 조예가 깊어 무작위 임상 시험 분야를 개척
했다.

노력했다. 치료보다는 예방이 효과적이라는 의료 공공성의 개념이 동시에 도입됐다. 전문가들은 여러 가지 사회적인 행동 중 음식과 암, 심장병, 다른 만성 질환 발병률의 관계를 주로 탐구했다. 식습관과 콜레스테롤이 심장 및 혈관 질환에 악영향을 미친다는 결과가 정설로 받아들여졌다.

연구 결과는 1960년대에 집중적으로 발표됐다. 1920~1960년까지 미국에서 10만 명당 심장 질환으로 사망한 사람의 수가 200~300명까지 급격히 증가했다. 같은 기간 소득이 늘고 농·축산업의 혁신이 생산성을 향상시키면서 육류 및 지방이 풍족해졌다. 음식과 질병의 관련성이 높다고 인정하는 하나의 근거였다. 이를 바탕으로 대형 제약사들이 콜레스테롤 저해제를 출시하기 시작했다. 광범위한 마케팅과 함께 나쁜 콜레스테롤은 낮춰야만 하는 절대악으로 자리잡았다.

미국의 심장병 사망률이 1960년대를 정점으로 하락으로 전환했다는 사실에서 반전이 나온다. 10만 명당 300명까지 올라갔던 수치는 1980년대에 이르러 200명까지 떨어진다.[4] 미국의 1인당 육류 소비량은 2004년에 정점을 찍고 내려오기 전까지 1930년대부터 지속적으로 증가했다.[5] 미국인의 전체 칼로리 섭취 중 지방이 차지하는 비율도 1960년대 이후 40% 선에서 일정하게 유지된다.

제시된 자료에 따르면, 콜레스테롤과 식사 방식의 상관 관계가 1960년대 이후로는 드러나지 않는다. 전문가들이 수많은 연구를 통해 정립한 나쁜 콜레스테롤과 심장 및 혈관 질환 유병률 확대의 관련성을 부정하자는 것이 아니다.

우리가 절대적인 진리 또는 상식이라고 믿고 있는 것에 대해서도 의심해 보자는 것이다. 연구 과정에서 사용한 데이터의 비교 기간이 달라지면 상이한 결론을 낼 수 있다는 점도 명심할 필요가 있다. 콜레스테롤 사례에서는 특정 시점까지의 조사로 결과가 나왔고 이에 따라 정부의 정책과 민간 제약사의 신약으로 콜레스테롤을 낮추려고 노력한 셈이 됐다. 인간은 본능적으로 편견을 갖게 된다. 따라서 편견을 강화하는 각양각색의 예시나 근거의 바탕이 되는 정보가 올바르게 사용됐는지를 아는 것이 중요하다.

입맛대로 쓰는 데이터: 원하는 결론을 이끌어 내려는 시도

코로나19 바이러스는 2020년부터 전 세계 인류의 일상생활을 통제하고 있다. 외국의 언론은 코비드19COVID19, Coronavirus Disease 2019 앞에 노블Novel[5]이라는 단어를 붙여 '새로운 위협'이라는 점을 독자들에게 알리고 있다. 각국 정부는 인류의 위기를 해결하기 위해 사람들의 접촉을 차단해 시간을 벌었고 세계의 제약 회사들은 치료제, 백신Vaccine 등을 개발하는 데 박차를 가했다. 긴급 사태였기 때문에 미국 식품의약국FDA, Food and Drug Administration을 중심으로 통상적인 경우보다 유연한 절차를 마련해 출시를 독려했다. 코로나19 바이러스의 치료제로서 최초로 사용된 약은 길리어드Gilead Sciences, Inc.[6]의 '렘데시비르Remdesivir'였다. 먹는 약이 아니라 주사제라는 한

---

5   한국에서 '신종 코로나19 바이러스'라고 일컫는 근원이기도 하다.

6   1987년 '올리고젠Oligogen'이라는 이름으로 설립됐다. 신종플루 치료제인 타미플루Tamiflu와 에이즈AIDS, Acquired Immune Deficiency Syndrome 치료제로 유명하다.

계는 있지만, 불치병은 아니라는 희망을 줬다는 점에 의의가 있다. 렘데시비르를 맞은 중증 환자의 사망률을 40% 줄일 수 있다는 임상 시험 결과가 긴급 사용의 근거가 됐다. 치사율을 거의 절반 가까이 줄였으니 정말 훌륭하다고 느낄 것이다. 그런데 약을 투여받은 전체 위중 환자 수 대비 치사율을 비교하면 어떨까? 렘데시비르를 맞은 사람들 중 7.1%가 사망했고 위약Placebo[7]을 받은 환자의 11.9%가 회복되지 못했다. 치료 효과는 5% 남짓에 그친 셈이다.[6] 경제성에 예민한 미국 제약 기업인 길리어드가 총 치료 기간 동안 3,000달러가 넘는 가격을 초기에 책정해 돈을 벌 만큼 번 후 나중에 개발 도상국에 기부하기로 결정한 것이 박애주의의 표출일 리는 없다.

머크Merck & Co., Inc.[8]가 개발한 먹는 코로나19 치료제인 몰누피라비르Molnupiravir에 대한 임상 데이터에서도 이와 비슷한 사례를 찾아볼 수 있다. 머크는 실험군에게 몰누피라비르를 5일 동안 매일 2회씩 경구 투여했더니 입원율 및 사망률이 30% 줄었다고 발표했다. 기존의 치료제인 렘데시비르와 치료 효과는 비슷하지만, 주사제가 아닌 먹는 약이라는 점에서 시장의 반응은 뜨거웠다. 머크의 주가는 8% 이상 급등했다. 전체 피험자 대비 실험군Treatmemt Group은 6.8%, 대조군Contral Group[9]은 9.7%가 입원하거나 사망했다.[7] 즉, 3% 수준의 효능에 불과했다.

---

7   개발 대상 약의 효과 검증을 위해 사용하는, 효능이 없는 가짜 약제를 말한다.

8   독일 머크 그룹의 미국 자회사이다. 머크 그룹은 1668년에 독일에서 설립된 약국에서 유래했다. 모회사인 머크 그룹은 1891년에 만들어졌다.

9   실험군은 가설을 검증하기 위해 조건을 통제하는 대상 집단, 대조군은 비교를 위해 실험 조건을 변동하지 않은 집단을 말한다.

화이자Pfizer[10]가 경구용 코로나19 바이러스 치료제 팍스로비드 Paxlovid를 출시하자마자 몰누피라비르는 사람들의 관심에서 멀어졌다. 머크의 주가도 이전으로 복귀했다.

제약 회사들의 윤리 의식이 갑자기 땅에 떨어진 것일까? 그렇지 않다. 콜레스테롤이 위험하다는 인식이 퍼지고 난 후 수치를 떨어뜨리는 약인 콜레스티라민Cholestyramine이 나왔다. 필수적으로 임상 시험이 진행됐고 콜레스테롤이 심장 질환을 25% 줄인 결과가 나타났다. 전체 실험 대상은 2,000명이었고 콜레스티라민을 먹은 사람 중 30명이 심장과 관련된 병을 얻었으며 투여받지 않은 집단에서는 38명이 걸렸다. 25%는 8 나누기 38로 계산해 나온 수치였는데, 2,000명을 기준으로 하면 효능은 1% 미만으로 떨어진다. 임상은 통제할 수 있지만, 외부 효과는 100% 걸러 낼 수 없기 마련이다.[8] 인터넷을 넘어 모바일 시대를 맞이한 지금은 필요한 데이터를 어디서든 찾을 수 있다. 데이터를 기반으로 연구하고 행동하는 것은 바람직하다. 다만, 데이터를 만든 사람이 어떻게 이끌어 냈는지는 반드시 확인해야 한다. 데이터만으로 판단의 근거를 삼는 행위의 위험성을 알아야 한다.

일반인은 자랑하고 싶을 정도의 큰 돈을 주로 부동산으로 벌어왔다

대학교를 졸업하고 사회 생활을 시작한 지 20년이 넘었다. 여러 직

---

10 1849년에 설립된 세계 최고의 제약 회사 중 하나이다. 본사는 뉴욕에 있고 코로나19 백신으로 유명하다.

장을 다니면서 만났던 동료 및 선후배 그리고 초·중·고 친구들까지 포함하면 남들과 비슷한 수준의 인간 관계를 맺어왔다고 생각한다. 산업 기능 요원으로 첫 3년을 기계 관련 회사에서 근무했던 때를 제외하면 나머지 기간에는 증권업계에 있었다. 다른 사람들에 비해 주식으로 부자가 된 사례를 더 많이 알 수밖에 없는 환경 속에서 살아온 것이다. 일반적으로 주식으로 부자가 된 사람들이 많을 것 같지만, 현실은 열 손가락에 꼽을 정도로 많지 않다. 심지어 집값이 올라 돈을 번 사람이 주식으로 돈을 번 사람보다 훨씬 많다.

18년 동안 주식 시장에 있으면서 책까지 쓸 정도인 내가 이 정도이니 평범한 시민들은 부동산을 통해 부를 이룬 사람을 훨씬 더 많이 봐왔을 것이다. 사실이 관찰과 부합하면 문제가 없겠지만, 주변의 사례가 진실과 멀리 있어 편견을 강화하는 경우가 오히려 많다. 언론과 전문가가 자신들의 의견을 관철하기 위해 활용하는 데이터가 다양한 방식으로 오염될 수 있다는 사실을 잘 알고 있더라도 가까운 곳에 보이는 말과 행동에 큰 영향을 받는다. 주위의 환경으로부터 생긴 편견을 줄이려면 통계학의 대수의 법칙Law of Large Numbers[11]을 명심해야 한다. 표본이 30개 이상이 되면 정규 분포에 가까워지기도 한다. 지인의 사례들을 일반화해 결론을 도출하는 것은 정말 위험하다.

이런 일이 벌어지는 이유는 다음과 같다.

첫째, 자기 집을 사는 사람이 주식에 투자하는 사람보다 월등히

---

11 모집단에서 무작위로 뽑은 표본의 평균이 전체의 수치와 비슷해지려면 모집단이 커야 한다.

많다. 메이저리그Major League에서 통산 최다 안타를 친 피트 로즈Pete Rose는 자신의 비결을 '부지런히 타석에 나섰던 것'이라고 말했다. 이처럼 어떤 결과이든 모수가 크면 더 자주 관찰하기 마련이다. 주식으로 돈을 버는 사람이 많지 않기 때문에 그에 대해 이야기를 들어볼 기회가 적을 수밖에 없다.

둘째, 자가를 매수할 때는 갖고 있는 자금과 대출을 활용하기 때문에 실제 투자하는 규모가 주식에 비해 훨씬 크다. 주식을 대출받아 사는 강심장을 가진 사람은 찾기 어렵기 때문에 주식은 들어갈 집을 마련하고 난 후에 해야 하는 투자 수단이 돼야 하는 것이 정상이다. 주택을 마련하고 증시에 참여하기로 마음먹어도 처음부터 많은 금액을 넣기에는 부담스럽다고 느낀다. 들어간 현금이 작으니 수익률이 높아도 수익은 미미하다고 느끼게 된다.

셋째, 주택은 쉽게 사고팔기 어렵고 특히 현재 그곳에 살고 있다면 더더욱 유동성이 떨어진다. 가격이 하락할까 두려워서 하나밖에 없는 집을 팔아 세입자를 자처하는 선택을 하는 사람을 찾아보기는 힘들다. 필연적인 장기 투자와 대출을 갚아 나가는 강제 저축이 부동산을 통한 이익을 더욱 제고한다. 주식의 장점은 시장이 열려 있는 동안에는 아무 때나 주식을 매매해 결제일 이후에 현금화할 수 있다는 것이다. 수익은 빨리 실현하고 손실은 이연시키려는 인간의 본능을 억제하지 못하면 장점은 장기 투자를 막는 단점으로 돌아온다.

넷째, 집을 사서 돈을 번 사실은 자랑하기 쉽다. 통근 시간을 줄이기 위해 이사를 했는데 우연히 집값이 올랐든, 자금에 맞춰 매수했는데 운이 좋아 가격이 상승했든 상관없다. 필자는 자기가 살고 있는 동네를 나쁘게 말하는 사람을 본 적이 없다. 자신의 선택에 자부심을 갖고 남에게 이야기를 하게 된다. 주식으로 돈을 벌었다고 해도 과시하기가 여간 어려운 일이 아니다. 어떻게 벌었는지 물어보면 자기가 산 주택만큼 자신 있게 말하기 어려울 뿐만 아니라 수익을 낸 규모도 민망하다고 느낄 수 있다. 뉴스의 편향성도 큰 역할을 한다.[12] 부동산도 지역에 따라 지난 몇 년 동안 가격이 전혀 오르지 못한 지역이 수두룩하다. 집값에 대해 이야기할 때는 많이 오른 곳을 예로 들면서 주식을 전체 시장과 비교하는 것은 불공정하다. 주가 지수는 수치가 정확히 나오기 때문에 증시의 움직임이 매일 언론 지상을 장식하는 반면, 부동산은 정확한 가격이 없으므로 인상 비평에 의존하게 된다. 부실 기업이나 증권에 대한 뉴스는 흔하지만, 문제가 있는 아파트나 건물 그리고 땅에 대한 소식은 잘 나오지 않는다. 비교가 올바르지 않기 때문에 주식과 부동산 간의 수익률 차이에 대한 편견이 강화되는 일이 흔하다.

비교는 똑바로 하자

제약 업계의 임상 시험만큼 철저하게 비교 과제를 수행하는 경우는 찾기 어렵다. 임상 시험이 신약 개발 과정에서 엄격하게 수행된

---

12 뉴스에 대한 이야기는 2부를 참조하기 바란다.

지는 50년이 넘었다. 1906년에 최초로 의약품과 관련된 법안이 미국에서 만들어졌는데, 효능에 관한 규정이 없었다. 1910년 FDA는 신문에 암 치료 효과가 있다고 광고한 약Dr. Johnson's Mild Combination Treatment for Cancer의 문제점을 인지하고 고발했는데도 패소할 정도였다. 1937년에 제약 회사 중 한 곳에서 페니실린Penicilin[13] 이전에 널리 세균 감염을 막아 준 설파닐아마이드Sulfanilamide를 시럽으로 바꿔 소아에게 판매했다. 액체로 만들기 위해 사용했던 디에틸렌글리콜Diethylene Glycol[14]의 독성으로 어린 환자가 사망했다. 무리한 개발과 약물 남용에 대한 반성으로 1938년에 「연방식품의약품 및 화장품법Federal Food, Drug and Cosmetic Act」이 제정됐다. 1960년대 초 미국을 제외한 선진국에서 인기를 끌었던 탈리도마이드Thalidomide[15]가 태아의 건강에 치명적인 부작용을 야기한다는 사실이 밝혀지면서 1962년 「케파우버-해리스Kefauver-Harris 수정법」이 통과됐다. 신약 허가를 위해서는 인체에서의 안전성과 유효성을 증명해야만 했다. 임상 시험의 윤리성과 전문성을 검증하기 위한 목적도 있었다. 1963년부터 임상 시험 계획 승인 제도IND, Investigational New Drug[16]와 품목 허가 신청NDA, New Drug Application 제도가 도입되면서 임상 시험의 단계별 과정

---

13 푸른 곰팡이에서 얻은 화학 물질로 만든 최초의 항생제이다. 영국의 생물학자 알렉산더 플레밍 Alexander Fleming이 처음 발견했다. 하워드 플로리Howard Walter Florey와 언스트 체인 경Sir Ernst Boris Chain이 페니실린의 효과를 규명해 많은 생명을 구했다.

14 유기 용매로, 향이 없어서 자동차 부동액으로 사용한다. 당시에는 독성에 대한 연구가 이뤄지지 않은 상태였다.

15 독일에서 개발됐고 1957년부터 시판됐다. 의사의 처방 없이 진정제로 사용됐다. 입덧 완화에 효능을 발휘한다고 알려져 임신부가 많이 복용했다.

16 임상 시험을 위해 잠정적으로 신약을 생산하는 과정이 필요하다.

등이 본격적으로 자리잡았다.

후보 물질을 발굴하거나 목표 유전자를 발견한 이후 시험관이나 동물을 통하는 전임상 시험을 거치게 된다. 이 단계를 통해 안정성과 약효가 있다고 인정되면 1, 2, 3상으로 이어지는 임상 시험을 진행하게 된다. 사람을 대상으로 임상 시험을 하기 위해서는 FDA에 IND를 제출하고 허가를 받아야 한다. 기존의 약과 비교하거나 신약의 효용성을 증명하기 위해 계획부터 승인을 받는 셈이다. IND 문서에는 개발하려는 신약의 구조, 기전 및 생산 과정, 임상 시험의 통계 심사 방법이 포함돼야 한다. 최초로 사람에게 투약하는 단계가 1상으로, 이때는 주로 안전성을 평가한다. 2상에서는 효능을 위해 필요한 최고 복용량 또는 주사량을 조사하고 3상에서는 환자 수를 크게 늘려 최종적으로 효과와 부작용을 검증한다. 기존에 치료가 불가능한 병에 대한 신약이거나 이미 시판되는 약에 비해 효과가 커야 하며 부작용은 수용 가능해야 한다. 이 과정에서 통계 분석 절차를 거친다. 정해진 유의 수준Significance Level[17]에서 실험군과 대조군을 비교하는 검정 과정을 거치게 된다. 3상 시험은 처음부터 끝까지 통계적으로 적합하다고 인정되는 방법으로 실험군과 대조군을 비교한다. 올바른 결론을 도출하는 데 있어 가장 중요한 원칙은 '이중맹검Double-Blind'이다.

이중맹검은 연구하는 사람도, 약을 받는 시험자도 치료제를 누

---

17 비교하려는 각 모집단이 특정한 조건을 갖고 있는데도 그 조건이 틀렸다고 잘못 인지할 확률을 말한다. 죄가 없는 피고인을 유죄로 판결하는 등의 1종 오류와 같다.

가 받았는지를 모르게 하는 방법이다. 연구자나 피험자가 치료제 투약 여부를 알게 되면 제약 회사는 효과가 좋을 것으로 예상되는 환자에게 약을 집중적으로 몰아 줄 유인이 있다. 참여자는 실제 약이냐, 위약이냐에 따라 임하는 태도가 달라져서 과정에 편향Bias이 개입하게 된다. 우리가 최근 10년 안에 접하게 되는 약은 모두 이런 철저한 비교의 과정을 거쳤다고 봐도 무방하다.

돈이 건강보다 중요하다고 생각하는 사람은 없겠지만, 넉넉한 재산을 무병장수 다음 순위로 꼽는 사람은 많을 것이다. 사랑하는 가족, 지인들과 교류하면서 살아가는 행복한 삶을 꿈꾼다. 가장 긴요한 신체의 건승에는 의학의 발달이 많은 도움이 되며 이는 철저한 과학적 과정에 바탕을 두고 있다. 그다음으로 필요한 돈은 급여, 사업 또는 투자 소득으로 본인이 직접 벌어야 한다. 취직 과정에서 복수의 기업에 합격하면 우리는 고민을 거듭한다. 객관적으로 비교하기 위해 끊임없이 사고하고 어떤 것이 장래를 위해 바람직한지를 묻는다. 사업을 위해 가게를 열거나 회사를 만들 때도 철저한 준비를 하고 다양한 가능성을 비교한다. 그런데 왜 투자에 있어서는 그렇게 하지 않는가? 왜 고정 관념과 감정에 이끌리는가? 의료인의 자세까지는 아니어도 직장을 구하거나 회사에서 나와 독립하려고 할 때 정도의 엄격함이 투자에 꼭 필요하다. 최소한 차를 사는 과정에서 들이는 노력과 준비성은 갖고 있어야 한다. 한국에서는 '주식은 언제나 피해야 할 자산이고 부동산은 언제나 승리하는 대상'이라는 믿음이 강하다. 편견을 깨는 다양한 사례를 살펴보자.

개항 이후 최고의 번화가였던 동인천 일대의 지가

1876년에 체결된 조일 수호 조규[18]의 결과, 1883년에 인천항이 부산항, 원산항에 이어 세 번째로 열리면서 인천은 급격하게 발전하게 된다. 외국에 문호를 개방하며 서양 문물을 최초로 받아들이는 관문이 됐다. 일제 강점기에 쌀 선물Futures[19] 투자로 일시적으로 거부됐던 반복창潘福昌이 집을 짓기 위해 토지를 구매했던 곳도 바다가 보이는 지금의 동인천역 근처에 있는 용동이었다. 1990년대 중반까지만 해도 인천 전역에서 몰려드는 상권이었으며 현재의 개항로에는 주요 브랜드들이 즐비했다. 지금도 과거의 영광이 남아 있다. 수도권의 핵심 지역이었으니, 언제라도 이곳에 부동산을 사 뒀으면 수익이 많이 났을까? 건물 가격은 2010년에 대지 평당 1,500만 원에 거래됐는데, 바로 옆에 있는 물건은 11년이 지난 2021년에 평당 2,000만 원에 팔렸다. 심지어 토지가 작아 유동성이 좋았던 건은 2011년에 평당 2,000만에 매각됐던 사례도 있다. 11년 동안 500만 원의 차익을 반영해 연 평균 수익률을 계산해도 2.5%에 불과하다. 같은 기간 물가 상승률이 2%에 가깝다. 받은 임대료, 양도소득세, 취득세, 보유세 등과 같은 세금까지 감안하면 실질 수익률이 3%를 넘기기 어려웠다.

---

18 일반적으로 '강화도조약'이라고 불린다.
19 장래의 일정 시기에 상품을 넘겨 주는 조건으로 현재 가격을 정해 매매 계약을 하는 거래를 말한다. 장외에서 거래되는 선도Forward와 달리, 표준화된 규격으로 장내에서 거래된다.

1990년대 X세대와 오렌지족의 성지였던
압구정 로데오 일대의 빌딩 가격 정체기

인천은 수도권이긴 하지만, 서울의 핵심 지역이 아니므로 예로서 적절하지 않다고 생각할 수 있겠다. 1990년대 전국 최고의 상권으로 선망의 대상이었던 압구정 로데오 거리에서도 부동산이 언제나 이기지 않았다는 사실을 안다면 어떨까?

이 결과를 알고 있다면 맹목적으로 부동산이 우위라는 편견이 약해질 수 있다. 2020년 이후 부동산 주기가 급등기로 진입하기 전인 2019년까지만 해도 10~15년 전에 비해 땅값이 거의 오르지 않았다. 압구정 로데오에서도 갤러리아 백화점 건너편에서 시작하는 압구정로 50길로 진행해 왼쪽으로 선릉로까지 나아가는 거리가 가장 알짜다.

해당 길의 건물 중 2006년, 2007년, 2008년, 2009년, 2017년, 2018년, 2019년의 매매 사례를 살펴보자. 2006년 물건은 대지 평당 9,500만 원에 팔렸고 2007년, 2008년, 2009년의 소형 빌딩은 각각 토지 평당 8,500만 원, 9,500만 원, 1.2억 원에 거래됐다. 건물 노후화 정도 및 전면 도로 접합 길이 차이 등으로 단가가 달랐지만, 대략 평당 1억 원 정도가 시세였다. 10년이 지난 후 2017년, 2018년, 2019년 건물은 평당 1.05억 원, 1.08억 원, 1.02억 원에 매수자가 나섰다. 거의 오르지 못했다. 심지어 2018년 물건은 2013년에 1.04억 원에 사서 2018년에 1.08억 원에 팔기도 했다. 이 투자자는 5년 동안 4억 원의 수익을 낸 것이 아니다.

취득세만해도 4억 원이 넘었을 가능성이 높고 보유세까지 감안하면 인플레이션을 전혀 감당하지 못한 셈이다. 2020년 이후 2년 동안 같은 지역의 부동산의 실거래가가 50% 이상 오르기는 했다. 오르기 전 10년을 괴롭게 버틴 사람에게 주어진 수익치고는 굉장하다고 말하기 어렵다.

1기 신도시 아파트 가격

1기 신도시 아파트 가격은 위치보다 신축 여부를 위주로 집을 고를 때 맞닥뜨릴 수 있는 위험을 잘 보여 주고 있다. 강남권과 가까운 분당, 평촌의 중소형 아파트는 시장 상승률보다 높은 성과를 시현했지만, 나머지 지역은 부진했다. 2006년 12월 이후 15년 동안 KB국민은행 지수 기준 전국 아파트 가격은 79%, 서울은 80% 올랐다. 신분당선이 개통되기 전까지 분당을 대표하는 아파트 단지는 서현역 근처의 시범 단지였다. 시범 삼성 및 한신, 시범 현대 및 시범 우성 아파트의 30평대 실거래가는 2006년 평균 7~7.5억 원 수준이었다. 이후 10년간 오르지 못하고 오히려 6~6.5억 원으로 떨어졌다. 이후 5년간 급등해 현재는 평균 15억 원 선이다. 나쁘지 않은 수익률을 보여 준 아파트들도 무려 10년 동안 속을 태운 후 시세가 났다.

분당에서 최고급으로 꼽히는 단지는 정자역 근처의 파크뷰이다. 30평대는 2006년 10억 원 가까이에서 19억 원까지 올라 시장과 유사한 수익률을 냈다. 50평대 이상의 대형 평수는 상대적으로 부진했다. 55평형은 19억 원 내외에서 24억 원으로 20~25%의 상승에 그쳤다. 64평형은 25억 원에서 29억 원, 71평형은 27억 원에서 30억 원으로 덜 올랐다. 심지어 78평형은 35억 원에서 30억 원으로 떨어졌다. 분당을 제외한 다른 신도시는 더욱 처참하다. 일산의 30평형대는 2006년의 고점을 2020년에야 돌파했고 대형 아파트는 아직도 2006년 가격보다 낮은 단지가 흔하다. 이러한 현상은 평촌, 산본, 중동에서도 관찰할 수 있다.

부동산 가격이 오랜 기간 부진했거나 15년 전에 비해 지금까지도 수익을 내지 못한 예도 많다. 우리가 이를 지각하지 못하는 이유는 부동산으로 잘된 경우만 언론에 나오거나 주변에서 회자되기 때문이다. 주식은 장기 보유에 적합하지 않고 아파트는 오래 들고 갈 만하다고 이야기하는 사람들은 코스피와 자신이 알고 있는 많이 오른 단지를 주로 비교한다. 기준이 제대로 정립되지 않았기 때문에 올바른 비교를 할 수 없다.

코스피를 증시의 대표로 활용하겠다면 비교 대상 부동산 가격 지표는 KB국민은행에서 발표하는 주택 가격 지수가 돼야 맞다. 급등한 핵심 지역의 아파트를 기준으로 삼겠다면, 주식 시장에서도 장기간 오른 우량주와 비교해야 한다.

2016년부터 2021년까지 압구정동 신현대아파트 38평형이 약 2배 올랐는데, 삼성전자는 같은 기간 3배 넘게 올랐다. 신흥 강자로 떠오른 마포에서 2016년에 입주한 이편한세상마포리버파크 34평형은 분양가 대비 2.5배 폭등했다. 마포의 신축과 비견할 만한 중대형주 중에서 3배 넘게 오른 종목은 차고 넘친다. 집값이 오른 기간을 잘라 안정성에 수익률까지 좋다고 이야기하고 싶으면 주식도 강세장과 비교해야 올바르다.

세금과 배당까지 고려하면 부동산과 주식을 비교하는 데 따른 불합리성은 더욱 커진다. 주식은 보유하는 기간 안에 내야 하는 세금이 없다. 일반 주주들은 2022년까지 매매차익에 대한 소득세도 내지 않는다. 정부가 배당금에 대한 소득세를 걷어가지만, 이마저도 2,000만 원을 넘지 않으면 분리 과세된다. 보유세 부담이 낮긴 했지만, 부동산을 보유하면 재산세는 피할 수 없었다. 두 번째 집부터는 장기 보유 공제도 없이 양도소득세를 내야만 했다. 지금 부동산에 투자해서는 안 된다고 말하는 것이 아니다. 내 집 마련의 중요성은 이미 강조한 바 있다. 열심히 노력해서 내 집을 마련한 후 투자에 나설 정도가 됐다면, 정확한 사실과 올바른 비교를 바탕으로 자금을 투입할 대상을 선택해야 한다는 의미이다.

우리나라의 사례

우리나라 국민의 부동산 사랑은 유명하다. 핵심 지역의 아파트는 안전 자산으로 인정받기도 한다. 다른 종류의 재산이 아닌 부동산으로 재물의 우위를 설명한다. 한국인의 부동산 선호는 질투에 관한 속담에까지 나타난다. 서양에서는 '질투하지 말고 경쟁하라Compete, don't envy', '질투는 비교당하는 공포다Jeolousy is the fear of comparisont'와 같은 심리적인 우열에 집중한다.

채집 생활을 하던 인류가 한곳에 정착하면서 농업이 가장 중요한 산업이 됐다. 토지가 동서고금을 막론하고 자산의 척도였다. 중세 시대 이후 유럽의 절대 왕정이 중상주의를 채택해 귀금속과 기축 통화의 개념이 세워졌다. 산업 혁명을 거치면서 농업에 꼭 필요했던 땅의 상대적인 가치가 낮아졌다. 우리나라의 근대화는 일제 식민지 시대 이후에나 이뤄졌다. 땅에 대한 애착이 현대로 넘어왔다. 개발 시대를 거치고 한강의 기적을 목도하는 과정에서 사람들은 부동산에 대한 애정을 토지 대신 아파트에 쏟고 있다.

우리나라 가계의 부동산 자산 비중은 다른 국가에 비해 높다. 2019년 기준 부동산을 포함한 비금융 자산의 비중은 64%이다. 미국이 28%로 가장 낮고 그다음은 일본 38%, 영국 45%, 호주 57% 순이다.[9] 한국 가계 및 비영리 단체의 2020년 전체 부동산 자산 7,763조 원 중 주택이 5,344조 원으로 70%에 육박한다.[10] 한국인의 안정 희구 성향은 금융 자산 구성비에서도 잘 드러난다. 예금이 43%를 차지해 일본의 55% 다음으로 높다. 미국이 13%로 가장 낮고 그다음으로 호주 22%, 영국 26% 순이다. 문화적 차이가 확연히 느껴진다.

보험과 연금을 제외한 금융 투자 상품이 가계의 금융 자산에서 차지하는 비율은 미국이 54%로 1위이고 일본이 14%로 꼴찌이다. 우리나라는 미국에 이어 두 번째였는데, 그 이유는 영국이나 호주의 보험, 연금 비중이 컸기 때문이다. 미국은 직접 투자와 연금 투자를 가리지 않고 주식을 많이 담고 있는데, 영국과 호주는 금융 자산 중 50%가 넘는 보험, 연금 계좌를 통해 금융 투자 상품에 가입한다.[11] 예를 들어, 호주의 퇴직 연금 규모 2,900조 원 중 자산 배분을 추구하는 마이슈퍼MySuper가 790조 원이고 이 중 50%가 국내외 주식에 투자됐다. 한국은 원리금 보장 상품이 퇴직 연금의 90%에 이르는 실정이다.[12] 기타 서구권의 가계 금융 자산 중 금융 투자 상품이 차지하는 실질 비중은 더욱 높을 것이다. 비교 대상인 5개국의 특징은 한국은 부동산, 일본은 예금, 미국, 영국, 호주는 금융 투자 상품이 우세라고 정리할 수 있다.

자료로 증명되는 우리 국민들의 부동산 선호가 실제 수익률에도 도움이 됐을까? 부동산은 자기 집을 사는 과정에서 갖고 있는 돈을 최대로 쓰고 차입까지 하기 때문에 투자 원금이 크다는 장점과 두 번째 주택에는 보유세와 양도소득세가 무겁다[20]는 단점이 있다.

주식은 갖고 있는 동안에는 세금이 없고 투자 금액이 기준 이하[21]여도 양도세가 없다. 첫 번째 집인지의 여부와 세금을 고려한 실질 수익률 차이는 차치하고 과거를 근거로 명목 수익률을 비교해 보자. 다음은 1986년 이후의 KB국민은행 주택 가격 지수와 코스피를 활용한 것이다.

KB국민은행 주택 가격 지수는 1986년부터 발표돼 시계열이 길고 전체 주거용 부동산을 모두 아우른다는 이점이 있다. KB국민은행은 2001년에 국민은행과 주택은행의 합병으로 설립됐다. KB국민은행은 1963년에 서민 생활과 관련된 업무를 주로 하는 국책 은행으로 시작했고 1995년부터 일반 은행으로 전환됐다. 주택은행은 1969년에 은행으로 전환했는데, 1967년「한국주택금고법」의 제정

---

20 조정 지역 2주택부터 양도소득세가 중과되며 종합부동산세 공제액이 6억 원으로 감소하고 세율이 2배 가까이 오르게 된다.
21 2022년 현재 10억 원이고 100억 원으로 늘릴 계획이 있다. 2023년 양도차익부터는 금융투자소득세가 신설될 예정이다.

으로 영업을 개시한 한국주택금고가 전신이다. 코스피는 시가총액 가중으로 지수가 산출돼 실제로 투자를 많이 하는 대형주의 영향을 많이 받는다. 1980년 1월 4일의 시가총액을 분모로 해 지수화한다. 1964년부터 1971년까지는 가격 가중으로 지수를 산출했다.

1986년 1월을 기준으로 주택 가격과 코스피 지수를 100이라고 하면 2021년 12월 말의 코스피는 1,856 수준이고 KB국민은행 주택 가격 지수는 360 근방에 있다. 주식의 성과가 주택 대비 5배 이상 좋았다. 종목을 고르지 않고 여유 자금으로 지수에 투자해 인내했다면 한국에서도 충분히 큰 부를 쌓을 수 있었다. 주식의 큰 변동성은 경계할 점이었다. 코스피가 월간으로 한 번도 반등하지 못하고 최대 하락했던 폭은 외환 위기 기간에 나타났던 62%였고 40% 이상 떨어진 적도 10번 있었다.[22] 1986년부터 1989년까지 주식이 부동산을 압도하다가 1992년까지 증시가 급락했다. 물가 상승률이 10%에 육박하면서 주식 시장에 부담을 줬다. 같은 기간 주택 가격은 17% 올랐다. 1992년부터 1994년까지 주식이 다시 부동산을 압도했다. 코스피 지수는 117% 폭등한 반면, KB국민은행 주택 가격 지수는 3.5% 하락했다. 1995년부터 1998년까지는 경제가 정점에서 내려오는 와중에 외환 위기를 겪으면서 주택 및 증시 모두 부진했던 기간이다. 부동산의 안정성이 확실히 빛을 발한 시기이기도 하다. 집값 하락은 9%로 제한됐던 반면, 코스피 지수는 70%가 넘는

---

22 외환 위기 기간에는 62% 빠진 후 45% 올랐다가 다시 58% 급락해 최종적으로는 1996년 4월 고점에서 1998년 6월 저점까지 70% 하락했다. 벤처 버블이 터졌던 2000년, 세계 금융 위기가 왔던 2008년에 40%의 폭락이 나왔다.

급락세를 시현했다. 그럼에도 불구하고 1986년 이후의 성과로 비교해 보면 아직도 코스피 지수의 성과가 KB국민은행 주택 가격 지수에 비해 양호하다. 1998년 이후 부침은 있었지만, 증시의 성과가 부동산에 비해 최소한 80% 이상 좋았다.

2006년 1월부터 아파트 실거래가 지수가 발표됐다. KB국민은행 주택 가격 지수에 비해 높게 산출되는데, 그 이유는 아파트를 제외한 주거용 부동산이 빠지고 핵심 지역의 실제 거래를 많이 반영하기 때문이다. 2006년 1월 기준 아파트가 코스피에 비해 12% 더 올랐다. 15년이라는 시간을 감안하면 차이는 크지 않다. 아파트에 부과되는 보유세와 주식의 배당금 수입까지 고려하면 수익률은 오히려 주식이 좋았다. 주택은 사용 가치가 있지 않느냐는 반론이 가능하지만, 우리는 투자의 영역에 대해 이야기하고 있다. 1주택을 마련하고 추가 매수를 고려하거나 내 집 마련을 위해 투자 대상으로 부동산에 접근하는 사람에 대해 이야기하고 있는 것이다.

1995년 이후의 주택과 코스피에 상장된 주식의 시가총액을 GDP와도 견줘봤다. 시가총액은 주택이나 주식의 공급이 늘면 가격이 상승하지 않아도 확대되기 때문에 주요 지표로는 적합하지 않다. 그러나 전체 경제에서 차지하는 비중에 따라 어떤 자산이 더 중요해지는지는 알 수 있기 때문에 의미가 있다. 한국은행에서 공표하는 국민 계정의 국민대차대조표를 통해 주택 시가총액이 1995년부터 발표됐다. 코스피 지수의 시가총액은 1984년부터 확인할 수 있다.[13] 주택 시가총액은 외환 위기의 한복판이었던 1998년 3% 감소한 이후 한 번도 줄어든 적이 없다. 부동산의 안정성을 여실히 보여 준 것이다. 1995년부터 2020년까지 주택 시가총액은 연평균 8% 증가했다. 같은 기간 코스피 시가총액은 연평균 11% 늘었다. 명목 GDP 대비 주택 시가총액은 1995년 1.9배에서 2020년 3배까지 확장됐다. 같은 기준으로 코스피 시가총액은 명목 GDP 대비 0.3배에서 1배로 올랐다. 상승 폭은 코스피 시가총액이 더 컸다.

미국의 사례

미국의 가계 자산 구조는 한국과 다르다. 가계 자산 중 부동산의 비중이 비교 대상 국가 중에서 가장 낮고 주식의 비율은 제일 높다. 미국 증시가 주택을 언제나 이긴 결과일까? 한국에서는 부동산이 언제나 승자였다는 편견만큼 무서운 생각이 미국에서 항상 주식 수익률이 더 좋았다는 것이다. 리먼 브라더스 파산의 여파가 미국을 강타했던 2008~2009년까지는 주식과 부동산의 수익률이 경제 상황에 따라 엎치락뒤치락했다. 1963년부터 1969년 2분기까지 물가 상승률이 1%에서 5%까지 상승하는 기간에는 주식이 부동산 대비 양호했다. 미국 10년물 국채 금리도 경기 회복을 뒷받침하는 정도로만 건전하게 상승하면서 S&P500 지수는 같은 기간 66에서 98까지 46% 상승했다.[14] 1963년 미국의 평균 주택 가격은 19,300달러에서 1969년 2분기 28,100달러까지 45% 올랐다. 1965년 4분기가 주식이 부동산에 비해 가장 수익률이 좋았고 S&P500의 주택 대비 상대 수익률이 26%p까지 확대됐다.

1969년 3분기부터 1995년 2분기까지 무려 26년 동안 미국의 주거용 부동산 투자 성과가 S&P500을 앞섰다. 검은 월요일Black Monday 폭락의 여진이 남아 있던 1988년 3분기의 주식 대비 주택의 상대 수익률은 293%p에 달했다. 1973년부터 1984년까지는 연간 물가 상승률이 가파르게 뛰어올라 10%를 넘겼고 인플레이션에 대한 부담이 실물 자산의 선호로 이어졌다. 1991년 이후에는 물가 상승률이 5% 미만으로 하락해 안정적으로 유지되면서 S&P500의 성과가 부동산을 앞서기 시작했다. 1984년부터 정보 기술 과열이 터지기 전인 2000년 1분기까지 주가는 840% 급등했던 반면, 주택 가격은 101% 오르는 데 그쳤다. IT 버블이 터지는 과정에서 S&P500 지수는 반토막이 났는데, 주택 가격은 오히려 22% 상승했다. 2001년 기준 1963년 이후 미국의 부동산과 주식의 수익률은 연평균 9%로 동일했다. 평균 배당률과 보유세율 1%를 감안하면 주식이 소폭 우위였다고 이해하는 편이 합리적이다.

2002년부터 2007년 리먼 브라더스 파산이 영향을 미치기 전까지는 주가와 주택 모두 좋았다. S&P500 지수는 87% 폭등했고 집값도 42% 오르는 강력한 모습을 보였다. 서브프라임 모기지 대출과 연계된 파생 증권의 부실이 금융 위기로 연결되면서 부동산과 주식이 모두 급락했다. 증시는 2009년 1분기까지 48% 폭락했고 주택 가격은 26% 떨어진 후 2011년 4분기에 바닥을 찍었다. 2009년부터 2011년까지는 부동산이 덜 하락해 상대적으로 수익률이 좋았고 2011년부터 현재까지는 주식의 성과가 압도적으로 좋았다. 집값은 98%, S&P500 지수는 440% 올랐다.

인플레이션이 고착화되는 기간에는 눈에 보이는 유형 자산에 대한 수요가 많아지면서 부동산이 주식을 앞질렀다. 물가가 안정되면서 금리가 낮아지는 시기에는 주택 시장보다 증시에 남아 있는 편이 나았다. 주식은 변동성이 컸지만, 수익을 내는 구간에서는 부동산에 비해 월등히 강력한 이익을 줬다. 2008년의 리먼 브라더스 파산 이후 미국의 가계가 건전해지고 정보 기술이 발달해 생산성이 구조적으로 개선되면서 물가와 금리는 낮아진 상태를 유지하고 있다. 코로나19에 따른 공급망 문제와 원자재 가격 상승으로 2022년 상반기에는 인플레이션에 대한 우려가 컸지만, 앞으로는 안정적으로 관리되고 있는 구간에 진입할 가능성이 높다. 이것이 바로 당분간 주식이 부동산보다 나은 선택이 될 수 있는 이유이다.

일본의 사례

우리나라에서 하우스 푸어라는 말이 신문 지상을 장식하던 시기가 있었다. 이 당시에는 일본의 부동산 시장을 비교 대상으로 삼아 우리나라 또한 구조적으로 주택 가격이 오르기 어렵다는 의견이 팽배했다. 1980년대 일본의 버블 경제 이후에 나타났던 집값 급락이 강렬했던 데다 고령화 추세까지 비슷했기 때문이다.

1975년을 100으로 놓고 보면, 일본의 주거용 부동산 가격은 1991년 2분기에 280까지 올랐다. 1987년부터 4년간 집값은 40%나 올랐다. 엔화 절상을 유도했던 플라자 합의Plaza Accord[23]에 대응하기 위해 일본은행에서 금리를 낮추는 바람에 경기가 과열됐기 때문이다. 정점을 찍었던 일본의 부동산 경기는 거품이 붕괴되면서 속절없이 무너졌다. 1991년의 고점 이후 전 분기 대비 처음으로 주택 가격이 올랐던 시기를 만나려면 2009년 3분기까지 무려 18년을 기다려야 했다. 같은 기간의 주택 가격은 49%나 하락했다. 2010년부터 미약한 상승세를 보이고 있지만 2021년까지 12년간 4.6% 오르는 데 그쳤다. 이는 연평균 0.37% 수준이다.

니케이 지수의 움직임은 더욱 거칠었다. 경제 확장기의 초창기로 부동산 시장이 본격적으로 상승하기 시작했던 1987~1989년 일본의 주가는 80%나 폭등했다. 증시는 주택 주기의 정점에 비해 2년 먼저 하락 추세에 접어들었다. 1989년부터 1991년 2분기까지 집값은 17% 올랐지만, 주가 지수는 40%나 빠졌다. 니케이 지수는 2003년 1분기까지 지속적으로 떨어졌다. 리먼 브라더스 사태 전까지 200% 이상 반등했지만, 2011년에 다시 전저점에 근접했다. 2008년 금융 위기 이후 2021년까지 주가는 연평균 9% 상승해 부동산에 비해 견조한 성과를 냈다. 일본의 주가 지수는 아직까지 1989년의 고점에 한 번도 도달하지 못했다.

---

23 1985년 9월 미국, 영국, 프랑스, 독일 (당시 서독), 일본의 재무장관들이 플라자 호텔에 모여 엔화 절상을 유도해 달러 가치를 떨어뜨리기로 한 합의를 말한다. 달러 지수는 그 후 2년간 30% 하락했고 1989년까지 10% 반등한 후 80선까지 재차 속락했다.

한국 주택 가격과 코스피 지수

주 1: KB 지수는 1986년 1월부터, 아파트 실거래가 지수는 2006년 1월부터 발표, 1986 = 100
주 2: 세금과 배당은 고려하지 않았기 때문에 부동산에 유리한 비교
자료: KB, 통계청, 한국거래소

미국 주택 가격과 S&P500 지수

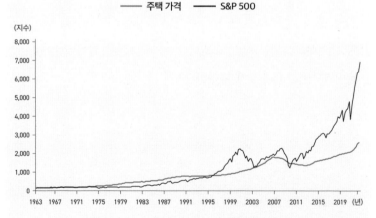

주 1: 1987년 이전까지는 미국 통계청, 이후는 케이스실러 지수, 1963 = 100
주 2: 세금과 배당은 고려하지 않았기 때문에 부동산에 유리한 비교
자료: FRED, Factset

일본 주택 가격과 니케이 지수

주 1: 1975 = 100
주 2: 세금과 배당은 고려하지 않았기 때문에 부동산에 유리한 비교
자료: Factset, Bloomberg

예금으로 인플레이션을 이기기 어려운 시대

수익은 위험에 비례

필자는 대부분의 경력을 증권사에서 쌓았지만, 주변의 배려로 2년 정도 한국의 대표적인 운용사에서 운용 업무를 해 보는 기회를 갖게 됐다. 당시 필자는 해외 주식 자산을 편입해 비교 지수를 이기는 전략을 추구했다. 고객들의 요구가 추적 오차를 줄이면서 적절한 초과 수익을 내는 것이었기 때문에 위험 관리도 중요했다. 수익률과 표준편차를 모두 고려하면서 조심스럽게 운용했고 한 달에 한 번 정도 돈을 맡겨 주신 투자자 분들과 만나 보고를 드리고 의견도 나눴다. 기관에서 근무하는 전문가였기 때문에 자금의 성격에 따른 위험과 수익의 관계를 대부분 잘 이해하고 있었다.

가장 대응하기 어려웠던 요구는 주식이라는 자산을 통해, 원금을 잃을 가능성은 거의 없으면서도 4~5% 수익을 안정적으로 낼 수 있는 전략을 세워 달라는 것이었다. 필자는 지금까지 이러한 요구를 하는 사람은 대부분 금융이나 운용에 대한 이해가 상대적으로 부족한 기관 내 고위층이었을 것이라고 믿고 있다. 투자를 위해 자금을 전문적으로 집행하는 운용역이 위험과 수익 간의 기본적인 비례 관계를 무시하고 이러한 요청을 할 리는 없기 때문이다. 4~5%의 연간 수익률을 추구하는 포트폴리오는 구성할 수 있지만, 원금을 확실히 잃지 않아야 한다는 조건까지 만족하기는 어렵다. 주식은 유동성이 좋으면서 이해하기도 쉽고 역사적으로 꾸준히 자본 이득을 제공해 온 훌륭한 자산이지만, 필연적으로 변동성을 동반한다. 최고의 주식을 고르고 아무리 지역 및 업종 배분을 잘하더라도 수익률이 항상 플러스 쪽에 머물러 있는 것은 불가능하다. 이 경우에는 대부분 주식 가격 하락에 대비하기 위해 인버스Inverse[24] 등과 같은 파생 상품을 편입하는 방안을 고려하게 되는데, 예상보다 훨씬 높은 비용에 놀라는 경우가 많다.[25]

요구 수익률에 맞는 회사채나 신흥국 채권을 찾아서 투자하는

---

[24] 풋옵션 매수, 선물 매도 등과 마찬가지로 주가가 하락할 때 이익이 나도록 설계된 상품을 말한다. 넓은 범위에서 시카고 옵션 거래소 변동성 지수인 VIXChicago Board Options Exchange Volatility Index 매수도 포함한다.

[25] 예를 들어, 풋 옵션을 사서 그대로 들고 있는 방법으로 변동성을 제어하려고 하면 풋 옵션 매수 비용이 의외로 크다. 이것이 바로 전문적인 트레이더를 두고 옵션 계약 수를 상황에 맞게 그때그때 바꾸는 동적 헤징Dynamic Hedging을 하는 이유이기도 하다.

방법은 어떨까? 만기까지 아무 일 없이 보유하고 원금과 이자를 받는다면 문제가 없다고 생각할지 모르지만, 금리 변화에 따른 채권의 시장 가격 변화를 포트폴리오 가치에 반영해야 하는 기관의 담당자라면 생각보다 자주 원금 훼손을 목도할 확률이 높다. 매일 매일의 시가가 나오지 않아 손실의 괴로움을 회피할 수 있는 대체 자산을 대안으로 생각한다면 낮거나 거의 없는 유동성을 감당할 준비가 돼 있어야 한다. 이는 팔고 싶어도 팔기 어렵다는 의미이기도 하다. 워렌 버핏이 '투자의 원칙은 첫째 돈을 잃지 않는 것이고 두 번째는 첫 번째 원칙을 기억하는 것'이라며 위험 통제의 중요성을 강조했다[26] [15]라는 말에 경도된 사람들도 있을 것이다. 이 말은 '가장 중요한 것은 원금 보존'이라는 것인데, 이를 주식에 투자하지 말라는 뜻으로 받아들여서는 곤란하다. 워렌 버핏이 부를 일군 방법이 주식이라는 점만 봐도 주식을 하지 말라는 것이 본심이 아니라는 것은 쉽게 알 수 있다. 주식에 대해 공부하지 않은 상태에서 과열권에 있는 주식을 잘못 사면 원금이 쉽게 줄어들어 복리 효과를 누리기 어렵다는 뜻으로 받아들여야 한다.

위험이라고 번역하는 리스크Risk라는 단어에는 '아래로의 리스크Downside Risk'라는 뜻만을 포함하고 있는 것이 아니다. 투자를 결정할 때 생각했던 논리가 적중해 기대 수익이 예상보다 클 수 있는 '위쪽으로의 리스크Upside Risk'도 함께 고려해야 한다.

---

26 The first rule of an investment is don't lose money. And the second rule of investment the first rule.

위험은 투자의 세계에서 회피해야만 하는 대상이 아니라 수익률을 달성하기 위해 반드시 동행해야 하는 요소라는 의미를 내포하고 있다. 어떤 자산이든 투자를 하기로 마음먹었다면 위험과 수익은 비례한다는 사실을 꼭 명심하자. 자신의 성향에 따라 이익이 한 단위 늘어날 때 감당할 수 있는 위험의 수준도 알아야 한다.

원금 보장이 가능한 수단은 예금이지만

대공황이나 IMF 금융 위기 또는 리먼 브라더스 파산급의 경기 침체가 야기하는 뱅크런Bank Run[27]이 은행 파산으로 이어지지만 않는다면 예금은 확실히 원금을 지키는 투자 수단이다. 은행에 돈을 맡겨 두면 돈을 잃은 가능성은 거의 없다. 예금자 보호 대상이 되는 금융 기관당 5,000만 원을 지키면 나라가 망하기 전에는 원금은 절대적으로 보존된다. 은행과 친하게 지내면서 저축을 하기만 하면 부자가 될 수 있을까? 필자는 저축만으로는 충분하지 않다고 자신 있게 말할 수 있다.

누군가 부자 또는 중산층에 속하는지를 결정하는 기준은 다양하다. 개정된 경제협력개발기구OECD, Organisation for Economic Cooperation and Development의 규정에서는 중위 소득의 75~200%를 버는 계층을 중

---

27 은행의 대규모 인출 사태를 말한다. 경제가 불황에 빠지며 금융 시장이 불안해지면 은행의 지급 불능을 우려한 고객들이 일시에 예금을 인출하려 달려가는 모습을 의미한다.

산층으로 본다. 2022년 중위 소득 512만 원을 기준으로 했을 때 월 384~1,024만 원을 버는 가구가 중산층에 해당한다고 보는 것이다. 금융 기관들의 설문 조사를 종합하면 30평형 대 아파트, 중형차 및 1억 원 예금 보유 등과 같은 재산과 급여 600만 원의 소득 그리고 1년에 한 번의 해외 여행 등이 중산층의 기준으로 제시되기도 했다. 내가 생각하는 기준은 이렇다. 일하지 않아도 기존의 생활 수준을 유지하면서 재산이 물가 상승률만큼 늘어난다면 부자다. 여기에 회사에서 급여를 받거나 사업을 하는 등의 방식으로 일을 해야 한다는 조건을 추가하면 중산층이다. 부자는 차치하더라도 중산층이 되려면 월급이 충분히 많고 소비하고도 돈이 남아서 재산이 늘어나야 한다. 그렇지 않다면 수익률이 높게 나오는 자산 구조를 갖고 있어야 한다.

보통 수준의 소득을 올리는 우리의 현실적인 목표는 중산층에 진입하는 것이다. 원금은 절대 손해보기 싫다는 생각을 버리지 않으면 안정적인 중산층이 되는 데 필요한 자산을 모으기 어렵다. 처음부터 금수저를 물고 태어나 종잣돈의 규모가 일반인들과 비교하기 어려울 정도로 크다면 2% 내외의 예금 이자율로도 충분히 부를 늘려 나갈 수 있다. 사람의 사치에는 한계가 있기 때문에 은행 이자만으로도 남는 돈이 생기기 때문이다. 투자를 해야겠다는 필요성을 느끼고 미국 주식을 공부하겠다는 의지를 다지면서 이 책을 읽고 있는 여러분 중 극소수만이 위의 예에 해당할 것이다. 물론 필자도 이와는 거리가 멀다.

2000년대 이후의 실질 금리는 처참한 수준

tvN의 〈응답하라〉 시리즈는 1997년부터 1988년까지 3개의 시즌이 방영되면서 높은 시청률을 기록했다. 중·장년층에게는 향수를 불러일으키며 젊을 때의 추억을 되새기게 했고 1990년대 이후에 태어난 사람들에게는 지금과는 다른 모습을 보여 주면서 인기를 끌었다. 지금부터 약 34년 전의 이야기를 그린 〈응답하라 1988〉에서 투자와 관련된 재미있는 대목이 있어 소개한다.

성동일 배우가 연기한 여자 주인공 덕선이의 아버지는 은행원이었다. 바둑기사 이창호 9단의 어린 시절 역할로 알려진 택이가 세계 대회에서 우승해 5,000만 원의 상금을 받는다. 이 돈으로 어디에 투자할까 고민하는 택이 아버지에게 덕선 아버지는 강남에 아파트를 사라고 조언한다. 이 대화 과정에서 택이 아버지의 대사는 다음과 같다.

"생돈 5,000만 원을 뭐 한다고 은행에 처박아놓습니까. 은행 이자가 15%밖에 안되는데 택이 아빠 아파트 하나 사이소."

한 번은 덕선이 아빠가 재테크의 방법을 묻는 사람에게 이렇게 이야기하기도 했다.

"은행 금리가 쪼까 내려갖고 15%여. 그래도 목돈은 은행에 넣어놓고 이자 따박따박 받는 게 최고지라."

양립할 수 없는 의견을 그때그때 다르게 이야기하고 있지만, 눈길을 사로잡는 숫자는 15%의 은행 금리다. 지금은 상상하기 어려운 숫자다. 나름 금융 전문가인 덕선이 아버지는 '15%밖에'라며 당시의 이자율이 낮다고 말하고 있다. 금리가 '내려갔고 15%'라고 했으니 하락한 금리가 15%라는 점도 알 수 있다. 통계에 나타나는 1988년 예금 금리는 13.6%로 상당히 높은데, 당시 시민들은 매력이 떨어진다고 느꼈을지도 모르겠다.

예금 금리에서 물가 상승률을 빼서 구하는 실질 금리 추이를 보면 예금의 매력이 2000년대에 들어 급격하게 악화됐다는 것을 알 수 있다. 1966년부터 1971년까지 예금 금리는 23~28% 사이를 유지했다.[16] 같은 기간 물가 상승률은 10~16%, 실질 금리는 8~18%로, 예금으로도 충분히 좋은 수익률이 가능했다. 72의 법칙[28]에 따르면, 4~9년이면 저금을 통해서도 물가 상승률을 감안한 재산이 2배가 된다. 1972~1978년까지는 예금 이자율이 10%보다 높았다. 실질 금리는 1974년 및 1975년에 1차 오일 쇼크의 여파로 물가 상승률이 20% 중반까지 폭등해 급락했던 시기를 빼면 평균 5%가 넘었다. 1979~1981년까지 2차 오일 쇼크의 여파가 남아 있던 기간에 물가 상승률이 28%까지 올라가면서 실질 금리가 하락했다. 1982년 이후에는 인플레이션이 정상화되면서 2000년까지 실질 금리가 평균 7%를 시현했다. 이때까지는 은행하고만 친하게 지내도

---

28 복리의 이율로 원금의 가치가 두 배로 증가하는 데 걸리는 기간을 구하는 방법을 말한다. 72를 특정 복리 이자율로 나눠 계산한다. 예를 들어, 8% 복리 수익률이라면 9년이 걸린다는 뜻이다.

자산을 넉넉히 일굴 수 있었다.

하지만 2001년부터 상황이 급변한다. 중국이 2001년에 WTO에 가입하고 나서 세계의 공장 역할을 하기 시작했다. 생산에 필요한 원자재를 중국이 빨아들였다. 정보 기술 혁명으로 향상된 생산성이 이끄는 디플레이션 압력이 일부 상쇄됐다. 고도 성장기가 끝나고 잠재 성장률이 하락하면서 돈의 수요가 감소해 금리는 하락했다. 2001년부터 2010년까지 실질 금리는 1.3%까지 떨어졌다. 2011년에 실질 금리가 마이너스에 진입하는데, 높아진 유가로 물가 상승률이 2008년 이후 3년 만에 4%를 초과했기 때문이다. 오일 쇼크의 한복판이었던 1980년 이후 처음으로 나타난 마이너스 실질 금리였다. 2012년에 실질 금리가 다시 회복했지만, 2011~2020년의 평균 실질 금리는 0.7%에 불과했다. 근로 소득으로 생활비를 충당하고 남은 돈이 많지 않은 보통 사람에게 0.7%의 예금 실질 금리는 노후 준비에 충분하지 않다. 코로나19 위기에서 탈출하며 경제가 정상화되고 있어서 물가 상승률은 0% 대를 벗어났다. 금리는 오름 폭이 상대적으로 느린 상황이다. 지금은 2017년 이후 처음으로 실질 금리가 다시 마이너스에 진입한 시대이다. 예금의 매력은 최근 5년에 비해서도 더 떨어졌다. 원금 보장의 집착에서 벗어날 때다.

한국 물가 상승률을 감안한 실질 예금 금리

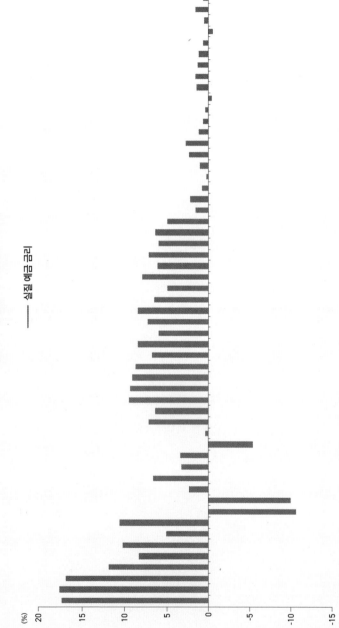

자료: 한국은행, 국가기록원

대체자산의
유동성 부족과 진입 장벽

대체 투자 자산 일람

거래 비용이 크고 세금도 많아 실질 수익률이 떨어지는 부동산의 역사적 가격 흐름을 비교해 보면 주식에 비해 특별히 낮지도 않았다는 사실을 확인할 수 있다. 우리나라뿐만 아니라 미국, 일본도 마찬가지다. 원금을 잃지 않아야겠다는 강박관념으로 자산을 예금으로만 운용했다면 1980년대 이후 지속적으로 하락한 실질 예금금리로 인해 인플레이션에 대비하기 어려웠다. 세금 부담이 가중된 부동산과 떨어지는 돈의 가치가 피해를 입힌 예금의 틈을 대체 자산이 파고들었다. '위험이 클수록 수익이 높다Risk Drives Return'라는 금융 시장의 근본적인 원리를 피할 수 있다는 광고가 봇물을 이뤘다. 대형 연기금이 대체 투자의 규모를 늘리기도 했다. 국민연금의 대체 투자 자산 비중은 2015년 55조 원에서 2021년 3분기 101조 원까지 연평균 10% 증가했다.[17] 교직원공제회는 지난 3년간 대체 투자 자산이 매년 14% 늘었다.[18]

시장의 분위기가 고조되면서 전통 자산 외에 다른 수단을 추구하는 개인 투자자가 급증했다. 중위험 중수익을 표방하는 다양한 투자 대상이 개발됐다. 대체 투자 자산은 대개 유통 시장에서 시가를 알기 어렵고 거래하기도 힘들다. 대체 투자 자산의 예로는 부동산 펀드, 헤지펀드, PEF, 파생 연계 증권, 메자닌Mezzanine 등을 들 수 있다.[29]

> **부동산 펀드** 자금을 모집해 특정한 부동산 하나 또는 여러 개에 투자하는 펀드를 일컫는다. 다수의 투자자로부터 자금을 모아 부동산 또는 부동산 관련 증권 등에 투자하고 운영해 수익을 투자자에게 돌려 주는 회사 형태의 간접 투자 기구인 리츠REITs, Real Estate Investment Trusts도 넓은 의미에서 부동산 펀드에 포함된다. 부동산 펀드와 리츠는 자금 모집 형태, 환금성에서 차이가 난다. 부동산 펀드는 사모로 설정되는 경우도 많은 반면, 우리나라의 리츠는 「부동산투자회사법」에 따라 발행 주식의 30% 이상을 공모

---

29 주식, 채권으로 대표되는 전통 자산이 아니면 대체 자산으로 분류한다. 여기에 언급되지 않은 대체 자산을 수도 없이 꼽을 수 있는 이유이다.

청약에 제공해야 한다.[19] 사모 부동산 펀드는 대부분 폐쇄형으로, 투자 기간 동안 환매가 되지 않는다. 공모 부동산 펀드는 거래소에 상장돼 현금화가 가능하지만, 거래가 거의 없어 사실상 팔기 어렵다. 리츠는 공모 절차가 상장을 포함하고 물량도 풍부하기 때문에 상대적으로 유동성이 좋다. 2021년 12월 현재 상장된 리츠는 15개이다.[30]

헤지 펀드 헤지Hedge는 가격의 움직임이 기대했던 방향과 다르게 움직이는 경우, 자산 수익률 악화를 상쇄하는 위험 관리를 의미했다. 주식을 산 경우에는 매도를 해서 위험을 줄이는 등의 방식이 사용됐다. 헤지 펀드의 개념은 시장의 방향성에 영향을 덜 받도록 '헤지'해서 고객의 수익률을 지켜보자는 차원에서 탄생했다. 헤지 펀드란, 소수의 투자자로부터 자금을 모아 대상이나 지역에 관계없이 여러 가지 전략을 사용해 절대 수익을 추구하는 펀드를 말한다. 헤지 펀드는 차입, 공매도 및 파생 상품을 적극적으로 활용하며 위험을 감수해 수익을 좇는 경향도 있다.

헤지 펀드의 전략은 다양하다. 시장의 방향성에 맞춰 수익률을 극대화하거나Directional[31], 특정 사건에 주목해 수익을 내거나Event

---

30 에이리츠, 케이탑리츠, 모두투어리츠, 이리츠코크렙, 신한알파리츠, 롯데리츠, NH프라임리츠, 이지스밸류리츠, 미래에셋맵스리츠, 이지스레지던스리츠, 제이알글로벌리츠, 코람코에너지리츠, ESR켄달스퀘어리츠, 디앤디플랫폼리츠, SK리츠

31 주식형 롱숏Long/Short, 시장 중립형 주식Equity Market Neutral, 공매도Short Selling, 관리형 선물 Managed Futures, 세계 거시 경제 기반 전술Global Macro 등

Driven[32], 가격의 움직임과는 무관하게 차익 거래를 활용Arbitrage[33] 하기도 한다. 기관뿐만 아니라 개인도 한국형 헤지 펀드에 투자할 수 있다. 자본 시장법에 따르면, 개인 전문 투자자[34]도 헤지 펀드에 가입할 수 있다. 2021년 10월 기준 국내 헤지 펀드 설정액은 35조 원에 이르는데, 전년 말에 30조 원에 미치지 못했던 것에 비하면 회복세를 시현하고 있다.

PEF 사모 펀드라고 번역하기는 하지만, 넓은 의미의 사모 펀드가 아니라 경영 참여형 사모 펀드로 이해해야 한다. 기업의 성장 단계에 따라 투자 전략을 분류하기도 하고 수단에 따라 나누기도 한다. 설립 초기의 비상장 회사에 투자해 장기적인 가치 상승을 노리는 벤처캐피털형은 소수 지분을 사는 방식으로 활용된다. 중간 단계에서는 주식과 메자닌이 이용되고 상장 여부는 중요하게 고려되지 않는다. 경영권을 인수해 기업의 가치를 올린 후 되파는 바이아웃Buyout은 대주주의 지분을 사고 차입을 일으켜 수익률을 극대화하기 위해 노력한다. 경영권을 취득한 사모

---

32 특정 사건에 주목해 수익을 추구하는 것을 말한다. 합병, 파산, 구조 조정 등이 발생했을 때의 가격 움직임을 예상해 전략을 수립한다. 대표적인 예로는 행동주의 투자Activist Investing, 부실 기업 투자Distressed Securities, 합병 차익 거래Merger Arbitrage 등이 있다.

33 시장의 쏠림을 이용해 상대적으로 저평가된 자산을 사고 고평가된 자산을 팔아 무위험 수익을 추구하는 것을 말한다. 대표적인 예로는 채권 차익 거래Fixed Income Arbitrage, 전환 사채 차익 거래Convertible Bond Arbitrage 등이 있다.

34 5년 중 1년 이상 월말 평균 잔고 5,000만 원 이상이면서 계좌를 개설한 이후 1년 이상 경과한 사람 중 소득이 일정 수준을 넘거나, 전문가로 인정받을 만한 직업을 갖고 있거나, 재산이 특정 금액이 넘는 개인을 말한다.

펀드는 기업에 내재해 있는 비효율을 개선한다. 증가한 이익으로 빚을 갚아 전체 가치에서 주식이 차지하는 비중을 높인다. 매도할 때 밸류에이션[35]이 확장되는 효과까지 얻게 되면 목표했던 수익률을 달성할 수 있다. 개인 투자자는 PEF를 여러 개 묶은 간접 투자 방식으로 참여하는 방법을 사용한다.

파생 연계 증권　파생 상품을 가미해 원금 보존을 추구하고 안정적인 수익이 날 수 있도록 고안된 ELSEquity Linked Securities, ELBEquity Linked Bond, ELDEquity Linked Deposit 등을 말한다. 보통 '주식 연계 증권'이라고 풀어 쓰는데, 특정한 주가 지수의 추이에 따라 수익이 좌우되는 유가 증권이다. 초기 ELS는 채권을 사서 이자로 옵션을 편입해 옵션의 가치가 없어지더라도 원금을 보장하는 원금 보장형 ELS가 대부분이었다. 시장이 효율적으로 변하면서 증권사가 손해를 책임지는 형태의 ELS는 수익이 급격히 줄어들거나 수익률이 낮아졌다. 녹인Knock-in 조건[36]이 포함된, 상대적으로 저렴한 옵션이 활용되면서 기대 수익은 높아졌지만, 위험도는 커지는 경향이 나타나고 있다. ELB는 기존의 원금 보장형 ELS를 증권사가 아닌 은행에서도 팔 수 있도록 별도의 이름을 붙인 상품이다. ELD는 정기 예금의 금리를 특정 지수에

35　PEF는 일반적으로 순이익 배수PER보다 기업 가치 배수EV/EBITDA를 쓴다. 그 이유는 타인 자본과 자기 자본을 함께 이용해 경영권을 인수하기 때문이다.

36　수익과 손실의 최저 기준점을 말한다. 녹인이 50일 경우, 100에서 시작한 지수가 만기가 되기 전까지 한 번이라도 50보다 밑으로 떨어지면, 조기 상환 조건을 달성하지 못할 때 만기에 지수의 변화가 수익으로 연결된다.

연동시켜 이자가 변하도록 설계됐다.

메자닌 건물 1층과 2층 사이에 있는 공간을 의미하는 이탈리아어로, 금융 용어로는 위험과 수익이 중간 정도라고 여겨지는 전환사채CB, Convertible Bonds, 신주인수권부사채BW, Bond with Warrant 및 상환전환우선주RCPS, Redeemable Convertible Preference Shares 등을 말한다. 전환사채는 특정한 조건을 만족하면 주식으로 전환되는 채권이다. 투자자의 입장에서는 채권에 투자했지만 주가 상승 가능성을 옵션으로 가져가는 셈이기 때문에 일반 채권 이자율에 비해 낮게 발행되는 일이 흔하다. 신주인수권부사채는 채권에 발행 기업의 신규 주식을 매입하는 권리가 붙은 채권이다. 신주인수권은 취득하는 신주를 매수할 수 있는 권리에 그치기 때문에 전환사채와 달리 추가 자금을 투입해야 한다. 상환전환우선주는 배당금을 먼저 받는 우선주이면서 우선주의 보통주 전환권과 회사 이익 범위 내에서 원금 및 이자를 받도록 요구하는 상환권이 붙어 있는 증권이다. 원금과 이자가 확정은 아니라는 점에서 전환사채와 다르지만, 부채로 회계 처리한다는 점은 같다. 넓은 의미에서는 매출 채권, 부동산 및 기타 자산으로부터 창출되는 현금흐름을 바탕으로 자산유동화증권ABS, Asset Backed Securities이 발행될 때 선순위Senior Tranche도 아니고 후순위 Subordinated Tranche도 아닌 증권을 포함하기도 한다.

대체 투자의 장점

2021년 11월부터 2022년 6월까지 주식 시장 변동성이 컸을 때 포트폴리오에 반영되는 가격 변화에 정신적인 괴로움을 겪은 사람이 많다. 필자는 이 당시 기관 투자자들을 자주 만났는데, 이때 "시장 가격을 계산하기 어려워 장부가로 평가하는 대체 자산에 대한 수요가 오히려 늘어날 수도 있다"라는 말을 들은 적이 있다. 처음에는 말이 안 된다고 생각했다. 하지만 곰곰 생각해 보니, 특정한 투자자에게는 합리적인 선택이 될 수도 있을 것이라는 생각이 들었다. 대체 투자는 환금성이 중요하지 않고 기간이 길며 자산 배분의 관점까지 고려하는 투자자에게 다음과 같은 몇 가지 장점을 제공한다.

첫째, 대체 투자는 전통적인 자산인 주식이나 채권과의 상관관계가 낮기 때문에 분산 투자 효과[37]가 크다. 지역이나 업종 및 스타일을 다각화해 증시 안에서도 분산 투자 효과를 추구할 수 있지만, 일반적으로 개별 주식 간의 양의 상관관계로 인해 분산 투자 효과는 제한적이다. 투자 대상이 되는 대체 자산은 다양하기 때문에 기존에 보유하고 있는 금융 상품의 약점을 보완하는 투자처를 찾기 쉽다. 대체 자산의 분산 투자 효과는 하위 범주인 사모 금융 상품, 부동산 및 인프라 그리고 자원 등이 미치는 영향이 각각 다를 정도로

---

37 개별 투자 상품의 비체계적 위험Unsystematic Risk을 줄이기 위해 낮거나 음의 상관 계수를 갖는 자산을 포트폴리오에 편입하는 것을 말한다. 표준편차로 표시되는 변동성을 낮추면서 수익률은 지키는 전략의 하나이다.

다양하다. 지역과 전략에 따른 차별화도 나타날 수 있다.[20]

둘째, 채권에 비해 수익률이 높고 주식보다 변동성이 낮은 대상이 되는 경우가 많기 때문에 장기적으로 물가 상승률 이상의 중수익을 올려 구매력을 보존해야 하는 연기금에게는 매력적이다. 절대 수익률을 추구하는 경향도 지수 대비 상대 수익률을 위주로 하는 주식이나 채권의 특성을 보완해 준다. 유동성은 전통 자산에 비해 부족하지만, 매수자에게는 투자 규모가 오히려 매도자에게 할인을 요구할 수 있는 요인이 되기도 한다. 즉, 유동성 할증을 받는 셈이 된다.

셋째, 자산에 대한 통제력이 중요한 실물 자산에 주로 투자하기 때문에 인플레이션을 장기적으로 방어할 수 있다. 물가가 오르면 현금의 가치는 떨어지기 마련이고 사고팔기 쉬운 유가 증권도 일시적인 수급 악화로 급락하기도 한다. 오일 쇼크 이후 생산성 향상이 비용 증가를 앞서면서 낮은 인플레이션이 고착화됐다. 코로나19 이후 물가 상승률이 올라갔지만, 낮은 기저 효과가 사라지는 2022년부터는 안정화될 것으로 전망하기도 한다. 그럼에도 불구하고 저금리도 동반했기 때문에 실질 구매력을 영속적으로 유지해야 하는 연금 등과 같은 기관은 인플레이션에 대한 대비가 필수다. 물가 상승률과 연동된 현금흐름이 발생하는 실물 자산은 팔기는 어려워도 인플레이션에 대한 훌륭한 방비책이 된다.

대체 투자의 단점

기관 투자자는 전략적 자산 배분이 장기 수익률에 중요하고 투자 대상 상품 간 분산 효과를 필수적으로 고려하기 때문에 대체 투자의 단점보다는 장점에 더 주목한다. 이것이 바로 연기금 포트폴리오에서 대체 자산의 비중이 급격하게 올라가는 이유이다. 개인은 대체 자산 투자를 통해 원하는 효과를 얻지 못하는 예가 많다. 이에는 3가지 이유가 있다.

첫째, 유동성 위험이다. 재간접 펀드FOF, Fund of Funds[38]를 통해 대체 자산에 금융 상품 형식으로 투자한다 해도 만기가 길고 중도 환매가 어렵다. 공모 펀드는 대부분 존속 기간을 정하지 않는 개방형 펀드로 설정된다. 대체 투자 펀드는 기한이 있는 폐쇄형 펀드로 만들어지는 경우가 많다. 폐쇄형 펀드는 가입자에게 유동성을 제공하기 위해 상장하기도 한다. 이론적으로는 거래소를 통해 매매하는 방법으로 중간에 돈을 회수할 수 있다. 하지만 거래량이 극히 미미하기 때문에 유통 시장이 없는 셈이다. 중간에 돈이 필요하면 운용사나 판매사에서 사 줄 때도 있지만, 일반적인 펀드에 비해 많은 수수료를 부담해야 한다.

---

38 펀드 자산의 50% 이상을 다른 펀드에 투자하는 것을 말한다. 분산 투자라는 장점이 있기는 하지만, 운용 비용을 두 번 내는 셈이기 때문에 효율은 떨어진다. 해외 운용사의 상품일 때 재간접 펀드가 많이 활용된다.

중도 환매가 불가능한 부동산 공모형 펀드 가입자를 위해 마련한 상장 거래 제도가 투자자 출구 역할을 제대로 하지 못하고 있을 뿐만 아니라 유명무실하게 운영되고 있다. 거래가 뜸해 매매 가격과 펀드 기준가의 격차가 벌어지고 이로써 다시 거래가 끊기는 악순환이 반복되는 탓이다. 폐쇄형 펀드는 계약 기간 전에는 환매하지 못하는 상품이다. 언제든 환매할 수 있는 개방형 펀드와 대조된다. …(중략)…

이 중 36개 상품은 상장 이후에도 거래량이 전혀 없다. 올해 설정된 상품도 21건에 불과하고 심지어 상장한 지 3년된 상품도 있다. 거래가 없는 것 자체가 문제는 아니다. 이는 중도 환매 가입자가 없다는 의미이고 오히려 펀드의 운용이 잘되고 있다는 방증일 수도 있다.

하지만 매매가와 펀드 가격 사이가 벌어지는 것은 허점이다. 실제로 펀드 수익은 올라가는데 매매가는 내려가거나 펀드 수익이 내려가더라도 매매가는 더 하락할 수 있다. …(중략)…

상장 거래 제도는 하릴없이 만기까지 기다려야 하는 투자자를 보호하기 위해 만든 것이다. 현행법상 폐쇄형 펀드는 반드시 상장한 후에 거래해야 한다. 그 근거로는 '정관에 투자자의 환금성 보장 등을 위한 별도 방법을 정하지 않으면 폐쇄형 펀드의 수익 증권을 최초로 발행한 날부터 90일 이내에 증권 시장에 상장해야 한다'라는 「자본시장법」 230조를 들 수 있다. 운용사가 환매에 응할 이유가 없으므로 시장에서라도 거래할 수 있게 해서 유동화할 길을 터 준 것이다.

문제는 시장에서 발생하는 호가와 실거래가 차이다. 매매하려고 해도 제값을 받기 어려우니 제도 이용을 꺼리고 이런 현상이 반복해 매매 가뭄 현상이 벌어지는 것이다. 상장지수펀드는 종가와 순자산가치를 평가해 괴리율을 좁혀갈 수 있지만, 부동산 펀드는 물리적으로 불가능하다. 자산 가치를 시시각각 평가하기 어렵고 평가하더라도 기준이 모호하기 때문이다. …(후략)…

— Edaily.co.kr, 2019년 11월 6일 기사 중

둘째, 개인은 기관에 비해 투자 규모 작기 때문에 대체 자산에 대한 창의적인 아이디어가 있다고 해도 실제로 실현할 방법이 제한적이다. 진입 장벽이 높거나 거래 비용이 높아 엄두를 내기 어렵다. 대체 투자는 표준화된 자산을 편입하지 않으므로 건별로 검토해야 한다. 자산별 현금흐름이 다르고 평가 방식도 매우 다양하다. 가치 평가, 운용 전략 및 공시 등에서도 공통점을 찾기 어렵다. 사후 관리 방식도 대상별로 상이하기 때문에 관리 비용도 높다.

코로나19가 처음으로 확산돼 선진국들이 경제 봉쇄에 들어갔던 2020년 4월 20일에 뉴욕상업거래소NYMEX, New York Mecantile Exchange에서 서부 텍사스 중질유WTI, West Texas Intermediate 5월 인도분의 원유 가격이 음의 영역으로 떨어졌다. 이때, 행동주의 투자자로 유명한 칼 아이칸Carl Icahn[39]은 자신이 소유한 회사에 충분한 저장 시설이

---

39 1936년에 유대인 교사 집안에서 출생했고 1957년에 프린스턴 대학교를 졸업했다. 2006년

있었기 때문에 돈을 받고 현물을 인도받기로 한다. 그는 역사상 다시 없는 기회라고 언급하며 100~200만 배럴을 사들였다. 이후 유가는 3일 연속으로 오르며 칼 아이칸에게 큰 수익을 안겨 줬다. 이러한 현상을 예견했던 몇몇 기관 투자가들은 중고 유조선을 빌려 큰 돈을 벌기도 했다.

칼 아이칸과 똑같은 생각을 했던 개인 투자자가 많았겠지만, 그 정도의 수익을 빠르게 올리지 못했을 가능성이 높다. 일반인이 원유 가격의 반등을 기대하면서 투자할 수 있는 상품으로는 파생 상품이나 ETF를 들 수 있다. 유가가 마이너스에 진입한 날은 5월 인도분의 만기일이었다. 칼 아이칸처럼 현물을 직접 사지 않는 한, 마이너스 가격의 선물이나 옵션을 살 방법은 없었다. 만기가 도래하지 않은 물량은 인도에 대한 부담이 없으므로 저장 공간에 구애받을 필요가 없다. 나머지 선물이나 옵션은 5월물 만큼 많이 빠진 상태가 아니었다. 파생 상품의 위험성은 차치하더라도 진입 가격 자체가 다르기 때문에 칼 아이칸 만큼의 수익률은 불가능했다.

국내 또는 해외에 상장된 원유 ETF도 현물이 아니라 선물을 사서 유가를 추종했다. 5월물의 만기가 가까워지면서 인도 위험을 방지하기 위해 평소보다 빨리 원월물遠月物을 사서 대응했다.[40] 원유

KT&G의 2대 주주에 오르면서 배당, 자사주 확대, 자산 매각 등을 통해 투자에 성공을 거두면서 유명해졌다.

40 선물은 만기가 있기 때문에 현금을 주고 현물을 받아와야 하는 일이 벌어지기 전에 ETF 운용역은 적절한 시기에 다음 달의 선물로 교체해야 하는데, 이를 '롤오버Roll-over'라고 한다. ETF 운용역은 원월물의 선물 가격이 상대적으로 가장 유리할 때, 즉 근월물近月物이 이론가에 비해 높을 때 보유 물량을 바꾼다. 이 당시는 2020년 2월부터 유가가 폭락하고 있었기 때문에 원유 가격과의 괴리를 감수하고라도 위험 관리를 했던 것이다.

가격은 음의 영역에 진입한 이후 바로 급등했지만, 미리 평소보다 비싼 롤오버 비용을 치르고 다음 만기의 선물을 편입한 ETF 수익률은 시장을 따라가지 못했다.

셋째, 사모 방식이 주를 이루고 있어 일반 투자자에 대한 공시나 법적인 보호가 약하다. 대체 자산은 시가 평가 과정의 재량이 인정될 때가 많기 때문에 기준가 조작이라는 유혹에 빠지기 쉽다. 장기 자산에 투자하면서 환매 주기를 짧게 가져가는 등의 위험 관리가 안 되는 경우도 개개인이 알아 내기는 불가능하다. 미국에서는 2008년 리먼 브라더스 파산 사태로 저명한 금융인 행세를 했던 버나드 메도프Bernard Madoff의 폰지Ponzi 사기[41]가 발각됐다. 우리나라에서는 2019년부터 사모 펀드 문제가 불거졌는데, 대부분 대체 자산에서 터졌다. 금리가 내려가면서 기관과 개인을 불문하고 예금 이자율에 비해 수익은 높고 원금 손실 가능성은 낮은 상품에 대한 관심이 커졌다. 이것이 바로 2015년부터 대체 자산을 운용하는 사모 펀드 시장이 급성장한 배경이다. 메자닌 투자를 통해 사세를 확장했던 L 운용에서부터 경고음이 들렸다. 2017년까지 급등하던 코스닥 시장이 2018년부터 거짓말처럼 하락하고 수익률을 관리하기 어려워지면서 부정한 방법이 동원되기 시작했다. 이는 매출 채권 투자를 표방한 O 운용 문제로 이어졌고 해외 부동산 등의 자산에 노출된 D 운용 및 G 운용까지 환매하지 못했다.

---

41 투자한 돈으로 이윤을 창출하지 않고 신규 유입 자금으로만 기존 가입자에게 수익금을 돌려 주는 방식을 말한다. 돈이 들어오지 않기 시작하면 필연적으로 무너질 수밖에 없는 구조이다.

유가와 원유 ETF 가격 추이

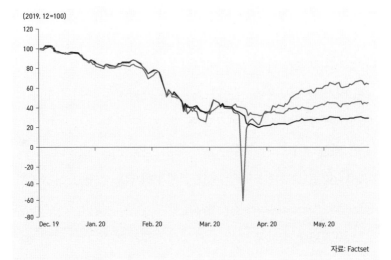

자료: Factset

U.S.
stocks

PART 2

미국 주식에
왜 투자해야
하는가?

"미국을 거스르는 투자는 절대 하지 말라."

"Never bet against America."

― **워렌 버핏** *Warren Buffet*

2009년, 태어나서 처음으로 미국에 방문했다. 홍콩, 싱가포르 등과 같은 아시아 지역에는 투자자를 만나러 종종 가곤 했는데, 서구권 지역으로의 출장은 처음이라 마음이 불안하기도 했고 설레기도 했다. 뉴욕 존 에프 케네디JFK, John F. Kennedy[1] 국제공항에 내려 택시를 타고 숙소로 향했다. 미드타운 맨해튼Midtown Manhattan[2]에 있는 호텔이었는데, 퉁명스러운 안내 직원과 불량한 객실 상태 때문에 기분이 나빠졌다. 이직한 후에 만났던 보스턴의 한 동료가 왜 뉴욕을 '무례함의 차원이 다른 도시New York has a different dimension of rudeness'라고 표현했는지 알 것 같았다.

---

1 미국의 35대 대통령으로, 1961년 1월 20일에 취임했고, 1963년 11월 22일에 리 하비 오스월드 Lee Harvey Oswald의 저격으로 사망했다. 취임식의 연설 중 일부인 '국가가 여러분을 위해 무엇을 할 수 있을 것인지 묻지 말고, 여러분이 국가를 위해 무엇을 할 수 있을지 자문해 보십시오Ask not what your country can do for you, ask what you can do for your country'라는 문장이 잘 알려져 있다

2 맨해튼의 34~59번가를 아우르는 지역을 말한다. 이름과 달리 정중앙보다 아래쪽에 위치하고 있으며, 14번가를 남쪽 경계로 간주하는 경향도 있다. 2001년 9월 11일 테러 이후 남쪽 맨해튼 월스트리트에 위치했던 금융 기관들이 많이 이주했고 타임스 스퀘어 등과 같은 주요 관광지가 많다.

이틀 동안 투자자들을 만나기 위해 거리를 걸어다녔다. 거리는 지저분하고 정리돼 있지 않았다. 시민들은 무단횡단도 서슴지 않았다. 내가 알던 미국은 공학 기술이 극도로 발달한 최고의 강국이면서 세계를 이끄는 선두 국가였는데, 이것과는 너무나 다른 모습에 많은 충격을 받았다. 미국 서부에도 간 적이 있는데, 뉴욕만큼은 아니었지만 미국이 선진국이라는 느낌은 별로 받지 못했다. 하지만 미국에 매년 한 두 번씩 방문하면서 이러한 점이 뉴욕, 샌프란시스코 등과 같은 대도시가 지닌 매력이라는 것을 알게 됐다.

2014년 뉴욕에서의 업무를 마치고 고객 몇 사람과 저녁을 먹었다. 워렌 버핏이 자선 경매를 붙여 낙찰자와 점심식사를 하는 스테이크 레스토랑이었다. 장소나 음식 때문이었는지는 몰라도 주식 시장과 종목에 대한 토론이 치열하게 벌어졌다. 어쩌다 보니 10시가 훌쩍 넘어 있었다. 뉴욕에서 인천으로 돌아가는 항공편은 보통 새벽 1시쯤에 있다. 시간이 촉박해서 택시를 타기 위해 거리로 나왔다. 택시가 쉽게 잡히지 않아 우버를 켰는데 정상 가격의 두 배가 넘는 차량만 보였다. 비행기를 타지 못하면 곤란했기 때문에 그중 싼 것을 골라 타고 공항으로 갔다. 수속을 밟으면서 사기를 당한 기분이 들었다. 타고 갈 수 있는 차가 적은 시간에 찾는 사람이 많다고 해서 가격을 두 배로 올리는 것은 한국에서라면 상상하기 어려운 일이었다. 우리나라는 여름 한철에 장사를 하는 피서지의 가격도 감독하는 나라 아니던가? 무척 피곤해서 자리에 앉자마자 자고 싶었다. 보통 기내에서는 안전벨트 표시등이 꺼지기 전까지 좌석을 침대 형태로 바꾸지 못하기 때문에 승무원들이 제공하는 주스와

땅콩을 먹으며 앉아 있었다. 그때 한 가지 생각이 떠올랐다.

'수요가 많은 영역에 필요한 제품이나 서비스를 적절하게 공급하는 기업은 엄청난 초과 수입을 얻겠구나.'

미국 주식에 대해 공부할수록 미국이라는 나라가 어떻게 발전했는지 감이 잡혔다. 미국은 건국부터 잉태된 주주 자본주의가 확고하기 때문에 혁신에 대한 보상이 확실하다. 사회에 도움이 되는 일을 수행하게 하는 원동력이 인류의 선한 본성이 아니라 돈을 벌겠다는 이기심이라는 점을 인정한다. 과학 기술의 진보가 자연스러워 국력이 신장되고 패권을 잡아 기축 통화 발행권까지 얻었다. 장기적으로 S&P500은 지속적으로 올랐는데, 이러한 현상을 기업의 실적이나 경제 상황으로만 설명할 수는 없다. 전체적인 국가의 경쟁력, 생산성 및 혁신의 강도와 함께 증시의 움직임을 이해할 필요가 있다. 역사적으로 시장의 폭락은 있었지만, 결국 주식 시장에 남아 있던 사람이 이겼다. 다만, 1929년 이후의 대공황, 1970년대의 오일 쇼크, 2001년 IT 버블 직후에는 지수가 이전 고점까지 회복하는 데 오랜 시간이 걸렸다. 지금이 40년에 한 번 오는 대폭락 장세의 직전인지 아닌지는 검토해 봐야 한다.

코로나19로 주가가 빠르게 급락한 이후 미국 주식 시장이 가파르게 회복됐다. 2020년 9~10월의 주가 소폭 하락, 그리고 2021년 1월의 기간 조정 시기를 제외하면 2021년까지 거의 계속 올랐다. 연방준비제도는 물가 상승률이 높아지면서 2021년 11월부터 자산 매입 규모를 줄이기 시작했고 2022년 3월에 마무리됐다.[3] 시장에 풀리는 유동성의 규모를 줄이고 채권 매도로 시장의 돈을 빨아들이면서 기준 금리가 올라 증시에 부담이 줄 수 있다는 우려가 많다. 2020년 3월의 폭락 이후 의미 있는 흔들림을 겪은 적이 없었기 때문에 투자자들이 조정Correction 또는 약세장에 대해 걱정하는 모습이 쉽게 관찰된다. 2022년 1분기 실적이 발표되면서 나타난 2022~2023[3]년 추정치 상향은 긍정적인 반면, 실러 PERShiller PER, Price to Earnings Ratio[4]은 여전히 높다. 이것이 바로 시장의 추가 조정 가능성에도 대비해야 하는 근거이다. S&P500의 주가는 1928년 이후 13개월에 한 번의 빈도로 10%가량 빠지곤 했다. S&P500의 움직임은 일직선이 아니고 주가 하락은 언제든지 나타난다는 뜻이다. 역사적으로 볼 때 50%에 가까운 하락과 전고점까지 돌아오는 데 오랜 시간 동안 기다려야 하는 장기적인 약세장 직전이 아니라면 주기적인 조정은 미국 주식을 사는 좋은 기회였다고 말할 수 있다.

2020년 3월부터의 지수 움직임은 1987년 이후에 나타난 1990년대의 강세장과 유사해 보인다. 지금은 두렵고 지루한 약세장Crash 전야가 아니다. 대공황의 한가운데 있었던 1929~1932년, 오일 쇼크에 따른 스태그플레이션Stagflation[5]이 극심했던 1973~1974년, 21세기에 대한 기대로 투자 과잉에 빠졌던 2001~2002년, 부동산 버블의 후폭풍을 맞았던 2008~2009년 등의 시기와는 다르다. 과거의 사례를 보면, 회복까지 오래 걸리는 진정한 약세장은 금본위제로

---

3 2021년 11월부터 매월 150억 달러 축소, 2021년 12월부터 300억 달러로 확대

4 'CAPECyclically Adjusted Price to Earnings'라고도 하며, 10년 간의 주당 순이익을 S&P500 지수로 나눠서 구한다.

5 '스태그네이션Stagnation'과 '인플레이션'의 합성어로, 경제 침체와 물가 상승이 동시에 나타나는 현상을 말한다.

인해 양적 완화 개념이 없는 상태에서 수요에 비해 압도적으로 많은 과잉 투자가 전쟁 등의 불가항력적 변수와 맞물리거나, 미국의 셰일 혁명US Shale Revolution[6] 이전이어서 원유 공급이 중동 국가들에 좌우돼 유가 등의 원자재 가격 급등으로 경기 후퇴에도 불구하고 어쩔 수 없는 긴축이 진행되거나, 신기술에 대한 열정적인 투자가 이익으로 전환되지 못해 부실 기업이 양산되면서 경제에 부담이 되거나, 가계의 부실이 금융 기관으로 전이돼 시스템이 붕괴될 때만 찾아왔다.

주식 시장을 불안한 시선으로 바라보는 사람들이 지목하는 과거와 달라진 요인으로는 세계 각국의 정부와 민간 부채 급증을 들 수 있다. 미국은 기축 통화국이기 때문에 늘어난 정부의 빚이 주가에 미치는 영향이 미미하다. 미국 중앙 정부가 돈을 갚을 수 없어서 문제가 된다는 말은 수사Rhetoric에 불과하다. 미국 기업의 차입금도 증가했지만, 금리가 내려 부담이 낮고 설비 투자 또는 재고로 인해 나타나는 과잉도 없다. 저축률이 높고 부채 비율도 떨어진 가계마저 건전하다. 유럽 연합EU, European Union, 일본, 스위스, 영국, 캐나다는 미국과 상시 통화 스와프Currency Swap[7]를 유지하고 있기 때문에 정부 부채의 위험도 적다. 민간 부분도 정부의 지원 가능성과 낮아진 이자율을 감안하면 큰 리스크라고 보기 어렵다.

---

6 퇴적암의 일종인 혈암이 만드는 지층에 포함된 가스나 원유를 주로 미국에서 추출하면서 세계 에너지 산업의 지형이 바뀐 현상을 말한다. 셰일 에너지는 2014년 이후 본격적으로 개발됐다.
7 환율을 안정시키기 위해 상대적으로 안정적인 통화 가치를 갖고 있는 국가와 맺는 통화 교환 계약을 말한다. 위기가 왔을 때 단기적으로 달러 또는 준기축 통화를 융통하려는 목적으로 체결한다.

2009년에 바닥을 찍은 주가 오름세가 13년 동안 지속돼 부담스럽다는 관점도 있다. 그러나 장기 지수를 살펴보면 다르게 보인다. 대공황과 제2차 세계대전을 겪으면서 유지된 25년간의 정체기, 금리 상승이 경제의 풍요를 상징했던 1950~1960년대의 강세장을 거쳐, 68혁명, 오일 쇼크와 금리 급등이 나타났던 약세장이 1980년대 초반까지 이어졌다. 금리가 떨어지고 로널드 레이건Ronald Wilson Reagan, 마가릿 대처Margaret Hilda Thatcher가 이끄는 신자유주의가 지배적인 체제로 자리잡았던 1980~1990년대에는 오름세가 뚜렷했다. S&P500 지수는 2001년의 IT 버블, 2008년의 금융 위기를 겪으면서 2001~2013년까지 지지부진했다. 1928년부터 약세장과 강세장이 25년 → 15년 → 15년 → 17년 → 13년 동안 교대로 나타났다. 최근의 증시가 보여 주고 있는 견조한 움직임의 시작을 2009년이 아니라 2013년부터라고 간주하면, 상승장의 기간은 13년이 아니라 9년에 그친다. 과거와 유사한 주기를 감안하면 강세장은 아직도 4분의 1 이상 남아 있을 가능성이 크다.

역사의 반복은 필연이 아니다. 하지만 인간의 본성은 쉽게 변하지 않는다. 데이비드 흄David Hume[8]은 "인간은 모든 시간과 장소에서 너무나 똑같아 역사를 통해 배우는 새롭거나 기이한 사실은 없다"라고 말했다. 과거에 있었던 일을 알아야 미래를 옳게 예측하고 제대로 대응할 확률이 올라간다. 미국 증시의 90년 역사는 시장에 남

---

8   영국의 철학자로, 1711년 스코틀랜드에서 태어나 1776년에 사망했다. 18세기 경험주의 철학을 완성했다는 평가를 받는다.

아 있어야 장기적으로 양호한 수익률을 누릴 수 있다는 점을 보여
준다.

코로나 및 검은 월요일 기간의 S&P500 지수

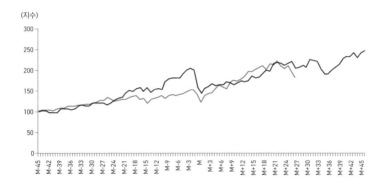

—— 코로나 기간 S&P500

주: 100을 기준으로 통일, 2022년 5월 기준
자료: Factset

이번에도
다르지않다

강세론자가 유리한 이유

프롤로그에서 인용한 존 템플턴 경이 이야기한 증시에 관한 격언[9]은 투자자라면 꼭 알아야 하는 것 중 하나다. 존 템플턴 경은 위대한 투자자를 꼽을 때 반드시 들어가며 1999년 「머니Money」[10]지에서는 20세기 가장 위대한 투자가라고 칭하기도 했다. 그는 1912년 미국 테네시 주에서 태어나 예일대학교를 졸업했고 로즈 장학금

---

9   존 템플턴 경의 어록을 모아 둔 자료는 꼭 한 번 읽어 보기를 권한다.

10   1972년 타임Time Inc.에서 발행하기 시작한 금융 관련 잡지를 말한다. 2019년 7월 이후에는 Money.com을 통한 디지털 버전만 발행된다.

Rhodes Scholarship[11]을 받아 옥스퍼드 대학교University of Oxford에서 경제학을 배웠다. 1937년부터 주식 투자에 나섰고 1954년에 템플턴 그로스 펀드Templeton Growth Fund를 세웠다. 존 템플턴 경은 "투자에서 가장 위험한 4가지 단어는 '이번에는 다르다'이다"[12]라고 말했다. 증시가 활황에 접어들어 낙관적 전망이 극에 달하면 사람들은 과거에 찾아왔던 급락이 오지 않으리라고 믿으면서 "이번에는 다르다"라고 외친다. 이 말은 약세장 직전 많은 사람의 입에 오르내린다. 과거와 달라진 몇 가지 요인을 과장하면서 주식이 계속 오를 수밖에 없는 이유를 찾아 낸다. 주가가 바닥을 기고 있으면 주식 시장을 외면하던 사람들이 증시가 오르기 시작하고 언론 지상을 장식하면 관심을 보이기 시작한다. 주변에 돈을 번 사람들이 속출하면서 초심자들도 주식에 뛰어든다. 하지만 장기 상승장의 중간에 나타나는 자연스러운 반락기에 나타나는 하락을 견디지 못하고 주식을 팔고 만다.

'이번에는 다르다'라는 말이 투자자에게 가장 위험하고 비싼 문장이라는 관념을 자산 가격이 우주로 날아가는 시절에만 적용할 필요는 없다. 주가가 빠져 1층 밑에 지하실이 있다는 말이 심심찮게 들리는 동안에도 잊지 말아야 할 명언인 것이다. 주가가 어느 정도

---

11 로즈 장학금은 영국의 제국주의자였던 세실 로즈Cecil Rhodes의 유언에 따라 설립된 로즈 재단 Rhodes Trust에서 수여한다. 옥스퍼드 대학교의 대학원 유학 과정을 지원하는 제도다. 미국의 42 대 대통령 빌 클린턴William Jefferson Clinton도 로즈 장학금을 받았다.

12 The four most dangerous words in investing are 'This time it's different'. 다른 표현도 있다. "영어에서 가장 비싼 네 단어는 '이번에는 다르다'이다"(The four most expensive words in the English language are 'This time it's different').

하락하면 반드시 반등이 나온다는 사실을 경험으로 너무나 잘 알고 있는데도 지수가 급락하고 공포가 모든 이를 지배하면 이번에야말로 우리가 모르는 부정적인 요소가 있을지도 모른다고 생각한다. '이번에는 다르다'라고 되뇌면서 주식 가격이 오르지 못하리라는 암울한 생각에 홀린다. 이번에는 다르니까 갖고 있는 주식을 모두 팔아 치우고 도망을 가야겠다고 다짐한다. 미스터 마켓Mr. Market[13]은 사람들의 행동을 바로 옆에서 보고 있었던 것처럼 돈을 벌 정도의 인내력이 없는 참여자가 쫓겨나자마자 주가를 올려버린다. '이번에는 다르다'가 아니라 '이번에도 다르지 않다'라는 마음가짐으로 주식 투자에 나서야 수익에 가까워진다.

수익률 비교: 기가 막히게 매매할 자신이 없다면, 시장에 남아 있어야 유리

어떤 주식 또는 ETF를 골라 샀는데, 사자마자 오르면 기분이 짜릿하다. 다방면으로 연구한 자신의 선택이 옳았다는 생각에 다음에도 이와 똑같은 상황을 재현할 수 있다고 믿게 된다. 손실 회피 편향과 정확히 반대의 본성인 빠른 수익 실현과 맞물리면서 매도를 감행하게 된다. 몇 번은 연속으로 맞추는 경우도 있겠지만, 결국 예상보다 낮은 수익을 거두는 것으로 귀결되곤 한다. 빈번한 매매를 통해 수익을 내는 투자자는 인간의 당연한 본능을 억제할 줄 안다. 자신의 계좌에 손실이 난 종목을 팔아 수익을 내고 있는 자산을 추가로 사는 것이 자연스러워야만 훌륭한 트레이더Trader가 된다. 전설적인

---

13 벤저민 그레이엄Benjamin Graham이 만든 용어로, 주식 시장을 다르게 이르는 말이다.

투자자인 폴 튜더 존스Paul Tudor Jones가 주장한 '매매할 때 꼭 지켜야 하는 4가지 규칙'[1]은 다음과 같다.

첫째, '손실이 난 주식에 추가로 돈을 넣는 물타기는 하지 않는다'이다. 우리가 가장 흔하게 하는 행동이 아닌가?

둘째, 셋째는 첫째 원칙과 연결된다. '매매가 잘 안 되면 매매의 크기를 줄이고 생각대로 수익이 날 때만 규모를 늘린다'이다. 우리는 보통 이와 반대로 하지 않는가?

넷째, '통제 범위를 벗어나는 상황에서는 매매하지 않는다'이다. 미래의 변수를 예측해 단기적으로 매매해 보려는 시도를 수없이 반복한다. 대표적인 예로는 한국 시장에서 배당락 전후의 주가 움직임으로 수익을 내 보려는 시도를 들 수 있다. 필자를 포함한 대부분의 일반인이 매매를 잘하려면 자신만의 규칙을 세우고 훈련해야 한다. 이때 원칙을 지킬 불굴의 의지는 필수다.

매매를 통해 돈을 안정적으로 버는 것이 얼마나 어려운지를 제대로 느꼈을 것이다. 일반 사람들은 최고의 트레이더들이 다년간의 경험과 절제력으로 이뤄 낸 방식에 범접하기 어렵다. 매매로 부를 이룬 사람을 주변에서 쉽게 찾기 어려운 이유이기도 하다. 따라서 주식 시장에 계속 남아 있으면서 회사의 발전을 함께 향유하는 방법이 주식으로 재산을 축적하는 가장 쉬운 방법일 수밖에 없다. 대형 상장 기업이 GDP에서 차지하는 비중이 계속 증가하는 추세에서 자본가가 되려는 사람이라면 반드시 증시에 발을 담그고 있어야 한다. 매매 적기를 맞추지 못한다면 투자된 상태Invested가 절대적으로 유리하다.

피터 린치는 13년 동안 연 평균 29%의 수익률을 거뒀는데도 펀드 가입자의 절반 이상은 손해를 봤다고 한다. 수익률은 좋기도 하고 나쁘기도 한데, 그 이유는 투자자들이 양호할 때 돈을 넣었다가 부진하면 못 견디고 바로 빼 버렸기 때문이다. 역사적으로도 참고 기다렸던 경우가 S&P500 지수의 등락에 맞춰 매매한 경우에 비해 수익률이 양호했다.

주간 수익률이 +/-2.5%를 초과한 주에 증시에서 벗어나 있을 때와 S&P500 지수에 남아 있는 사례 비교

매매의 신이 있다면 2.5% 하락하는 주에만 시장에서 도망을 나오겠지만, 우리는 90% 이상의 확률로 그렇지 못하다. 이것이 바로 불안한 마음에 변동성이 위든 아래든 커지면 시장에서 나와 쉬는 투자자와 주식을 꾸준히 갖고 있는 참여자를 비교한 근거다. 1989년부터 2021년까지 주간 수익률이 2.5%를 넘겼던 횟수는 184번이다. 이와 반대로 2.5%가 빠졌던 주는 146번이다. 전체가 1,722주이므로 약 10%의 확률로 위아래 2.5% 이상의 주가 움직임이 나타났다. 상승은 하락에 비해 20% 더 자주 목격됐다. 장기로 봐도 이와 마찬가지다.[14]

1989년 S&P500에 100달러를 투자했다고 가정해 보자. 한 번도 매매하지 않았던 계좌는 1,349달러로 늘어나는 반면, +/-2.5%를

---

14 1928년부터 보면 전체는 4,903주, 2.5% 상승은 560회, 하락은 502회

수익률이 +/-2.5%를 초과한 주를 제외한 투자와 지속 보유 성과 비교

── 연간 수익률 차이 ── 상승/하락 제외 S&P 500, 우 ─○─ S&P 500, 우

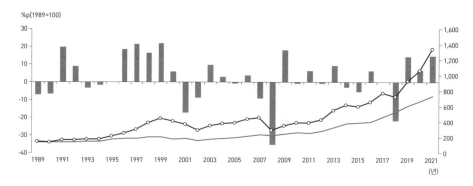

주: 1990년 이후 주간 +2.5% 179회, -2.5% 142회.
자료: Factset

기준으로 매매했던 투자자의 자산은 734달러[15]로 증가하는 데 그 친다. 사고파는 비용과 세금을 고려하지 않았기 때문에 실질 수익률 차이는 더 크다. 연간 수익률을 기준으로 보더라도 시장에 남아 있는 것이 유리하다. 매매하지 않는 경우가 1989년 이후 32년 동안 17년간 우월해 거의 반반 확률이었다. 하지만 그 정도는 달랐다. 증시에 지속적으로 투자한 상태가 이길 때는 6.4% 우위였고 질 때는 -3.6% 열위였다.

---

15 투자된 상태의 연평균 수익률 8.5% vs. +/-2.5% 기간을 비웠던 연평균 수익률 6.4%

가장 수익률이 좋았던 기간을 놓쳤을 때와
S&P500 지수에 남아 있는 사례 비교

운이 좋아서 주가 조정을 앞두고 극적으로 탈출했다고 해도 그대로 버텼을 때에 비해 돈을 더 번다는 보장은 없다. 저점 이후의 반등은 초기에 크게 오는 경향이 있기 때문에 재진입 시기를 제대로 잡지 못하면 수익률이 악화된다. 2006년 100달러로 S&P500을 샀다면 2020년 말에 411달러로 증가한다. 연평균 수익률이 9.9%에 이른다. 15년 동안 가장 수익률이 좋았던 10일간 투자하지 못했다면 188달러로 50% 이상 급감하면서 연평균 수익률은 4.3%로 하락한다. 20일을 놓치면 114달러까지 감소하고 연평균 수익률은 0.9%로 떨어진다.[2]

일년 중 지수 최고치에 S&P500을 샀을 때와
최저치에 S&P500을 샀을 때의 사례 비교

매년 특정 금액의 주식을 사는 적립식 투자를 하는 과정에서 해당 연도에 가장 낮은 가격으로 살 수 있다면 더 이상 바랄 게 없다. 최악은 그 해의 제일 비싼 날에 사는 경우다. 1999년부터 2018년까지 20년 동안 운이 좋은 사람이 해마다 100달러를 S&P500에 넣으면 2018년 말에 546달러로 불어난다. 연 평균 수익률은 9.2%다. 이와 반대로 운이 나쁜 사람이 그 해의 지수 최고치에 꾸준히 100달러어치의 S&P500을 샀다면 2018년에 415달러가 된다. 운이 좋은 사람에 비해 30% 적기는 하지만, 손실과는 거리가 멀고 다른 자산에 비해 양호하다.[3]

약세장을 걱정할 필요 없다

조정은 언제든지 나올 수 있지만….

월간 누적 최대 손실MDD, Maximum Draw Down[16]을 기준으로 했을 때 1928년 1월 이후 1,134개월 동안 10% 초과 손실은 89회 발생했다. 2008년 리먼 브라더스[17] 파산 이후의 기간으로 한정하면 네 번 나타났다.

> 2010년 5~6월: S&P500 지수가 14% 하락했다. 유럽 재정 위기가 불거지면서 더블 딥Double Deep[18]에 대한 우려가 반영됐다. 2008~2009년의 급락장 이후 추가적인 지수 약세를 걱정하는 사람이 많아졌다. 대공황 직후 일시적으로 올랐던 주가가 다시 폭락세로 전환됐던 모습이 재현된다는 불안감이 컸던 시기다. 2010년에 기저 효과가 확인되면서 S&P500의 주당 순이익EPS, Earnings Per Share이 40% 성장해 주가 반등에 성공했다.

> 2011년 5~9월: S&P500 지수가 19% 빠졌다. 시장 참여자들은 미국 국가 신용 등급 강등과 2차 양적 완화 종료에 따라 달러 및 전체 금융 시스템이 붕괴하는 시나리오를 그렸다. 2010년부터 이어지는 유럽 문제도 진행형이었다. 약세론자가 다시 득세하면서

---

16 특정 기간 동안 반등 없이 고점에서 저점까지 하락하는 비율을 말한다.
17 1850년에 설립된 종합 투자 은행으로, 미국 부동산 시장 붕괴의 영향으로 2008년에 몰락했다.
18 경제 침체에서 벗어나 잠시 성장세로 접어든 후 다시 불황에 빠지는 현상을 말한다.

2010년대 최장 기간인 5개월간 주가가 부진했다. 2011년 이익이 2010년에 이어 견조하게 발표되면서 회복세로 진입했다.

2020년 1~3월: 코로나19로 인해 시장이 무너졌다. 처음 겪는 전염병으로 각국 정부가 경제 봉쇄를 결정하면서 34% 폭락했다. 지수는 적극적인 재정 지출과 중앙은행의 완화적인 통화 정책으로 즉각 회복했고 신고가를 지속적으로 경신했다.

2022년 1~6월: 물가 상승률이 높게 유지되면서 연방준비제도의 긴축이 예상보다 빠르게 진행됐다. 시장 금리가 급등하면서 밸류에이션이 높은 성장주 주가가 특히 많이 하락했다. 나스닥은 고점에서 30% 이상 떨어지면서 약세장에 진입하기도 했다. 2월 24일 러시아가 우크라이나를 침공하면서 생긴 지정학적 위험도 시장에 영향을 미쳤다. 실제로 기준 금리가 인상되면서 미리 반영됐던 긴축에 대한 우려가 희석돼 가격 조정 강도가 약해지고 있다. 기업 실적이 지속적으로 양호하게 발표되는지 여부를 확인하는 것이 중요하다.

월간 10% 하락에는 미치지 못했지만, 변동성이 커져 일간 수익률로 10% 넘게 내렸던 시기는 2015~2016년과 2018년 4분기이다. 2015~2016년은 중국의 미니 불황이 영향을 미쳤던 시기다. 2015년 8~9월에는 9%, 2015년 12월~2016년 2월에는 7% 떨어졌다. 과거가 반드시 반복되지는 않지만, 2010년대 이후의 사례만 살펴보더라도 10% 내외의 조정이 당장 나타난다고 해도 이례적이지 않다. 참고로 세계 경제 2위 대국인 중국이 불황에 빠졌던 2015~2016년의 연간 주가를 살펴보면, 2015년에는 주가가 거의 오르지 못했다는 것을 알 수 있다. 2016년은 하반기에 상승해 +10%로 끝났다. 10년 단위로 잘라 지수가 10% 빠지는 빈도를 구해 보면, 1930년대에 가장 잦았고 그다음은 2000년대였다. 1930년대는 대공황을 체험한 역대 최악의 주식 시장을 겪은 시기이고 2000년대는 IT 버블과 금융 위기가 모두 나타났던 때이다. 2010년대에 들어와 10% 수준의 조정은 주가가 장기간 올랐던 1980~1990년대에 비해서도 덜 목격되고 있다. 요즘 투자자들은 아래로의 변동성에 익숙하지 않고 실제 주식 가격 움직임에 비해 심리적 타격을 더 많이 받는다.

금리가 하락했을 때 나타나는 일드갭Yield Gap[19]은 역사적인 평균과 유사하다. 2022년의 조정으로 PER도 하락했기 때문에 밸류에이션은 장기적으로 부담이 되지 않는다고 판단한다. 주가 상승으로 인해 올라간 PER 자체를 우려하는 시선이 언제든지 지수를 끌어내릴 가능성이 있었기 때문에 2022년 상반기에 조정장이 나타났다. S&P500, 나스닥, 다우존스 PER 모두 2007년에 비해 높지만, 평균에 비해서는 낮다. S&P500은 2022년 5월 기준 PER이 18.2배로, 1999년 이후 평균 19.8배에 비해 할인 거래되고 있다. IT 버블 직전

---

19 PER의 역수로 정의되는 주식 기대 수익률에서 장기 국채 이자율의 차이. 무위험 이자율의 차이. 일드갭이 높으면 주식이 채권에 비해 상대적으로 매력이 높다고 평가한다.

인 1999년의 PER은 37.9배로 가장 높았고 리먼 브라더스 파산 직전인 2008년에 12배로 가장 낮았다.[4] 주가는 급하게 빠졌지만, 기업 실적에는 다가올 금융 위기의 영향이 제한적으로 반영되는 데 그쳤다. 낮은 PER을 매력적인 매수 기회라고 무조건 받아들여서는 안 된다는 것을 보여 주는 사례다.

나스닥의 2022년 PER은 26배로, 2004년 이후의 평균치 수준이다. 1999~2003년의 PER은 음수이거나 700~30,000배로, 비교하기에는 적절하지 않아 제외했다. 거품이 붕괴된 이후 상대적으로 안정된 2004년의 PER마저 70배로 높았다. S&P500과 마찬가지로 2008년의 PER이 가장 낮았다. 다우존스의 2022년 PER은 18배로, 1999년 이후 평균 17.3배와 비교하면 5% 위에 있다. S&P500, 나스닥과 달리 2005년의 PER이 가장 아래에 있었는데, 이는 2004~2007년의 산업재, 소재 주가 급등기에 이익이 먼저 돌아섰기 때문으로 판단된다.

투자자 사이에 나스닥의 밸류에이션이 특히 높다는 염려가 있다. 2022년 S&P500 대비 나스닥 PER은 1.4배로, 2007년의 1.63배에 미치지 못하며 2004년의 3.14배에 비하면 한참 아래에 있다. 실러 PER은 32배로, 대공황 직전과 유사하고 1999년 IT 버블 때보다 낮다. +1 표준편차를 초과한 상태로, 시장 참여자들이 우려하는 것을 이해할 만하다. 대공황 직전인 1929년 9월 실러 PER은 32.6배였다. 직전 1년간 PER이 23배였다는 점을 감안하면 12개월 동안 주가가 50% 가까이 오른 셈이다. 1929년의 미국 국채 10년 금리는 3.5% 수준이었다. 닷컴Dot-com 혁명의 기대가 최고조에 이르렀던 1999년 12월 실러 PER은 44.2배였다. 지수는 1998년 12월부터 20% 올랐다. 1999년의 국채 이자율은 6%를 넘는 상황이었는데, 거품이 붕괴된 후 1년간 100bps 떨어지는 데 그쳤다.

2020년대는 1990년대의 강세장에 비견될 만하다

가계가 건전하고 경제 주체에 과잉이 없으며 생산성 향상의 초입에 진입한 2020년대는 1990년대의 장기 주가 상승 시기와 유사하다. 이자율이 낮아지면 이론적으로는 PER이 올라야 하지만, 현재 상황에는 적용하기 어렵다. 경기 회복을 앞에 두고 나타나는 금리 하락은 시장이 경제 침체를 두려워하게 만든다. 지금보다 낮은 이자율 수준을 고려하면 밸류에이션은 올라가지만, 경기가 후퇴해 EPS가 감소할 위험이 있기 때문이다. 금리가 오르면 주식 밸류에이션에 불리하지만, 기준 금리가 인상되더라도 장기 금리 상승이 억제되면 부정적인 영향을 미칠 확률이 낮다.

미국 애널리스트의 추정치에 따르면, S&P500 EPS는 2021년 206달러에서 2023년 249달러까지 연평균 10% 성장한다. 리먼 브라더스 사태에서 회복된 2010년부터 코로나19 위기 전인 2019년까지의 증가율은 1년에 7%였다. 필자는 S&P500이 2023년에는 전고점 근처까지 오를 확률이 높다고 예상한다. 2022년 말의 주가는 2023년의 이익, 2023년은 2024년의 실적이 좌우한다. 2022년 실적 발표가 마무리되면 추정치가 다시 한번 상향될 가능성도 있으므로 예측치의 가시성은 높은 편이다.

코로나19로 경기가 곤두박질치면서 2020년 1분기에 주식 시장이 폭락했다. 증시가 하락하기 전에 성장 산업이 급등했기 때문에 IT 버블의 악몽을 떠올리는 투자자들이 많았다. 그 당시와 달리, 지수는 이중 바닥을 만들지 않고 단숨에 위기 전 고점을 돌파했다. 정황을 살펴보면 2020~2022년의 주가 움직임은 2001년보다 1987년을 따르고 있다는 것을 알 수 있다.

첫째, 금리의 방향성이 유사하다. 1986년 10월까지 단기 금리가 떨어진 다음 검은 월요일[20] 직전까지 올랐다. 미국 단기 국채 이자율은 주가 급락을 겪고 난 후에 하락해 6개월간 유지됐다. 1989년 1월까지 금리가 인상된 후 다시 내려가면서 장기 상승세를 지지했다. 코로나19 발생 전의 금리 방향성을 살펴보면 2017년 6월까지 하향 추세에 접어든 후 2019년 3월까지 속등했다는 것을 알 수 있다. 코로나19 발생 이후 기준 금리는 인하됐고 2022년에는 금리 인상이 진행되고 있다. S&P500이 저점을 찍었던 달의 금리를 기준으로 앞뒤의 움직임을 분석해 보면, 2020년은 다른 경우에 비해 이자율의 상승이 느렸다는 것을 알 수 있다. 대공황 시기는 주가의 바닥 이전에 금리가 소폭 오르고 있었고 그 이후에 떨어졌다. 유가 앙등으로 인플레이션 부담이 컸던 1973~1974년에는 위기 이전에 이미 이자율이 빠르게 오르고 있었다. 물가를 잡기 위해 주가가 빠져도 기준 금리를 크게 내리지 못했고 증시가 진정됐다 싶으면 다시 올렸다. 닷컴 버블 기간

---

20 1987년 10월 19일 다우존스 지수가 하루에 22.6% 폭락했던 사건을 말한다.

에는 1999년 말부터 기준 금리가 급하게 인상됐고 거품이 붕괴된 후 인하된 수준이 1%로 코로나19 발생 직후의 기준 금리보다 높았다. 2008년 이후에는 제로 금리가 2015년 말까지 유지됐다.

둘째, 주가가 무너지고 난 후 달러가 약했다가 강세로 전환됐다는 공통점이 있다. 달러는 1990년대 초에 저점을 찍고 이후 상승장의 발판이 됐다. 코로나19 이전에 2017년부터 진행된 달러 절하는 2018년 초에 끝났다. 강세로 바뀐 달러 지수 상승은 위기의 정점이었던 2020년 3월에 100을 돌파했다. 달러 가치는 사회가 전염병에 대한 염려에서 벗어나면서 2020년 말까지 약해졌다. 2020년에 목도된 달러의 약세는 선진국 대비 높은 미국 금리, 다른 국가 대비 낮은 GDP 대비 중앙은행 자산 비율 등으로 2021년 6월에 종료됐다.

셋째, 주가 하락 앞뒤의 이슈와 급락의 정도 및 기간이 유사하다. 1987년은 포트폴리오 보험Portfolio Insurance[21] 및 고빈도 매매HFT, High Frequency Trading[22] 등이 근거로 제시됐고 그 이전에는 정크 본드Junk Bond[23] 문제 및 저축 대부 조합 파산 등과 같은 사건이 있었다.

---

21 투자 기간 동안 자산 가치를 목표 수준 이상으로 유지하기 위해 선물, 옵션 및 채권 비중 조절 등을 가미해 자산을 운용하는 기법을 말한다.
22 데이터와 수학적 모델을 결합해 컴퓨터가 초고속으로 매매하도록 하는 전략을 말한다.
23 신용 등급이 낮아 채권을 발행하기 어려운 기업이 발행한 회사채를 말한다. 이 회사채의 특징으로는 높은 금리와 위험도를 들 수 있다. 1970년대 마이클 밀켄이 하위 등급 채권을 '정크'라고 부

2020년대의 비상장 기업 가치 급증 및 사모펀드의 활발한 움직임과 비견할 만하다. 검은 월요일 시기에는 고점에서 추락이 마무리될 때까지 3개월가량 소요됐다. 2020년 2월 미국의 상황이 코로나19로 인해 악화되고 3월 유럽 여행객 입국 금지가 발표되면서 1개월 만에 30% 이상 폭락했다. 유가 급등으로 쓰디쓴 스태그플레이션의 홍역을 치르고 있던 1973~1974년과 금융 위기가 강타했던 2008~2009년의 하락은 20개월 동안 지속돼 그다음으로 짧았다. IT 버블과 대공황 기간의 주가 하락 기간은 각각 33개월, 35개월로 각각 길어 미리 팔지 못한 투자자들을 좌절하게 만들었다.

역사적인 관점으로 볼 때 S&P500의 밸류에이션은 비쌌지만, 2022년의 조정으로 평균 수준까지 내려왔다. 전체 산업 주기를 반영해 계산하는 실러 PER을 기준으로 지금의 수치가 2001~2002년의 닷컴 광풍 시기를 제외하면 가장 높다. 대공황 직전에 33배 정도로 현재와 유사했다. 필자가 비교 대상으로 삼고 있는 1987년 검은 월요일 직전의 실러 PER은 18배 남짓으로, 2022년 5월의 60%에 불과했다. 일드갭으로 비교하면 그림이 달라 보인다. 금리가 다르기 때문이다. 1987년의 평균 장기 금리는 8.4%로, 지금의 3%와 비교해 보면 3배에 가깝다. 물가를 보정한 실러 PER 기준, 현재의 일

른 데서 유래했다. 좁은 의미에서 신용이 좋았다가 경영 악화로 등급이 떨어진 채권을 가리키기도 한다.

드갭은 2.9%p로, 1973~1974년, 1987년과 유사하다. 2005~2007년의 상승장에 비해서는 일드갭이 크다. 일드갭이 마이너스를 기록한[24] 1929~1932년의 대공황 기간과 2001~2002년의 나스닥 열풍 시기와는 비교하기 어려울 정도로 채권 대비 주식이 매력적이다.

전염병의 확산을 막으려는 강력한 봉쇄책이 경제에 막대한 충격을 줬다.[5] 미국 정부는 국민을 구제할 목적으로 재정을 활용해 이전 소득[25]을 늘렸다. 중앙은행의 채권 매입을 통해 재원을 조달했기 때문에 정부 부채 비율이 급등했다. 제2차 세계대전 동안의 고점을 돌파하는 모습이다. 코로나19 사태가 인간의 정상적 생활을 방해하는 전쟁과 같은 성격을 갖는다는 점을 고려하면 합리적인 정책이었다. 양적 완화와 다양한 지원책으로 미국 정부 부채가 급증했다. 하지만 미국 정부가 빚을 많이 지고 있다는 사실이 주식 시장을 끌어내리지는 않을 것이다. 미국은 기축 통화국으로서 막대한 화폐 주조 차익Seigniorage[26]을 누리고 있다. 당분간 미국과 경쟁할 정도의 힘을 갖는 국가가 부상하기 어렵다고 볼 때 통화 정책의 유연성은 지속될 전망이다. 미국 정부의 GDP 대비 부채 비율이 역사적으로 최고점을 경신했지만, 다른 국가에 비해 높다고 보기는 어렵다. GDP 대비 중앙은행의 자산도 일본, 유럽에 비해 낮아 양적 완화의 여력도 크다.

---

24 채권의 기대 수익률이 주식보다 높았다는 의미이다.
25 재화나 용역의 생산에 공헌해 얻은 임금, 이자, 이윤 등과 같은 소득 형태가 아닌 실업 수당, 생활 보조비 등의 방식으로 정부 및 비영리 단체에서 취한 수입을 말한다.
26 정부에서 경화Hard Currency를 발권해 얻는 수익을 말한다. 예를 들어 미국에서 100달러 지폐를 찍는 데 드는 비용이 10달러라면 90달러가 차익이다.

미국 기업은 전염병 위기를 헤쳐나가기 위해 대출을 늘렸다. 1990년, 2001년, 2009년 45% 선에서 고점을 찍고 내려왔던 GDP 대비 기업 부채 비율은 50%를 넘어섰다. 과거보다 높아진 수준 자체를 걱정할 수는 있지만, 기업의 빚 증가가 시장에 부담이 될 가능성은 낮다.

미국 회사들의 매출액 대비 이자 비용 또한 지속적으로 하락했다. 이것이 가능했던 이유는 대출 이자율이 낮아졌기 때문이다. 1980년대 초반 이후 인플레이션 부담이 적어지면서 국채 금리가 지속적으로 내려왔다. 부실한 기업이 퇴출되고 우량한 기업들이 시장에 남아 있어 국채 대비 스프레드Spread 수준도 축소됐다.

정부, 기업 외의 경제 주체는 가계다. 2008년의 리먼 브라더스 파산 사태는 가계와 은행 및 신용 평가 기관의 도덕적 해이가 맞물리면서 금융 시스템이 붕괴돼 발생했다. 지금은 미국 주요 은행의 건전성이 양호하다. 자기자본 비율은 연방준비제도의 재무 건전성 평가Stress Test[27]를 여유 있게 통과했고 예금 대비 대출 비율도 역대 최저점이며 유동 자산의 비율도 높다.[6] 가계 또한 건전하다. GDP 대비 가계 부채 비율은 2008년에 100%에 육박한 이후 현재 80% 미만으로 내려온 상태다. 비교 가능한 국가의 가계 부채 비율을 고려하면 미국의 수치는 문제가 되기 어렵다. 유로 지역 평균은 61%이다. 유로 이외 지역인 스위스, 노르웨이, 덴마크, 스웨덴은

---

27 연방준비제도가 금융 위기 직후인 2009년에 처음으로 도입했다. 경기 침체 및 외부 충격을 가정한 금융 기관의 위기 관리 능력을 평가한다.

100~130% 수준이고 영국은 87%, 일본은 67%, 중국은 61%, 한국은 106%다.[7]

테이퍼링과 금리 인상의 악영향은 대부분 반영됐다

시장의 변동성이 극심해 장기적인 약세장에 대한 우려가 크다. 주식 투자에 성공한 몇몇 구루Guru들이 추가 하락을 언급하는 경우가 많아졌다. 2000년 나스닥 버블이 붕괴될 때를 기억해야 한다는 의견도 힘을 얻고 있다. 2개 분기를 초과하는 경기 침체가 없는 긴축만으로 주식 시장이 약세장으로 전환됐던 사례는 드물었다. 양호한 기업 실적 덕분에 2023년은 실적 장세로 전환되는 기간이 될 전망이다. 2000년 고점 이후 나스닥이 78% 폭락했던 것과 유사한 경로로 이번에도 과열이 해소될 필요가 있다는 관점도 있다. 지금은 아크 혁신ARK Innovation ETF[28]가 나스닥을 대신해 버블이 붕괴되는 과정을 경험하고 있다.

1999년 이후 금리 인상 주기에서 나스닥은 88% 올랐다. 같은 기간 S&P500은 2% 상승에 그쳤다. 기준 금리가 125bps 인상되고 6%를 찍으면서 주가 하락이 시작됐다. 중간 반등은 있었지만, 2년 동안 나스닥은 급락했다. S&P500은 49% 빠졌다. 이를 나스닥과 S&P500 지수의 2022년 고점에 대입하면 각각 3,543과 2,439로 나타나는데, 이 정도의 구조적인 약세장이 향후 12개월 안에 나타날

---

28 캐시 우드Catherine Wood가 이끄는 아크 자산 운용의 대표 ETF이다. 코로나19 위기 이후 경제 구조가 언택트로 급격히 변하면서 2020년 이후 관심의 대상이 되기도 했다.

가능성은 매우 희박하다고 생각한다. 긴축 자체가 문제가 아니라 예상보다 강한 매파적인 통화 정책이 장기간 이어지면서 경기가 확실히 침체에 빠지는 경우에만 상상할 수 있는 시나리오다.

지금의 나스닥은 2000년과는 다르다. 꿈을 먹고 사는 기업이 모여 있는 아크 혁신 ETF가 과거의 나스닥과 가깝다. 2019년 이후 S&P500 대비 나스닥의 강세는 35%p에 그쳤던 반면, 아크 혁신 ETF는 167%p에 달했다. 1998~2002년 및 2019~2022년의 나스닥과 아크 혁신 ETF의 S&P500 대비 움직임도 유사하다. 아크 혁신 ETF는 고점 대비 저점까지 70% 이상 추락했는데, 28개 종목이 아크 혁신 ETF 대비 더 많이 내렸다. 테슬라를 제외하면 75% 이상 빠진 셈이다. 아크 혁신 ETF의 S&P500 대비 상대 수익률은 2019년의 저점에 가깝다.

2022년의 나스닥 밸류에이션 수준은 2000년에 비해 월등히 낮다. 2000년 나스닥 상위 10개 기업의 평균 PER은 109배였다. 국채 10년 금리는 평균 6% 내외로, 일드갭은 -5%p보다 아래에 있었다. 2023년 추정치 기준 PER과 일드갭은 각각 23배, 1.4%p이고 상위 10개 기업의 비중은 45%를 넘는다. 2000년에는 이 비율이 25% 수준에 그쳤다. 밸류에이션 부담이 낮은 기업의 영향이 더 커서 시장의 방어판이 되고 있다.[29]

2년 전부터 인간의 기본적인 욕구를 제한한 코로나19와 함께 생활을 영위하겠다는 위드 코로나With Corona 정책은 피하기 어려운 대

---

[29] 성장주에 관한 자세한 내용은 4부를 참조하기 바란다.

세로 자리잡았다. 코로나19 바이러스는 델타부터 오미크론까지 변이를 통해 계속 진화하고 있지만, 전염성과 치사율의 반비례 관계가 확인되고 있다. 개인의 자유가 사회 전체의 명령보다 우위에 있는 서양의 선진국들은 일반적인 감기로 간주하는 추세다. 하고 싶은 일을 못하게 하고 사고 싶은 물건을 못 사게 만들었던 질병에 대한 위험이 사라지면서 재화와 용역에 대한 수요가 늘어나고 있다. 이것이 바로 물가 상승률은 정점을 지나 내려오고 있지만, 인플레이션 우려가 아직 남아 있다는 방증이다. 중앙은행의 가장 중요한 목표 중 하나가 물가 안정이라는 점까지 고려하면, 연방준비제도의 유동성 축소 정책은 필연적이다. 테이퍼링과 금리 인상으로 대표되는 긴축에 대한 걱정이 주식 시장이 대세 하락기에 접어들지도 모른다는 의견의 핵심 논리이다. 연방준비제도는 핵심 개인 소비 지출Core PCE, Core Personal Consumption Expenditures 증감률을 바탕으로 통화 정책을 결정한다.[30] 일반 물가 상승률은 생활과 밀접한 관련이 있기 때문에 연방준비제도의 결정에 간접적인 영향을 미친다.

위드 코로나가 수요를 늘리는 요인이라는 것은 분명하지만, 미국 물가에 가장 중요한 요소인 서비스 비용 상승 속도를 둔화시키는 동력이 되기도 한다. 일반 물가 지표와 핵심 개인 소비 지출의

---

30 2012년 1월 연방준비제도는 월례 회의에서 PCE를 통화 정책 기준으로 쓰는 이유로 3가지를 들었다. PCE는 물가 지표를 구성하는 항목의 비율에 대체재 효과를 반영한다. 예를 들어, 빵 가격이 올라 국민들이 빵을 덜 소비하면 빵의 비중을 줄이고 상품과 서비스의 더 많은 영역을 반영한다. 마지막으로 PCE는 실제 소비와 연관되기 때문에 필요할 때마다 변경할 수 있다는 장점이 있다.

구성[31]을 살펴보면 서비스 비용이 지속적으로 증가해야만 물가 상승이 인플레이션으로 연결된다. 유가가 지속적으로 오르지 않는 한 높은 기저 효과로 에너지와 운송 가격 상승률은 시차를 두고 약화될 수밖에 없다. 상품이 인플레이션을 야기한다는 우려는 중고 자동차 가격 폭등이 견인했는데, 자동차는 교체 주기가 길어서 코로나19로 미뤄졌던 수요가 충족되면 정상화된다. 주택 임대료는 2021년 3월을 바닥으로 상승폭이 확대되고 있지만, 2014~2018년에 비해 많이 높은 편은 아니다. 2014~2018년의 핵심 소비 지출 지수 상승률은 2% 미만으로 제한된 바 있다.

2021년 하반기부터 나타난 서비스 관련 인플레이션 압력은 코로나19가 종식되면 해결될 가능성이 높다. 인건비 상승을 야기했던 미국 노동 시장의 수급 불안이 해소될 것이기 때문이다. 국경이 열리면서 2020~2021년 들어 급감했던 이민자 유입이 원래 수준으로 복귀할 전망이다. 2020년 미국의 합법 이민자 수는 70만 명으로, 2010년대 연평균 106만 명에 비해 30% 감소했다. 육체 노동을 주로 담당하는 중남미 국가 비중은 3%p 하락한 반면, 지식 노동에 종사하는 중국, 인도 등의 비율은 그대로 유지됐다. 2021년에 기대됐던 엔데믹Endemic이 늦어지고 있지만, 필연적으로 찾아올 것이다. 정부의 보조금으로 구인 시장에 참여하지 않고 있는 사람들

---

31 일반 물가 지표는 주거 33%, 에너지와 운송 12%, 에너지를 제외한 상품이 21%, 서비스와 기타가 25%로 나뉜다. 핵심 개인 소비 지출은 주거 19%, 헬스케어 18% 그리고 기타 서비스 36%로 구성된다. 일반 물가 지표에는 자가 주택의 내재 임대료가 포함돼 있으므로 집값 상승이 미치는 영향이 더욱 크다.

도 저축이 정상 수준으로 내려오면 취업에 나설 수밖에 없다. 실업률은 낮지만, 코로나19 이후 급감한 경제활동인구Economically Active Population[32]가 아직 회복되지 못하고 있다. 위기 이전과 비교해 보면 경제활동인구가 500만 명가량 부족하다.[8] 500만 명은 미국 경제활동인구의 3%로, 충분한 노동 공급 여력을 암시한다.

물가 상승이 일시적이어서 인플레이션에 대한 걱정을 덜게 되면 초기 긴축 기간에는 주식이 채권에 비해 유리하다. 금리가 올라가는 동안에는 자산 배분 관점에서 주식을 팔고 가격이 하락하는 것이 필연적인 채권을 사기 어렵다.[33] 세계의 각종 기금, 연금 및 국부펀드는 대부분 적절한 자산 배분을 가장 중요한 투자 방침으로 삼는다. 1985년부터 예일 대학교의 최고투자책임자CIO, Chief Investment Officer로 일하다 2021년에 사망한 데이비드 스웬슨David Swensen은 연평균 13%의 수익률을 기록했다. 그는 안전 자산 위주의 포트폴리오에 자산 배분 개념을 도입해 큰 성공을 거뒀다. 자산 배분이 공적 투자 자금의 금과옥조로 등극하는 계기가 되기도 했다.

최고투자책임자는 다양한 자산에 투자해 물가 상승률을 뛰어넘는 실질 수익률을 내 수익자에게 필요한 돈을 돌려 줘야 하고 전통적인 주식 6 : 채권 4의 비율을 바탕으로 시기별로 위험 조정 수익률을 비교해 포트폴리오를 효율적 투자선Efficient Frontier[34]에 위치시

---

32 만 15세 이상 인구 중 조사 기간 동안 취업을 위해 노동을 제공할 의사와 능력이 있는 사람을 말한다.

33 이자율이 높아지면 보유하고 있는 채권의 이자 가치가 떨어지기 때문에 채권 가격은 금리와 역의 상관관계를 갖는다.

34 다양한 조합 중 동일한 위험하에서 가장 높은 기대 수익률을 갖거나 동일한 수익률하에서 변동

키기 위해 노력해야 한다. 금리 인상기에는 채권 가격이 하락하기 때문에 상대적인 매력이 떨어진다. 최고투자책임자의 입장에서는 금리 상승이 마무리되기 전에 주식을 팔고 채권으로 옮겨가기 어렵다. 채권이 주식에 비해 매력이 커지는 시기는 이자율이 충분히 올라 자본 이득도 기대되는 순간이다.

S&P500은 연방준비제도가 자산 매입을 중단하는 과정에서 견조한 움직임을 보였다. 유동성 감소가 즉각적인 약세장으로 이어진다는 걱정과는 다른 모습이었다. 우려의 방향은 자산 축소QT, Quantitative Tightening로 넘어왔다. 이전에 의미 있는 자산 축소가 시행됐던 시기는 2017~2019년이다. 2015년 12월 기준 금리를 올리기 시작한 연방준비제도는 2017년 하반기부터 자산의 규모를 줄이기 시작했다. 기준 금리 최초 인상 이후 18개월 후에 자산 축소가 단행됐다. 월 100억 달러로 시작해 분기마다 100억 달러씩 늘렸다. 연방준비제도가 자산을 처음 줄일 때는 S&P500 지수가 오히려 상승했다. S&P500 지수는 2017년 하반기 10%, 2018년 상반기 2% 올랐다. 2018년 3분기에도 강건했던 증시는 4분기에 15% 하락했다. 자산 규모는 2019년 8월까지 지속적으로 줄었는데도 주가는 2019년 4월에 전고점을 돌파했다. S&P500 지수는 자산 축소가 시행된 후 1년 후에 3개월간 빠지는 데 그쳤고 4개월 만에 하락 폭을 모두 만회했다. 이번에는 연방준비제도가 과거보다 더 빠른 시기에 자산 축소를 시작하기로 했다. 물가 상승률은 정점에서 내려오고 있지만,

---

성이 제일 낮은 포트폴리오를 연결한 선을 말한다.

여전히 과거에 비해 높다는 점이 고려됐다고 본다. 2017~2019년과 비교하면 다시 한번 조정이 나온다고 해도 최소 1년 후이고 빠르게 회복할 가능성이 높다. 2022년의 폭락 원인은 연방준비제도의 긴축 때문만은 아니다. 러시아-우크라이나 전쟁이라는 변수까지 더해진 것이 원인이었다.

뉴스는 과장되기 마련

최초의 인류 조상으로 알려져 있는 오스트랄로피테쿠스 Australopithecus는 대략 150~300만 년 전에 살았다. 오스트랄로피테쿠스는 다른 원숭이와 달리, 두 발로 걸어다녔기 때문에 손을 쓸 수 있었다. 오스트랄로피테쿠스에서 사람속Homo이 분리됐고 25~40만 년 전에 호모 에렉투스Homo Erectus와 호모 네안데르탈렌시스Homo Neanderthalensis 등을 포함한다. 현생 인류인 호모 사피엔스Homo Sapiens는 10~20만 년 전에 처음으로 지구상에 출현했다. 사람속에 포함된 다른 경쟁자들은 5만 년 전에 호모 사피엔스와의 경쟁에서 패해 절멸했다. 1만 년 전까지 인간은 주로 수렵과 채집을 통해 삶을 꾸려 나갔다. 농업 혁명이 일어나면서 사람들은 한곳에 머물기 시작했고 사유 재산의 개념이 생겨났다. 사회가 커지면서 자신들의 영역을 지키기 위해 지도자가 필요했다. 구성원이 적을 때는 모두 참여해 의견을 수렴한 후 제도를 정했다. 인구가 늘고 사회가 복잡해지면서 국가가 나타났다. 종교의 중요성이 커진 시기이기도 하다.

왕은 세습됐고 성직자는 특권층으로 군림했다. 백성의 말은 지도층에 전달되지 않았으며 15세기 이전까지 세상의 발전은 더뎠다. 구텐베르크Johannes Gutenberg가 금속 인쇄술을 개발하면서 르네상스Renaissance와 종교 개혁의 불길이 일어났다. 19세기 초 영국에서 귀족과 유산 계급에게 참정권을 인정하면서 간접 민주주의의 시대가 열렸다.

형식적으로라도 여론이 권력자를 결정하게 되면서 국민과 국가의 의사소통을 대행해 주는 언론의 중요성이 커졌다. 필요한 정보를 시민에게 유통하고 국민이 원하는 바를 정부에게 전해 주기도 하며 사설이나 논평 등을 통해 언론사 만의 의견을 개진하기도 한다. 언론 매체를 설립하고 유지하는 데는 많은 노력이 필요했기 때문에 언론 기관은 행정부, 입법부, 사법부의 뒤를 잇는 네 번째 권력 기관으로 일컬어지기도 했다. 정립된 방송사나 신문사를 통해서만 뉴스가 퍼지던 시기에는 언론에서 이야기하는 소식을 많이 알수록 좋은 것이었다.

필자의 어린 시절에는 가족이 모여 9시 뉴스를 시청하며 하루를 마무리했다. 지금은 상황이 많이 달라졌다. 개인 인터넷 웹 사이트, SNS 및 유튜브 등을 통해 누구나 본인이 원하는 것을 이야기할 수 있고 남에게 영향을 미치는 일도 가능해졌다. 언제 어디서나 정보를 접하게 된 지금은 뉴스가 없는 것이 문제가 되지 않는다. 오히려 뉴스의 홍수에 짓눌려 본질을 잃어버리는 것을 경계해야 한다. 뉴스를 생산해 제공하는 사람은 본인의 이익을 위해 우리를 현혹하려 한다. 이러한 현상을 3가지 방법으로 정리했다.

첫째, 같은 배경의 사실을 상황에 맞춰 쓴다. 뉴스 제목을 예로 들어 설명한다.

'세계 중앙은행들은 인플레이션에 한기를 느끼고 있다.The week central banks got the chills about inflation.'

— 파이낸셜 타임즈Financial Times, 2021년 12월 18일

'각국의 중앙은행 위원들은 인플레이션 위협에 대해 명확히 다르게 생각하고 있다.Central bankers take sharply different readings of inflation threat'

— 파이낸셜 타임즈, 2021년 11월 9일

'왜 디플레이션이 중앙은행 최악의 악몽인가?Why is deflation a central bank's worst nightmare?'

— 인베스토피아Investopia, 2021년 4월 16일

'유럽에 디플레이션이 돌아오는가?Has deflation returned to Europe?'

— 슈로더스Schroders, 2020년 12월 22일

'경제 침체에 대비하기 위해 연방준비제도 파월 의장이 금리 인하를 암시하고 있다.Fed chairs Powell signals rate cut as economic risks loom.'

— 뉴욕 타임즈The New York Times, 2019년 7월 10일

'증가하는 부채와 디플레이션 위협Rising global debt and the deflation threat'

— 월스트리트저널Wall Street Journal, 2016년 3월 7일

인플레이션과 디플레이션은 정반대의 현상이다. 당시의 경제 상황을 고려해야 하고 극단적이어서도 안 되지만, 원칙적으로 어느 쪽이 문제가 되는지에 대한 의견이 일관적이어야 한다. 예로 든 기사를 살펴보면, 대부분 세계 유수의 언론사이거나 운용사에서 발표한 것들이다. 그럼에도 불구하고 이 글을 쓰는 시기의 여론에 영향을 받아 그때그때 다르게 해석해 기사를 썼다. 디플레이션과 인플레이션이 모두 문제라고 말하고 있는 셈이다. 특정한 이슈를 뉴스에 나온 그대로 받아들이면 안 된다는 점을 명심해야 한다. 이러한 사례는 얼마든지 있다.

2020년 미국 대선 전의 뉴스에는 민주당이 승리했을 때 나타날 수 있는 규제 강화가 우려가 된다는 내용이 보도됐다. 정말 신기하게도 바이든Joseph Biden[35] 대통령이 당선되고 주가가 급등하면서 오히려 민주당이 의회까지 장악하는 블루웨이브Blue Wave가 경제와 주식에 유리하다는 기사가 쏟아졌다. 상원, 하원까지 민주당이 다수를 차지하면 기업에 대한 규제를 도입하기 쉬워진다는 이야기는 온데간데 없고 부양책을 통과하기 쉽다는 소식만

---

35 미국의 46대 대통령으로, 2021년 1월 20일에 취임했다. 버락 오바마 대통령 시절에 부통령을 지냈다.

쏟아졌다. 이것이 뉴스가 주가에 후행했던 대표적인 사례라고 할 수 있다.

둘째, 과장이 심하다. 델타 변이가 잠잠해지면서 각국 정부가 본격적으로 위드 코로나로 전환하려는 찰나에 오미크론 변이가 발견됐다. 전염력이 델타 변이의 4배에 달할 정도로 강해 언론에서 다양한 기사를 쏟아냈다. 이 중 눈길을 잡은 기사가 하나 있었다.

…(전략)… 26일 항공편 추적 사이트 '플라이트어웨어'에 따르면, 이날 취소된 미국 국내선, 미국발, 미국행 항공편은 모두 합쳐 1,300편에 달했다. 앞서 크리스마스 이브인 24일에 700여 편, 크리스마스 당일에는 997편이 각각 취소됐다. 24~26일 크리스마스 연휴 기간 미국에서만 약 3,000편의 항공기가 취소된 것이다. 지연된 항공편은 1만 건이 넘는다.

대규모 취소 사태의 원인은 '인력 부족'이다. 상당 수의 항공기 조종사, 승무원 등 항공사 직원들이 오미크론 변이에 감염되거나 감염자와 접촉해 격리에 들어갔기 때문이다. 최근 몇 달 새 이미 인력 부족으로 운항 차질을 겪은 항공사들은 연휴 성수기에 일하는 직원에게 추가 급여를 지급하겠다고 제안했지만, 오미크론 변이의 확산에는 속수무책이었다.

이런 상황은 전 세계가 유사하다. 영국 BBC 방송은 성탄절 성수기인 24일부터 이날까지 전 세계적으로 8,000편이 넘는 항공편이 취소됐다고 전했다. 또 27일과 28일에 운행할 예정이던 항공기도 이미 1,600편, 490편이 각각 취소됐다고 보도했다. 특히 중국의 상황이 심각하다. 중국 시안에서 코로나19 확진자가 늘자, 당국은 시민 1,300만 명의 출입을 일제히 봉쇄했다. 이 영향으로 시안공항에선 지난 주말 귀지항공, 둥팡항공 등 수천 편의 항공기 운항이 취소됐다.

— Newsworks.co.kr, 2021년 12월 27일 기사

기사만 보면 정말 큰 일이 난 것처럼 여겨진다. 백신으로 간신히 잡은 코로나19 감염의 불길이 다시 활활 타올라 경제에 엄청난 충격을 줄 것이라는 걱정이 들게 된다. 당장 2020년 3월과 같은 주가 급락이 눈앞에 있는 듯하다. 세상에 하루에만 미국에서 1,300편의 항공편이 취소되다니! 여기에 숫자 3개만 더해 보자. 12월 26일에 미국 공항을 통해 여행에 나선 사람의 수는 207만 명으로, 12월 25일에 비해 35% 늘었고 하루에 총 4만 5,000편이 운행됐으며 평균적으로 매일 2%의 항공편이 취소된다.[9] 결항이 늘었는데 여행객은 증가했고 12월 26일의 취소율 3%는 평소의 수준에 비해 1%p밖에 높지 않다고?

예를 더 들어 보자. 2021년 중반 금융 시장을 강타한 헝다China Evergrande Group 사태[36] 때 외화 표시 채권의 규모가 약 30조 원에

---

36 중국 개발 업체 중 자산 규모가 가장 큰 헝다 그룹이 파산 위기에 봉착해 불안을 가중시킨 사건을 말한다.

이르기 때문에 금융 위기로 번질 가능성이 높다는 뉴스가 많았다. 30조 원은 정말 큰 돈이다. 하지만 중국의 외환 보유고 3,500조 원에 비하면 1%도 되지 않는다. 1997년에 대한민국이 구제 금융을 받을 때 갖고 있던 외환 보유고는 외채의 20% 수준에 그쳤다. 위안화가 SDR에 포함될 정도로 준기축 통화 대우를 받고 있는 상황까지 감안하면 위기를 심하게 과장했다. 이와 반대로 좋은 쪽으로도 과장된다.

우리나라 기업의 신제품이 선풍적인 인기를 끌어 초도 물량이 매진됐다는 기사는 자주 볼 수 있다. 내용은 환희에 차 있지만, 중요한 것은 숫자다. 팔렸다는 대수를 보면 그 회사의 연간 매출액에 비해 미미한 경우가 비일비재하다. 좋든 나쁘든 언론에 나오는 이야기는 대부분 과장돼 있다는 사실을 유념해야 할 필요가 있다.

셋째, 예외적인 일이 뉴스거리가 된다. 과장과 함께 나타나는 속성이다. '개가 사람을 물면 뉴스가 되지 않지만, 사람이 개를 물면 뉴스가 된다'라는 문장에 뉴스 소재를 찾는 언론의 태도가 잘 드러난다. 2005년 허리케인 카트리나Hurricane Katrina가 뉴올리언스를 폐허로 만들었다. 각종 범죄가 도시에 횡행하고 경찰력이 미치지 못해 무정부 상태에 가까워지고 있다는 보도가 속출했다. 우리는 이 기사를 보면서 국가의 존재에 대한 감사함을 느끼거나 역시 인간은 이기적인 동물이라는 생각을 하면서 일상으로 돌아갔다. 몇 개월이 지난 후 뉴올리언스에서 실제로 어떤 일이 벌어졌는지에 대한 연구가 진행됐다. 살인은 없었고 약탈도 기사에 나온 내용보다 훨씬 적었다.

필자는 이 내용을 사건 발생 16년 후 책[10]을 보고 알았다. 사실을 보도해야 할 언론의 관심은 이미 다른 곳으로 향한 뒤였기 때문이다. 코로나19가 디지털화를 가속화하면서 뉴스는 점점 극단적인 사건을 좇게 된다. 예전에는 기자들이 개별적인 대상에 관한 글을 쓰지 않았다. 지금은 인터넷에 뿌려진 사람들의 취향을 바탕으로 클릭 수를 올리는 기사가 대우를 받는다. 사람들의 눈과 귀를 단숨에 끄는 독특한 소재를 갈구할 수밖에 없는 구조인 것이다. 주가에 영향을 미치는 기사라고 생각되더라도 이것이 정말 사실인지는 항상 의심하는 습관을 들여야 한다.

필자가 뉴스를 볼 때 활용하는 실용적인 방법은 미국과 관련된 뉴스에 집중하는 것이다. 주식 시장이 아닌 일반 경제, 정치 및 사회 관련 사건은 다른 지역의 뉴스도 중요하고 의미가 있다. 필자의 경험에 비춰 보면, 증시에 관한 한 미국 외의 일들은 미국 주가 지수에 거의 영향을 미치지 못한다. IMF 외환 위기는 한국의 사회 구조를 완전히 바꿨을 뿐만 아니라 많은 국민에게 엄청난 고통을 준 사건이기도 했다. 혹독한 구조 조정을 거쳤고 신자유주의가 뿌리를 내렸다. 공공 부문의 인력마저 감원됐다. 800에 가까웠던 코스피 지수는 400 이하로 폭락했다. 같은 기간 S&P500은 3% 내외의 조정에 그쳤다. 1998년에는 러시아 금융 위기로 지수가 15% 빠질 때까지 20% 오르기도 했다.

중국 이전에 미국의 유일한 경쟁자 역할을 했던 러시아가 빚을 못 갚았는데도 두 달 만에 전고점을 가뿐하게 회복했다. 2010년 유럽은 재정 위기로 몸살을 앓았는데, 미국 증시는 2011년 신용 등급 강등 여파가 미치기 전까지 지속적으로 상승했다. 2015년에는 중국 경제가 불황에 빠졌다. 리커창Li Keqiang 지수[37]가 최저치로 떨어졌고 경제 성장률도 지속적으로 하락했다. 5,000이 넘었던 CSI300 지수가 3,000 이하로 급락했다. 테이퍼링이 시행되면서 연방준비제도의 자산 매입이 줄고 있는 상황까지 겹쳤는데도, 미국 주식 시장은 고점을 높여가며 두 번 정도 5~10% 정도의 조정을 받는 데 그쳤다.

중국이 부양책을 쓰면서 경제가 회복되자 S&P500은 2017년부터 2018년 3분기까지 쉼 없이 올랐다. 미국에 큰 문제가 있으면 주식 시장은 하락장으로 접어든다. 대공황, 1970년대 스태그플레이션, IT 버블, 리먼 브라더스 사태 및 코로나19 경제 봉쇄 등에서 목도했다. 미국의 경쟁국이 위기에 빠지면 일시적인 조정으로 마무리된다. 미국에서는 신흥국에서 나타나는 문제를 미미하게 받아들일 뿐이다. 우리에게 중요한 일이 미국 기업에게는 아무렇지도 않은 일일 수 있는 것이다.

---

37 리커창 총리가 2007년에 주창한 3가지 지표를 통해 만든 지수를 말한다. 전력 사용량 40%, 은행 대출량 35%, 철도 운송량 25%를 반영한다. GDP보다 경제 현황을 더 잘 반영한다는 평가를 받기도 한다.

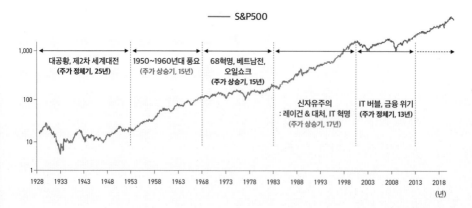

S&P500 추이: 지금은 2013년부터 진행되는 강세장의 가운데로 봐야 타당

—— S&P500

대공황, 제2차 세계대전
(주가 정체기, 25년)

1950~1960년대 풍요
(주가 상승기, 15년)

68혁명, 베트남전,
오일쇼크
(주가 상승기, 15년)

신자유주의
: 레이건 & 대처, IT 혁명
(주가 상승기, 17년)

IT 버블, 금융 위기
(주가 정체기, 13년)

주: 로그 눈금 간격, 2022년 5월 기준
자료: Factset

역사적으로 정립된
확고한 주주자본주의

미국은 칼뱅주의로 건국되고 개척으로 성장

미국이라는 나라는 소수의 지배자가 국민을 통치하는 방식으로 만들어지지 않았다. 교회에서 회사가 나오고 회사에서 정부와 의회가 생겨났다. 성공회와의 결별을 주장했던 영국 청교도Puritan 안의 분리교도Separatist는 미국에 오기 전에 상업의 중심지인 네덜란드에 살았다. 언어와 문화의 차이로 고생했고 버지니아 회사Virginia Company[38]로부터 토지 사용권을 얻어 미국으로 건너갔다. 순례자

---

38 1606년 영국의 왕 제임스 1세James I가 설립을 허가한 합자 회사를 말한다. 런던 버지니아 회사

Pilgrim Fathers들은 추위와 기아를 이겨 내고 살아남았다. 어느 국가의 관리도 받지 못하는 상태에서 메이플라워 서약Mayflower Compact을 바탕으로 자치 기구를 설립해 사회를 건설해 나갔다. 미국으로 건너갔던 분리교도는 칼뱅주의Calvinism에 철학적 바탕을 뒀다. 칼뱅주의는 청부淸富의 교리를 내세웠다. 정당한 방법으로 재산을 쌓아 사회에 환원하면 하나님의 축복을 받을 수 있다고 설파했다. 가톨릭Catholic에 내재돼 있던 무소유의 미덕과는 달랐다. 칼뱅주의는 위선적인 청빈淸貧을 주장하는 가톨릭에 실망하고 있던 상인 계층에게 환영받았다. 청부 사상은 물질과 정신을 통합할 수 있는 경제 관념이 정립되는 계기로 작용했다.

미국 주주 자본주의의 원천은 건국 이념이다. 미국은 청부 사상을 품은 교인의 조직을 요람으로 탄생한 국가다. 종교의 자유를 찾아 메이플라워호를 타고 미국에 건너온 사람들은 교회의 간부로 구성된 총회에서 지사를 뽑아 이주자를 통솔했다. 이것이 바로 미국의 청교도적 사상이 뿌리 깊을 수밖에 없는 이유이다. 미국의 국가적 성격은 가장 개혁적인 기독교도가 종교적인 박해를 피해 신대륙에서 자신만의 이상향을 건설하려고 했다는 점이 결정했다.

1620년대 말부터 이주가 늘어나기 시작했다. 새로운 이민자들은 '메사추세츠 만 식민지Massachusetts Bay Colony'라는 회사를 만들었다. 주주가 이사회를 구성했고 이사회는 자치 기구의 책임자를 선출했다. 나라가 세워질 때부터 교회, 회사, 정부의 3가지 요소가

London Company와 플리머스의 버지니아 회사Plymouth Company가 있었다.

결합돼 있었고 이는 현재도 마찬가지이다. 미국 수정 헌법 제1조The First Amendment[39]에도 불구하고 미국의 대통령은 성경에 왼손을 올려 놓고 취임 선서를 한다. 이를 통해 지도층의 강력하고 뿌리 깊은 종교적 전통이 잘 드러난다.

영국의 분리교도는 최초로 네덜란드에 정착했다. 네덜란드는 스페인으로부터 독립한 16세기 말 이후, 상업의 중심지로 부상했다. 1602년에는 네덜란드 동인도 회사VOC, Vereenigde Oost-Indische Compagnie 가 설립됐다. 네덜란드 동인도 회사의 정관 10조는 '이 나라에 사는 사람들은 누구나 이 회사의 주식을 살 수 있다'였다.[11] 다수의 자본을 모집해 선단이 꾸려졌다. 왕족과 귀족의 후원으로 이뤄졌던 스페인 및 포르투갈과는 사뭇 달랐다.

주주의 개념이 도입됐고 지분 거래도 자유로웠다. 무역의 결과에 따른 배당금 지급도 명문화됐다. 중세 이후 르네상스Renaissance 를 거치면서 나타났던 사유 재산 개념이 자본주의로 변하는 시발점이 됐다. 이민자들은 1607년부터 1620년까지 네덜란드에 살았다. 같은 기간에 체험했던 변화는 몸과 마음에 각인됐다. 특권층의 전유물이었던 무역 수익을 일반 시민들이 공유하는 기회를 목격했다. 실시간으로 변하는 지분의 가치도 확인할 수 있었다. 주가가 처음 10년간 두 배로 올랐다가 그 후 5년간 반토막 나는 모습도 지켜봤다. 성과에 따른 배당도 받았다. 새로운 곳에서 공평한 기회를

---

39 특정 종교를 국교로 정하거나 자유로운 종교 활동을 방해하는 어떠한 법 제정도 금지하는 조항을 말한다. 언론, 출판, 집회 및 탄원의 자유도 보장하고 있다. 1791년에 채택됐다.

갖고 시작하기 때문에 주주를 바탕으로 하는 자본주의만큼 적합한 개념이 없었을 것이다.

지분 거래와 함께 선도 계약Forward Contract[40], 공매도 등의 기법도 나타났다. 거래소까지 가서 주주 명부를 수정해야 하는 번거로움을 피하는 방법으로 선도 계약이 도입됐다. 1608년 10월 23일의 거래가 확인된다. 당시 주가 130을 기준으로 1년 후에 145에 산다는 내용으로 계약했다. 1년 후에 현물 인도 대신 차액 정산으로 계약을 종료했다. 공매도 및 대차 거래도 빈번해 1610년에 비차입 공매도Naked Short Selling가 금지되기도 했다.

주가가 오르면서 대주주의 도덕적 해이가 나타나기도 했다. 미공개 정보를 활용해 미리 매수, 매도하는 일이 비일비재했다. 배당도 현물로 지급하는 일이 발생했다. 소액 주주들은 집단 행동에 나섰다. '얄팍한 이익에 대한 짧은 설명'이라는 제목의 소책자를 만들어 네덜란드 동인도 회사 이사회의 전횡을 고발했다. 1633년부터 지분 가치가 다시 급등하면서 유동성 공급자Market Maker가 나타났다. 다량 주문의 매수 호가와 매도 호가의 차이를 통해 수익을 냈기 때문에 일반인의 매매가 쉬워졌다.

독립 전쟁American Revolutionary War에서 이겨 국가를 세운 미국 건국의 아버지들Founding Fathers of the United States은 태생적으로 거친 이민자들의 열정을 발산할 곳이 필요했다. 북미 대륙에서 국토를 넓힐 수

---

40 미래의 일정 시점에 정해진 가격으로 사거나 팔겠다는 합의를 말한다. 규격화된 선물 계약Future Contract과 달리, 인도 및 기타 조건을 매수자와 매도자가 정한다.

있는 방안을 고안했다. 유럽의 열강이 세계의 식민지를 차지하고 있었기 때문이다. 1803년 영국이 주축이 된 연합군과의 전쟁으로 식민지 관리에 어려움을 겪던 나폴레옹Napoléon Bonaparte으로부터 프랑스령 루이지애나를 사들였다. 미국의 영토가 2배로 늘어났다. 프랑스의 방해 없이 서부로 진출할 수 있게 된 미국인들은 멕시코가 관리하던 텍사스에 이주해 살았다. 미국인들은 멕시코 정부가 내건 스페인어 사용, 가톨릭 개종 등과 같은 조건을 자주 무시했다. 멕시코는 미국인의 철수를 요구했다. 미국은 1846년에 전쟁을 선포해 대응했다. 미국은 1848년 과달루페 이달고 조약Treaty of Guadalupe Hidalgo[41]으로 멕시코로부터 텍사스, 뉴멕시코, 캘리포니아, 콜로라도, 애리조나, 네바다, 유타주를 할양받았다. 미국의 영토가 태평양 해안까지 확장되면서 서부 개척 시대가 본격적으로 열렸다. 개척인들은 정부의 관리가 미치지 못하는 곳에서 자신과 가족을 보호해야만 했다. 돈과 힘 모두 있거나 둘 중 하나는 있어야 했다. 이것이 자본주의와 총기가 미국 사회에 뿌리 박히는 계기가 됐다.

---

41 멕시코는 서남부의 많은 지역을 미국에 양도하고 1,500만 달러의 손해 보상금을 수령했다.

남북전쟁과 제2차 세계대전 과정에서
주주 자본주의 확립

　남북전쟁 전의 남부는 새롭게 편입된 중·북부 및 서부를 제외한 지역의 남쪽을 의미했다. 남부의 경제 수준은 내전 이전에도 북부에 비해 낮았지만, 차이는 크지 않았다. 남부 경제가 빈곤했다는 인식은 노예 소유 여부에 따른 재산 격차로 인해 널리 퍼졌다. 노예를 51명 이상 소유했던 농장주의 평균 재산은 12만 달러를 상회했다. 노예의 숫자가 16~50명이었던 가구는 4만 달러, 1~15명은 1만 달러 내외였다. 노예 없이 농사를 짓던 가족은 1,700달러 정도에 그쳤다.[12]

　노예제는 중산층의 성장을 저해했다. 노동 시장을 왜곡해 효율적인 자원 배분을 어렵게 만들기도 했다. 산업 투자의 필요성도 떨어뜨렸다. 북부는 산업화가 진행됐고 남부는 농업 위주로 발전했다. 남부는 식민지 시절부터 담배 및 목화 생산이 중요했다. 노예는 남부의 산업에 꼭 필요한 생산 수단이었다. 남부의 대농장주는 노예의 노동력을 바탕으로 유럽식 귀족 문화를 따르면서 호화롭게 살았다. 농업을 중시하고 돈과 관련된 사항을 드러내지 않았던 경제 관념이 남아 있었다.

　노예를 소유하지 못한 남부의 백인이 북부로 이주해 정착했다. 북부를 향한 유럽으로부터의 이민자도 급증했다. 대농장주가 경제를 장악하고 있는 남부는 외부인이 이주할 수 있는 지역이 아니었다. 1850~1860년 북부에는 국내 출생으로 연평균 1만 4,009명,

이민으로 2만 7,322명이 유입됐다. 같은 기간 동안 남부에서 노예를 제외한 백인이 연평균 1,783명 유출됐고 국외 이주도 3,943명에 그쳤다. 나폴레옹 실각 이후 빈 체제Vienna System[42]에 저항했거나 배고픔을 견디지 못한 사람들이 유럽에서 미국으로 건너왔다. 독일, 이탈리아, 폴란드, 아일랜드에서 쏟아져 들어왔다. 이민자의 북부 선호 현상은 경제적 요인에 기인했다고 이해할 만하다. 북부 자본가가 새롭게 유입된 인력으로 노동 투입량을 늘리기 쉬워지면서 산업화가 빨라졌다. 토지와 인력은 풍부하고 자본은 상대적으로 희소해 북부의 근대화는 자본주의의 토양이 됐다.

급속한 산업화로 북부의 빈부 격차도 확대됐다. 북부의 산업 자본가는 일할 사람이 지속적으로 필요했다. 이 시기에는 노예제에 대한 부정적인 인식이 대내외적으로 퍼지고 있었다. 건국 초기부터 고관세가 유지[43]되면서 남북전쟁American Civil War이 발발했다. 전쟁의 초반에는 지휘관과 병력의 우위로 남부가 우세했다. 시간이 지나고 북부 연방의 잘 짜인 정부 조직이 빛을 발하면서 게티스버그 전투Battle of Gettysburg 이후 북부가 승기를 잡게 된다. 1865년 4월 남부 총사령관 로버트 리Robert Edward Lee가 항복 문서에 서명하면서 전쟁이 끝난다. 남북전쟁이 종료된 후 북부와 남부의 경제 사정이 극적으로 변했다. 1860~1880년 북부의 1인당 소득은 연평균 1.9% 증가

---

42 나폴레옹 전쟁이 끝난 후 오스트리아의 빈에서 개최된 회의를 계기로 유럽 열강들 사이에서 결정된 복고적 체제를 말한다.

43 초대 대통령 조지 워싱턴George Washington은 재무장관이었던 알렉산더 해밀턴Alexander Hamilton에게 자급자족이 가능한 국가를 세울 것을 지시했다. 해밀턴은 취약한 미국 제조업의 경쟁력을 제고하기 위해 보조금과 관세를 주무기로 목표를 실현하고자 했다.

했고 남부는 연평균 0.8% 감소했다. 내전 이전 20년간 남부의 소득
은 미국 전역 대비 늘어나고 있었지만, 전쟁이 끝나자 절반으로 떨
어졌다. 1960년에 이르러서야 1860년 수준의 상대 소득을 회복할
수 있었다. 전쟁을 통해 북부의 경제 구조가 미국에 심어졌다. 미국
의 자원 배분은 전국적으로 통합된 단일 시장에서 이뤄지게 됐다.
남부에는 우주 및 에너지 관련 사업에 산업 자본이 진출했다.

　승리와 패배의 격차가 크지 않던 제1차 세계대전World War I 이
후의 민족자결주의는 미완이었다. 패전국의 식민지 일부만 독립
했다. 하지만 독일, 이탈리아, 일본의 패배로 끝난 제2차 세계대전
은 달랐다. 미국과 소련이 초강대국으로 부상했다. 식민지들은 이
념 대립이 극심해지면서 비로소 독립할 수 있었다. 식민지에 경제
적 자원을 의존하던 유럽 국가의 지배력이 약해졌다. 미국은 브레
튼 우즈 체제Bretton Woods System[44]를 확립했다. 달러를 기축 통화로 올
리고 세계 시장을 보호하며 성장하기 시작했다. 에너지를 확보하기
위해 세력을 중동으로 넓혀 나갔다. 미국과 소련은 모든 면에서 경
쟁하며 체제 우위를 과시하고 싶어했다. 전후 복구에 미국의 자금이
세계에 뿌려지며 미국식 사고방식이 퍼졌다. 소련에 대한 경쟁 의식
은 자국 체제에 대한 강화 노력으로 이어졌다. 매커시즘McCarthyism[45]
은 부정적, 스푸트니크 충격Sputnik crisis[46]은 긍정적으로 기여했다.

44　제2차 세계대전에서 연합국의 승리가 완연해지면서 1944년 44개국이 달러를 기축 통화로 하는
　　금본위 제도의 실시 등을 결정한 국제 금융 체제를 말한다. 국제통화기금IMF, International Monetary
　　Fund과 국제부흥개발은행IBRD, International Bank for Reconstruction and Development이 설립됐다.
45　1950~1954년에 미국을 강타한 '공산주의자 색출 열풍'을 말한다. 공화당 조지프 매커시Joseph
　　Raymond McCarthy 상원 의원이 미국에서 활동하는 공산주의자의 명단을 갖고 있다고 발언한 것

소련의 위성 발사는 미국의 혁신 역량을 최초로 시험했다. 이는 미국의 연구 개발 및 교육 체계가 창의력과 과학 기술을 중시하는 방향으로 개선되는 계기가 됐다.

1950~1970년은 노동력을 절감해 주는 혁명적인 발명품이 급격하게 보급된 시기다. 자동차, 비행기, 상·하수도, 냉·난방 장치, 세탁기 등이 인류의 생활을 바꿔 놓았다. 같은 기간 동안 소득이 증가하면서 1차 산업이 아닌 영역의 생산성이 빠르게 향상됐다. 1차 산업의 생산성이 제고됐던 19세기 유럽과는 다른 모습이 나타나면서 산업 자본주의가 뿌리내릴 수 있었다. 유럽의 반유대주의로 20세기 초부터 미국으로 이주했던 유대인들은 제2차 세계대전을 기점으로 급속하게 들어왔다. 미국의 정치, 경제, 문화, 사회 분야를 접수하면서 특유의 금융에 대한 감각도 이식했다.

유대인 남성은 13세에 성년 의례를 치르고 바르 미츠바Bar Mitzvah가 된다. 성인식에 하객을 초대해 축의금을 받는다. 이 돈은 바르 미츠바의 소유로, 다양한 금융 자산에 투자된다. 바르 미츠바는 축의금을 받아 투자하는 과정을 거치면서 경제와 금융에 대해 깨닫는다. 유대인의 이주는 산업 자본주의에서 주주 자본주의로 넘어가는 과정에 중요한 역할을 했다.

신대륙 이주, 미국의 건국과 확장, 산업 자본주의 성장 및 주주 자본주의 강화를 거친 400년의 역사가 미국 기업의 주주 우대에 녹

에서 유래했다.

46 소련이 세계 최초의 인공위성을 발사하면서 미국이 전 사회적으로 받은 영향을 의미한다. 항공우주국NASA, National Aeronautics and Space Administration이 설립됐고 교육 과정이 변경되기도 했다.

아 있다. 경영진의 주주 중시는 오랜 기간 동안 확립된 전통이다. 주주 환원 정책의 차별성은 미증유의 코로나19 위기를 거치며 명확하게 드러났다.

2020년 6월 26일 연방준비제도는 미국 은행에 대한 재무 건전성 평가 결과를 발표했다. 자사주 매입 중단을 의무적으로 요구했고 배당금을 전년도보다 늘리지 않도록 제한했다. 웰스파고Wells Fargo를 제외한 미국 대형 은행들은 다음날 즉각 배당을 현재대로 유지한다고 발표함으로써 시장의 불안을 잠재웠다. 이는 유럽중앙은행ECB, European Central Bank과 영란은행Bank of England의 권고에 즉시 배당을 80% 줄인 유럽 은행과 대비된다. 우리나라 기업들도 회사 자체의 건전성과는 무관하게 코로나19에 따른 변동성을 걱정하며 2019년에 약속했던 배당 성향이나 중간 배당을 철회하기도 했다. 2020년에 대표적인 배당 지급 업종인 담배와 에너지에서도 이와 유사한 현상이 관찰됐다. 전염병이 창궐했는데도 미국이나 유럽 담배 회사의 이익은 여전히 안정적이었다. 미국 회사들은 벌어들이는 돈에 맞게 배당금을 올렸지만, 유럽의 회사들은 미래에 대비한다는 명목으로 배당금을 깎았다. 미국과 유럽 공히 에너지 회사의 이익은 크게 줄었다. 그럼에도 불구하고 엑손 모빌Exxon Mobil과 셰브론Chevron은 배당금을 올린 반면, BPBritish Petroleum와 로열 더치 셸Royal Dutch Shell은 삭감했다.

미국과 유럽의 자본주의 경제 변천 과정

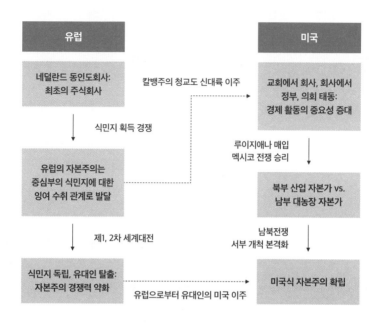

미국의 생산성
우위는 구조적

혁신을 고양하는 사회 체제

슘페터Joseph Schumpeter[47]에 따르면, 독점력을 가진 기업이 혁신에 유리하다. 혁신을 통해 기존의 균형을 깨고 새로운 시도를 하면서 경제적 원동력을 찾아 나간다. 무역의 규모가 커지고 정보 기술이 발달하기 전에는 기업이 클수록 지역이나 국가에 관계없이 혁신 가능성에 있어 우위를 점했다. 기술의 진보를 추구하고 결과로 이익을

---

47 창조적 파괴Creative Destruction의 개념을 세우는 데 공헌한 오스트리아 출신의 경제학자로, 1942년에 발간한 저서 『자본주의, 사회주의, 민주주의Capitalism, Socialism and Democracy』가 유명하다.

내기 위한 고정비를 감당해야 했던 까닭이다.

하지만 지금은 과거와 다른 요인이 혁신을 이끈다. 유형 자산 및 눈에 보이는 재화 생산 능력의 중요성이 지속적으로 떨어지면서 창의적인 결과물에 대한 보상이 확실한 곳에서 혁신이 나타나고 있다.

똑똑한 사람들이 모여 일하고 싶어하는 지역적인 특성도 중요해졌다. 교통과 통신의 발달에도 불구하고 성장 산업을 영위하는 회사들이 미국의 특정한 곳에 몰리고 있다. 동·서부 연안의 바이오, 서부의 정보 기술, 남부의 항공 우주 등 세계 전체적으로 보면 미국이 혁신의 중심지로 기능하고 있다. 미국은 새로운 상품이나 서비스에 대한 보상이 확실하다. 회사들이 장기적으로 창의성을 발휘할 수 있는 기초가 견고하다.

예를 들어, 바이오 산업에서는 신약에 대한 특허를 다른 지역에 비해 강하게 보호하고 있다. 유럽과 달리, 특허를 회피하려는 자의 선사용권 개념을 좁게 인정하고 있다. 신약 가격을 결정할 때 개발 회사의 이익 또한 충분히 반영해 준다. 미국은 제약 시장의 규모가 5,800억 달러로, 세계 전체의 약 40%를 차지한다. 경제 규모가 미국의 80%에 이르는 유럽은 2,100억 달러로 미국의 36%에 불과하다. 중국은 1,700억 달러, 일본은 850억 달러 내외로 알려져 있다. GDP 대비 미국의 제약 시장은 2.8%로, 일본의 1.7%, 중국과 유럽의 1.2%에 비해 압도적으로 크다.[13] 신약을 개발하려는 바이오 기업이 약을 비싸게 팔도록 허용하는 것이 미국의 제약 시장 구조다. 이를 등에 업고 창업하는 것이 유리할 수밖에 없다.

개발한 신약에 대한 매력적인 시장성과 함께 바이오와 관련된 자금 조달도 미국이 압도적으로 쉽다. 바이오 회사의 설립이 활발할 수밖에 없는 미국에 인수합병M&A, Merger & Acquisition 대상 기업과 신규 상장IPO, Initial Public Offering 건수가 많다. 2020년 인수합병 대상이 된 기업 중 31%가 미국에 있었다. 이에 비해 중국은 25%였는데[14] 의료보험제도가 신약에 우호적이지 않기 때문에 중국의 경영진은 미국으로의 상장 또는 피인수를 노리는 경향이 있다. 이것이 바로 신규 상장의 비중이 인수합병에 비해 월등히 높은 이유이다. 전체 바이오 기업 신규 상장 중 75%가 미국에서 이뤄지고 있다.[15]

대형 제약사 간의 신약 개발 능력 격차도 벌어지고 있다. 2017년 세계 10대 의약품 중 미국 회사가 개발한 약은 5개였다. 유럽도 5개가 있는데, 둘은 벨기에와 독일, 나머지 셋은 스위스 회사가 출시했다. 2019년에는 미국의 비중이 70%로 올랐다. 2024년이 되면 미국 제약사는 10개 중 9개의 잘 팔리는 약을 갖게 된다.[16] 미국과 유럽의 기업 공히 과거에 개발된 약의 독점권이 끝나 매출에 공백이 생기는 특허 절벽Patent Cliff을 피할 수 없다. 미국 기업은 적극적인 인수합병과 연구 개발로 신약을 꾸준히 출시하고 있다는 의미이다.

유럽 제약 회사도 잠재적인 신약 후보를 갖고 있고 인수합병에도 나서고 있지만, 성과로는 이어지지 못하고 있다. 유럽은 약가를 결정할 때 사용자의 처지도 고려한다. 연구에 나서는 인력의 유치도 문화적으로 어려워지고 있다. 미국에 있는 작은 바이오 기업을 인수해도 화학적 결합이 안 되는 경우가 비일비재해 창업자가 인수 기업을 찾을 때 우선순위에서 밀리게 된다. 이것이 바로 유럽의

대형 당뇨병 기업 A가 한국 회사 B의 기술을 일단 사들이고 보는
이유이기도 하다.

강건한 인적·물적 자본

미국의 잠재적인 경쟁국인 중국, 러시아, 일본, 유럽의 인구 구조
는 2040년까지 악화된다. 미국도 생산가능인구[48]의 비율이 하락하
지만, 상대적으로 양호하다. 평균 연령이 낮고 이민자가 유입되고
있다. 미국의 Y세대는 1981년~1996년까지 출생한 사람으로 정의
된다. 1946~1964년에 태어난 베이비부머Baby Boomer 세대의 자녀에
해당한다. 24~39세까지로 향후 20년간 생산성이 향상될 전망이
다. 2024년에 가장 나이가 어린 베이비부머가 은퇴한다. Y세대는
이전의 X세대에 비해 10% 많기 때문에 2025년부터 2030년까지
미국의 평균 연령을 낮추는 효과가 있다. 미국은 러시아를 .제외한
주요 국가에 비해 평균 연령이 낮다. 미국은 39세, 일본은 49세, 독
일은 47세, 프랑스는 42세 그리고 중국은 40세이다. 2030년이 되
면 미국은 38세로 하락하는 반면, 다른 나라는 2~4세가량 상승할
것으로 예상된다.[17]

미국의 도시화는 선진국에 비해 더디게 진행됐다. 여성의 사회
참여와 집 크기의 축소가 늦어지면서 출산율이 유지됐다. 미국의

---

48 15~64세 인구를 말한다.

30대가 일본이나 독일의 50대에 비해 아이를 더 많이 양육할 가능성이 높다. 20~24세까지를 포함시키더라도 미국의 젊은 인구 비율은 지난 10년간 상승했다.

코로나19로 국경이 실질적으로 봉쇄됐던 2020년에도 70만 명의 이민자가 미국에 합법적으로 들어왔다. 2010년대는 연평균 106만 명의 이민자가 미국에 유입됐다. 집권당의 성향[49]과 무관하게 지난 20년간 미국으로 이민을 오는 외국인은 증가하고 있다. 이민자에 적대적이라고 알려진 트럼프 대통령 재임 기간에도 이런 추세가 유지됐다.

2017년 트럼프 대통령이 집권하면서 이민자에 대한 보수적인 정책으로 미국으로의 이주가 줄어들 것이라는 우려가 커졌다. 실제로 2020년을 제외하면 2013~2016년에 비해 5% 늘었다. 코로나19 발생 직전 분기인 2020년 1분기에만 25만 명 이상 옮겨왔다. 1989년 동구권 붕괴 이후 일시적으로 급증했던 시기를 제외하면 이민자 수는 역사적으로 가장 많다. 인구 대비 누적 이민자 비율은 13.7%로, 1890년~1910년 평균 14.4% 이후 최고치다. 1990년에 7.9%, 2000년에 11.1%, 2010년에 12.9%를 기록한 이후 지속적으로 상승 중이다.

미국에서 태어난 국민의 대학 졸업자 비율은 32.8%이다. 전체 이민자 중 학사 학위 소지자는 32%로, 미국 태생과 유사하지만, 최근 5년간의 수치는 급격하게 향상됐다. 미국으로 건너 온 사람 중

49　2001~2009년 공화당, 2009~2017년 민주당, 2017년 이후 공화당

대학을 나온 사람의 비율이 47.5%까지 높아졌다. 인도 이민자의 87.6%가 대학 졸업장을 갖고 미국으로 넘어온다. 중국, 대만, 홍콩은 68.4%, 한국은 73.2%다.[18] 성공을 찾아 똑똑한 인도 및 중국계 젊은이들이 미국으로 몰려들고 있다. 마이크로소프트, 구글, 어도비, IBM 및 트위터의 최고 경영자는 인도 출신[50]이다. 수많은 인도의 공학도가 실리콘밸리 및 월스트리트에서 일하고 있다. 미국에 신규 상장되는 바이오 기업 10곳 중 1곳의 창업자가 중국계로 파악된다.

미국에는 신규 사업을 위한 자본도 풍부하다. 미국에 근대적 대기업이 형성될 때만 해도 투자 은행이 자금 조달 창구였다. 이러한 원인은 다음과 같다.

첫째, 은행으로부터 대출을 받아 투자하기 어려웠다. 미국의 상업 은행이 방대한 장기 시설 자금을 감당할 만큼 발전하지 못하고 있었다. 미국에는 중앙은행이 없어 민간 은행이 부실에 대한 모든 부담을 떠안았다. 미국은 18세기에 중앙은행 제도를 도입한 유럽과 달리, 1907년 금융 위기를 겪은 후에야 연방준비제도를 도입했다. 회사의 신용으로 사채를 발행하거나 성장의 과실을 공유하는 증자가 활발할 수밖에 없었다.

남북전쟁 이후의 본격적인 산업화로 인해 물류의 중요성이 증대되면서 철도 회사가 미국 최초의 대기업 집단으로 부상했다. 철도를

---

50 마이크로소프트 – 사티아 나델라Satya Narayana Nadella, 구글 – 선다 파차이Sundar Pichai, 어도비 – 산타누 나라옌Shantanu Narayen, IBM – 아르빈드 크리슈나Arvind Krishna, 트위터 – 파라그 아그라왈Parag Agrawal

부설하는 데 필요한 자본이 증권의 형식으로 조달되고 투자 은행의 역할이 커졌다.

둘째, 1880~1930년대 미국의 산업이 크게 발전하는 과정에서 소유와 경영의 분리가 확실해졌다. '광란의 20년대Roaring Twenties'로 알려진 대공황 전 10년간의 강력한 주식 시장으로 인해 지배 주주의 입장에서 소유권의 일부를 팔아 투자에 필요한 자본을 마련하기가 쉬워졌다. 돈을 유치하기 위해 외부 투자자를 위한 법적 보호를 강화했고 경영자에 대한 보상도 늘렸다. 이때부터 미국에서 주주들의 이익을 최대한 보장하는 철학이 완연해졌다. 주식과 채권 인수를 통한 개별 기업에 대한 투자는 사모펀드, 벤처캐피털 영역에서 미국이 주도권을 잡는 토양이 됐다. 미국의 사모펀드 투자 규모는 유럽의 2배, 벤처캐피털은 3배[19]이다. 미국은 혁신을 추구하는 창의적 기업가에게 필요한 인력과 자본을 제공한다.

자급자족과 안보 우위

미국은 제2차 세계대전 이후 소련과의 이념 대결에서 승리하기 위해 동맹국을 늘리고자 했다. 이에 따라 삶에 필수적인 식량과 에너지의 해로를 통한 공급을 보장했다. 또한 주요 분쟁 항로를 보호했다. 미국은 원유 공급에 중요한 호르무즈 해협Strait of Hormuz[51]이나

---

51 북쪽으로는 이란, 남쪽으로는 아랍에미리트에 둘러싸인 오만의 월경지를 말한다. 페르시아 만

말라카 해협Strait of Malacca[52]에서의 안전한 통행에 전력을 기울였다.

공산권과 대립하는 지역에 대한 군사 지원도 아끼지 않았다. 이것이 바로 해외에 파병된 미군이 아직도 독일, 일본 및 한국에 가장 많은 이유이다. 미국은 셰일 가스, 오일이 발견되고 기술이 발전하면서 세계의 경찰 노릇에서 발을 빼고 있다. 해외 주둔 미국 군인 수는 냉전의 한복판이었던 1960년대 말 120만 명으로 정점을 찍었다. 이후 꾸준하게 감소해 1970년대 중반 50만 명 미만으로 떨어졌다.

1961년에 세워졌던 베를린 장벽이 무너지면서 지정학적 변동성이 확대됐던 1989~1990년에 일시적으로 60만 명까지 다시 늘었다. 1990년대 중반까지 해외 파병을 급격하게 줄이다가 2001년 9월 11일 뉴욕 무역센터 테러 이후 2009년까지 40만 명선으로 확대했다. 이후 지속적으로 국외에서 활동하는 미군의 수를 20만 명 미만으로 축소시켰다.[20] 민주당, 공화당 정부의 개별적인 정치적 지향점과는 별개로 국제 관계 및 경제적 상황을 고려해 결정하고 있다. 이는 미국 국민에게 필요한 대부분의 자원을 아메리카 대륙에서 해결한다는 자신감의 발로이다. 캐나다의 인구 대비 경작 면적은 1.3ha로, 일정 규모 이상의 국가 중 가장 크다. 미국은 0.5ha로 북미 대륙 평균은 0.6ha이다. 러시아가 0.8ha로 세계에서 두 번째로 넓다.[21] 항해 안전이 보장되지 않는 사태가 발생했을 때 상대적으로

과 오만 만을 잇는 좁은 해협이다.

[52] 말레이 반도와 수마트라 섬 사이에 형성된 약 1,000km의 좁은 해협을 말한다. 세계 해상 운송량의 20%가 이곳을 통과한다고 알려져 있다.

좁은 인구당 경작 면적을 가진 유럽과 아시아에 식량을 공급하는 역할을 러시아가 할 수 있는 셈이다. 아시아는 대략 0.1ha 수준으로 미미한 수준에 불과하다. 미국은 식량의 자급자족이 가능하다. 필요하면 캐나다와 브라질에서 도입해도 된다. 대양을 건너지 않고 해안을 따라 운송하면 되는 것이다.

미국의 땅은 넓고 질이 좋다. 고도가 1,500m가 넘는 지역은 하천 운송에서 배제된다. 철도도 활용하기 어렵다. 토지의 각도가 0.25도 증가할 때마다 운반할 수 있는 화물의 무게가 반으로 줄어든다. 산으로 둘러싸인 곳은 사회 기반 시설Infrastructure을 건설해도 다른 지역과 공유하기 어렵다. 열대 지방은 덥고 질병이 많아 개발하기 힘들다. 추우면 식량이 충분하지 못하다. 지난 500년간의 사회 발전은 따뜻하고 열과 물에 대한 접근성이 좋은 온대 기후에서 이뤄졌다. 미국의 중서부 대평원은 온대 기후대에 분포하는 가장 넓은 토지이다. 풍부한 인적·물적 자원과 맞물리면서 드넓은 대지는 미국의 번영에 이바지했다. 미국은 인구가 늘어나더라도 외부의 도움 없이 감당할 수 있다.

기술이 발전해 경제성이 확보되면서 미국의 셰일 가스, 오일은 에너지 시장의 역학 관계를 바꿔놓았다. 개발에 필요한 자본, 인력, 제도를 갖추지 못한 미국 외 지역에서는 셰일 가스, 오일을 본격적으로 생산하기 어렵다. 셰일 가스, 오일 사업을 시작하기 위해서는 막대한 돈이 필요하다. 생산성과 효율이 개선되면서 미국의 채굴업자는 유가가 떨어져도 수익이 난다. 지금은 코로나19로 에너지 산업의 잠재 노동력이 부족해 투자가 부진하지만, 수출을 위한 자금

인구 대비 원유, 석탄, 천연가스 생산량

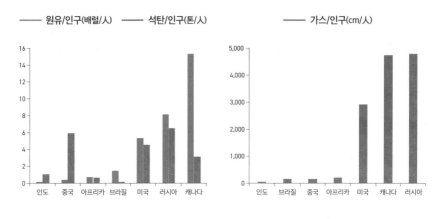

자료: BP, UN

투입은 계속될 전망이다. 다른 지역이라면 새롭게 시작하는 프로젝트의 순현재 가치가 양(+)으로 나와야 투자가 진행될 것이다. 또한 미국에는 에너지 교육 체계가 잘 갖춰져 있어 셰일 가스, 오일과 관련된 연구 인력이 많다.

셰일 가스, 오일을 채굴하는 데 필요한 토지 주인의 동의를 받기에도 미국이 유리하다. 미국의 지주는 개발 이익을 공유하는 제도의 수혜를 받는다. 많은 국가에서 지하 자원의 권리가 국가에 귀속되는 점과 대비된다.

미국은 천연가스를 채굴해 운반, 유통, 수출할 수 있는 토대도 갖추고 있다. 일반적인 개념의 강국 중 국민의 에너지 수요를 스스로 충족시켜 주는 나라는 미국, 캐나다, 러시아이다. 캐나다와 미국은 북미 대륙의 에너지를 공유하는 것도 가능하다. 국제 정세가 불안해지면 러시아는 국경을 맞대고 있는 유라시아의 국가들에 필요한 에너지를 감당해야 한다. 러시아, 중국 및 유럽의 국력이 유사하므로 이 과정에서 발생하는 마찰은 불가피하다. 에너지 자급자족에 문제가 없는 국가는 미국이 거의 유일하다.

1812년 미국은 독립 전쟁 이후 지금의 캐나다 지역과 관련된 국경 분쟁이 영국의 미국 선원에 대한 불법적인 강제 징집과 맞물리면서 영국과의 전쟁을 시작했다. 제2의 독립 전쟁이라고도 불리는 미영 전쟁Anglo-American War은 1815년에 끝났다. 일시적으로 백악관을 점령당하기도 했던 미국이 결국 영국과 승리에 가까운 무승부를 기록하면서 당시 유럽의 선진국들은 미국의 힘을 인정하기 시작했다. 미국 정부는 초반의 비세를 겪으며 통합된 국가 체계의 필요성을 절감했다. 연방 정부의 중요성을 역설하는 세력이 많아지면서 남북전쟁의 불씨가 되기도 했다. 외적의 침략에 대한 위협도 처음으로 느끼면서 해군력 증강의 계기가 되기도 했다. 1815년 이후, 미국 본토는 외국 군대의 침입에 노출되지 않았다. 이때는 영국이 식민지인 캐나다에 기지를 두고 해군 전력을 이용해 미국을 위기로 몰아넣었다. 공군과 해군력이 세계에서 따라올 국가 없을 정도로 압도적이고 캐나다가 독립한 상황에서 미국이 우려해야 하는 위협은 아니다.

멕시코전쟁, 남북전쟁은 아메리카 대륙에서의 문제였다. 일본은 제2차 세계대전에 하와이를 공습하는 데 그쳤고 원자폭탄을 통해 혹독한 보복을 받았다. 대서양과 태평양이라는 천혜의 해자를 둔 미국의 국토 방어 능력은 우월하다. 미국의 국방비는 7,800억 달러로, 2위 중국의 3배 내외다. 인구당 국방비로는 중국의 10배가 넘는다.[22] 중국이 항공모함을 2013년에 최초로 도입한 반면, 미국은 11개의 항공모함 전단을 운용 중이다. 건조에 들어가는 비용, 함재기 활용 방법 습득 시간 등을 고려하면 미래에 중국 해군이 미국 해안에 도달할 확률은 미미하다. 러시아는 중형급 항공모함 1척을 보유하는 데 그치고 있다. 이것이 바로 미국 정부가 핵과 같은 비대칭 전력이나 테러 방지에 전력을 다하고 있는 이유이다.

기축통화라는 무기로 창출되는
현금을 주주에게 지급

브레튼 우즈 체제가 성립된 이후 달러는 기축 통화의 위치를 차지했다. 드 골Charles de Gaulle[53]은 금을 모아 달러의 기축 통화 지위를 무너뜨리고 금본위제로 복귀해야 한다고 주장했다. 1965년 드 골은 프랑스가 갖고 있는 달러를 금으로 바꾸겠다고 발표함으로써 국제통화기금의 특별인출권SDR, Special Drawing Right[54]이 만들어지는 계기를 만들었다.

---

53 프랑스의 18대 대통령으로, 20세기 프랑스에서 가장 큰 발자취를 남긴 지도자 중의 하나로 인정받는다. 항공모함과 파리의 공항에 이름이 붙을 정도이다.

54 국제통화기금의 회원국이 담보 없이 필요한 외화를 인출하는 권리를 말한다. 2015년 12월부터 특별인출권은 달러, 유로, 위안, 엔, 파운드로 구성된다. 이전에는 위안이 포함되지 않았다.

미국의 닉슨Richard Nixon[55]은 1971년 달러의 금태환을 중지해 이에 대응했다. 이로써 금 1온스에 35달러로 고정됐던 달러 가치가 급격히 절하됐다. 금본위제로 돌아가거나 기축 통화의 지위를 잃기는커녕 달러는 이후에 발생하는 위기 때마다 가치가 치솟는 안전 자산의 위치를 더욱 확고하게 다지고 있다. 달러의 지위는 당분간 유지될 가능성이 높다.

많은 국가는 미국의 에너지와 식량을 수입하는 데 달러가 필요하다. 미국의 가계 소비 지출 규모는 세계의 30%이다. 놓쳐서는 안 되는 미국 시장에서 물건을 팔고 용역을 제공한 후에 받는 돈은 달러다. 중남미 대륙은 달러로 확고하게 묶여 있다. 식량과 에너지를 내부적으로 조달하기에 충분한 캐나다는 인구, 경제, 국방력 등의 총체적 국력이 부족해 기축 통화국이 되기 어렵다. 유럽연합의 국력은 미국과 견줄 만하지만, 국가 연합체라는 측면이 발목을 잡는다.

같은 통화를 쓰고 있는데도 개별 국가의 경제 상태가 달라 재정 정책의 적극성에 차이가 난다. 채권 금리가 달라도 같은 통화 정책을 쓴다. 유로라는 통화의 안정성이 달러에 비해 떨어지는 것이 당연한 구조다. 달러 이전의 기축 통화인 영국 파운드나 전통적으로 안전 자산 취급을 받는 스위스의 프랑으로 구매할 수 있는 상품이나 서비스는 제한적이다. 일본은 대외 자산이 많고 제조업의 기반도 탄탄하지만, 식량과 에너지 보급은 미국에 의존하고 있다.

---

55 미국의 37대 대통령으로, 야당에 대한 도청 등의 불법 행위를 은폐하려는 행정부의 행동이 밝혀진 워터게이트 스캔들Watergate Scandal로 인해 1974년 자진 사퇴했다.

러시아는 식량과 에너지를 외부에서 도입할 이유가 없고 인구도 1.5억 명에 육박하는 대국이다. 스스로 국민을 먹이고 필요한 연료를 제공하며 충분한 인구로 내수도 탄탄했던 소련은 연방이 해체되기 전까지만 해도 미국과 경쟁할 수 있었다. 중국은 석탄을 제외한 에너지 외부 의존도가 높다. 두 국가는 국경을 맞대고 있어 서로를 견제하기 위해 일정한 자원을 소모해야 한다. 러시아, 중국이 할거하는 지역에 국내 총생산 기준으로 상위 10위 안에 일본, 인도, 한국이 있을 정도로 역내 경쟁이 치열하다. 위안과 루블이 달러와 기축 통화국 지위를 놓고 각축을 벌이기 어렵다.

미국은 무역에 의존해 국가를 유지하지 않는다. 미국의 국내 총생산 대비 무역 규모는 27%로, 주요 국가에 비해 낮다. 세계 평균은 56%이며[56], 일본 31%, 중국 38%, 러시아 47%이다. 국경을 맞대고 있어 북미자유무역협정USMCA, United States-Mexico-Canada Agreement[57] 회원국인 캐나다와 멕시코와 무역 규모를 제외하면 미국의 무역 비중은 9%까지 떨어진다. 미국 정부가 코로나19 위기를 겪으면서 중앙은행의 발권력을 다른 지역에 비해 많이 썼다고 알고 있는 사람이 꽤 많다. 절대 규모로 보면 연방준비제도가 유럽, 일본 및 중국의 중앙은행에 비해 더 쓴 것은 사실이다. 2020년 2월 말 대비 2021년 말까지 미국은 4.6조 달러를 늘렸고 유럽은 4.4조 달러, 일본은 1조 달러 그리고 중국은 0.6조 달러를 늘렸다.

---

56 대한민국은 60% 선이며, 홍콩은 300%에 가깝다.

57 미국, 맥시코, 캐나다 간의 자유무역협정을 말한다. 전신인 NAFTA(North American Free Trade Agreement)는 1992년에 발효됐고, 2018년에 개정되면서 이름이 바뀌었다.

국내 총생산 대비로 보면 다른 그림이 보인다. 미국이 경제 규모 대비 중앙은행의 발권력이 선진국, 강대국 중 가장 풍부하다. GDP 대비 중앙은행 자산은 미국이 42%로 중국의 34%에 비해 높지만, 유럽의 66%, 일본의 125%에 비해서는 월등히 낮다. 최후의 대부자Lender of Last Resort[58]가 여력이 있어 정부와 기업의 과잉이 일정 부분 용인된다. 가계는 다른데, 미국 가계의 건전성은 지난 20년간 최고다. 전염병 위기를 맞아 저축을 헐어 생활하지 않고도 돈을 모았다. 2020년 4월 미국의 저축률이 34%까지 치솟았다. 정부가 어려움을 겪고 있는 국민을 위해 보조금을 지급했기 때문이다. GDP 대비 가계 부채 비율도 2008년 금융 위기 직전에 정점을 찍고 하락했다. 가처분 소득 내 원리금 지급 비중도 2008년 1분기 13%에서 2021년 평균 9%로 떨어졌다. 2020~2021년은 코로나19 위기의 와중이었다는 점을 감안하면 미국의 가계 금융 안정성은 양호한 편이다.

코로나19로 급격하게 변한 경제 지형에 적합한 산업 구조를 가진 미국 주식 시장의 이익은 안정적으로 늘어날 확률이 높다. 미국은 정보기술, 헬스케어, 커뮤니케이션 그리고 경기소비재의 비중이 60%가 넘는다. 일본은 50%, 유럽은 30% 중반으로 미국에 비해 낮다. 이 4가지 업종은 기업의 편출입이 쉽고 혁신과 창의성이 만드는 제품과 제공하는 용역에 반영되기 쉽다. 활력이 살아 있어 주가에

---

58 민간 은행 사이의 대출 시장에서 유동성을 충분히 확보하기 어려운 상황에서 자금을 제공하는 기관을 말한다. 국내적으로는 금융 기관에 유동성을 공급하는 중앙은행, 국제적으로는 국제통화기금, 국제결제은행 등을 말한다.

가장 중요한 요소인 성장성이 지속되는 산업군이다. 중국과 한국도 상대적으로 앞에서 언급한 업종의 비중이 크다. 미국에 비해 경기 소비재와 커뮤니케이션의 비율이 높고 헬스케어가 낮다. 공공성을 강조하는 국민 의료보험 제도를 두 나라 모두 추구하기 때문에 나타난 현상이라고 생각한다. 미국 S&P500 기업의 지난 10년 연평균 순이익 증가율은 7.7%로 다른 지역에 비해 견조했다. 유럽은 0.8%, 일본은 8%, 중국은 0.3%였다. 경기에 민감한 산업재, 소재, 금융의 비중이 많은 유럽과 일본에 비해 미국의 실적 변동성이 낮다는 장점도 있다. 경기 소비재를 제외하면 지난 코로나19 기간에도 정보기술, 헬스케어 및 커뮤니케이션 업종의 손익은 늘거나 유지됐다.

미국 회사는 손익계산서상의 순이익이 잉여 현금흐름Free Cash Flow[59]으로 원활하게 전환된다. 이익을 내고 있더라도 비현금성 수익이 많거나 운전 자본 부담이 크면 실제로 버는 돈은 장부상의 수치에 비해 작을 수 있으므로 주의해야 한다. 순이익과 현금흐름의 추이가 유사하더라도 설비 투자의 부담이 커서 자본적 지출CAPEX, Capital Expenditures이 많으면 주주에게 돌아가는 잉여 현금흐름이 견조하기 어렵다.

미국의 순이익이 잉여 현금으로 바뀌는 비율은 90%에 육박한다. 유럽 80%, 일본 65%, 중국 50% 순이다. 신흥국 전체로는 63%이다. 중국의 국내 총생산 규모는 세계 2위이지만, 아직도 성장을

---

59 주주에게 실질적으로 돌아가는 현금을 의미한다. 순이익에서 비현금성 이익/비용과 운전 자본 변화를 가감한 영업 활동 현금흐름Operating Cash Flow에서 자본적 지출을 빼서 구한다.

위한 투자가 필요하다는 의미이다. 신흥국이 낮게 나오는 것도 이와 같은 이유이다.

일본은 유럽과 유사한 산업재, 필수 소비재의 비중을 갖고 있는데도 신흥국 수준의 잉여 현금 전환율을 보였다. 같은 업종에서도 더 많은 투자가 필요한 사업 구조를 갖고 있다고 해석하는 것이 타당하다. 미국은 효율적인 사업 구조를 갖고 있기 때문에 같은 이익에서 더 많은 현금을 창출한다. 설비에 대한 투자를 하지 않아도 성장하는 기업이 많다.

미국의 업종별로 보면 커뮤니케이션이 140%로 가장 높다. 투자에 비해 감가상각비[60]가 큰 통신업체가 포함됐기 때문이다. 자본적 지출이 커서 경기에 민감하다고 알려진 정보 기술의 순이익 대비 잉여 현금흐름이 100%를 넘은 점이 흥미롭다. 미국의 많은 정보 기술 기업이 생산보다 설계 및 기술 판매를 통해 매출을 발생시킨다. 대표적인 정보 기술 업종인 반도체를 살펴보면 한국에는 삼성전자, SK하이닉스와 같이 직접 생산까지 담당하는 메모리가 대부분인 반면, 미국에는 설계만 수행하고 생산은 파운드리Foundry[61] 업체에게 맡기는 비메모리가 절대 다수이다. 메모리는 소품종 대량생산으로 수율을 관리하는 것이 매우 중요하기 때문에 직접 생산하는 것이 효율적이다. 비메모리는 다품종 소량 생산인 경우가 흔하므로

---

60 토지를 제외한 고정 자산의 가치 소모를 반영하는 회계상의 비용을 말한다. 시간이 지나면 자산에 대한 재투자가 반드시 필요한데, 투자할 때 한 번에 비용을 잡는 것이 아니라 수익이 발생하는 해에 미리 잡아 두는 개념이다.

61 반도체 산업에서 다른 업체가 설계한 제품을 생산하는 전문 업체를 말한다. 대만의 TSMC가 1위, 삼성전자가 2위이다.

지역별 주주 환원 비율과 안정성

주주환원/시가총액(X축) vs. 표준편차(y축)

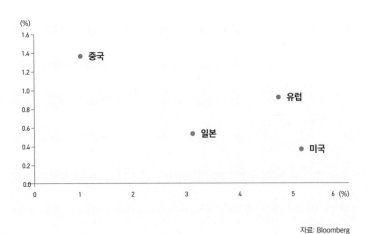

자료: Bloomberg

설계에 따른 적시 대응이 매우 중요하다. 이것이 바로 생산 설비를 운영할 필요성이 떨어지는 이유이다. 정부의 보호를 받지만 용량을 계속 늘려야 하는 유틸리티는 음의 전환율을 보인다. 수익성이 높고 설비 투자 필요성이 떨어지는 헬스케어와 필수 소비재도 100%에 육박하고 경기 소비재도 80%가 넘는다.

U.S.
stocks

PART 3

미국 주식
밸류에이션의 핵심:
현금흐름의 중요성

"매출은 신기루이고 이익은 실체가 있지만,
사실 현금이 최고다."

"Revenue is vanity, profit is sanity but cash is king."

— 무명씨

주가는 변화율과 상대성의 함수

완벽한 결정은 없다

콜린 파월Colin Powell은 미국 최초의 흑인 출신 국무장관으로 유명하다. 그는 2021년 10월 18일에 세상을 떠났는데, 죽음의 원인이 코로나19 합병증이었다고 한다. 1937년에 태어나 베트남전에 참전해 무공훈장을 받았다. 주한 미군에도 배속돼 대대장을 역임하기도 했다. 국방부와 야전에서 교대로 근무하다가 1987년에 레이건 대통령 정부에서 국가 안보 보좌관으로 백악관에 입성한 후 1989년 조지 부시George Bush 정부에서 흑인 최초의 합동참모의장으로 임명됐다. 파월 독트린Powell Doctrine[1]을 바탕으로 걸프전Gulf War[2]을 승리로 이끌면서 명성을 얻었다. 2000년에 아들 부시George Bush 정부에서 국무장관직을 수행했는데, 딕 체니Dick Cheney 부통령, 도널드 럼즈펠드Donald Rumsfeld 국방장관 등과 같은 강경파와 부딪혔다. 이것이 바로 조지 부시 2기 행정부 국무장관 자리가 콘돌리자 라이스Condoleezza Rice에게 넘어간 이유로 알려져 있다.

성공한 군인이었던 콜린 파월이 제시한 의사 결정 공식인 'P=40-70'은 주식을 투자하는 과정에서 한 번쯤 음미할 만하다. P는 '성공할 가능성', 숫자는 '요구된 정보의 비율'을 의미한다. 콜린 파월은 중요한 결론을 내리기 위해 필요한 정보의 40~70% 사이를 획득하면 책임자는 그 사안을 추진해야 한다고 주장한다. 40% 미만의 정보로 행동을 취하면 실수할 가능성이 높다는 점은 독자들도 동의할 것이다. 주식을 투자해야 할 것인지, 어떤 지역 또는 업종에 들어갈 것인지 그리고 어떤 종목을 살 것인지를 고려하는 데 필요한 정보나 지식의 40% 미만을 갖고 매수에 나선다면 주식 가격이 흔들릴 때 견디지 못하고 바닥에 팔 가능성이 높아진다. 주식 투자에 대한 확신이 없기 때문이다.

70%의 정보만으로 과감하게 결정하라는 부분은 선뜻 받아들이기 어렵다고 생각하는 사람들이 많을지도 모른다. 중요한 결정일수록

---

1 미국이 군사력을 동원할 때 고려해야 하는 8가지 기준은 다음과 같다. 1) 핵심적인 국익이 위협받고 있는가? 2) 비폭력적 정책이 완전히 소진된 후인가? 3) 목표는 명확한가? 4) 군사력 투사의 결과가 완전히 고려됐는가? 5) 위험과 비용은 정확히 분석됐는가? 6) 군사적 개입의 무한한 연장을 피하기 위한 합리적인 출구 전략이 있는가? 7) 미국 국민의 지지를 받고 있는가? 8) 국제적인 지지를 받고 있는가?

2 1991년 1월 17일부터 2월 28일까지 벌어진 이라크와 다국적군 사이의 전쟁을 말한다. 이 전쟁의 발단은 1990년 8월 2일에 이라크가 쿠웨이트를 침공해 강제 합병한 것이다.

더 많은 정보를 모으고 숙고해야 한다. 사업에 경쟁자가 없거나 기업의 주가가 변하지 않고 가만히 있다면 확신이 들 때까지 연구한 후에 진입하면 된다. 문제는 우리가 70~100% 사이의 정보를 획득하기 위해 동분서주하는 동안 찾아 낸 기회에 다른 누군가가 먼저 진입할 수 있다는 것이다. 경제 상황과 회사 실적의 개선이 미리 반영되는 증시에서는 주식 가격이 이미 많이 올라 있을 가능성도 있다. 장기 투자를 통해 복리 효과를 누리기 위해서는 확신이 필요하다. 확신은 정보의 절대적인 양이 아니라 충분한 정보를 어떻게 해석 또는 분석하느냐에 달려 있다.

주식에 처음 임하는 투자자 중 정보 수집에 집착하는 경우를 종종 본다. 확신을 갖고 있어야 장기 투자가 가능하다는 말을 잘못 해석한 것이라고 생각한다. 정보를 취득하기 어려웠던 시기라면 모르지만, 스마트폰에서 언제든지 정보를 찾을 수 있는 지금은 정보에 집착할 필요가 없다. 100%가 어느 정도인지 알기도 어렵기 때문에 아무리 많이 정보를 구하더라도 계속 부족하다고 느낄 수밖에 없다. 정보를 추가로 얻기 위해 노력하는 시간에 역사적으로 성공한 투자자들의 책을 읽거나 재무제표 또는 경제 지표에 대한 공부를 하는 것이 훨씬 낫다.

'내부자 정보는 뭔가 다르지 않을까?'라고 생각할지도 모른다. 기업의 가치를 단숨에 좌우할 만한 정보인데, 시장에 알려지지 않는 내용을 알고 있다면 남들보다 나은 상황에서 주식을 살 수 있다고 믿는 경우도 있다. 상장된 기업에 다니는 친구나 선후배 중 자기 회사 주식으로 큰 돈을 벌었다는 사람을 본 적 있는가? 아마도 많지는 않을 것이다. 특히, 현재 대기업에 다니고 있는 40대 이상의 중견 직장인이라면 누구보다 자기가 다니는 회사에 대한 믿음이 깊고 한국 경제가 성장하는 과정에서 주가 상승의 수혜를 누렸을 가능성이 높은데도 말이다. 필자도 이와 다르지 않다.

2004년 청운의 꿈을 안고 동원증권[3]에 입사했을 때 회사에 대한 기대가 컸는데도 주식을 사야겠다는 생각은 하지 못했다. 당시 동원금융지주는 8,000~9,000원 선에서 거래되고 있었다. 자금 여유가 많지는 않았지만, 급여의 일부를 떼어 매달 샀다면 큰 수익을 거둘 수 있었을 것이다. 한국투자금융지주[4]는 2007년에 8만 원까지 상승했고 2021년 4월 장중에는 12만 원을 돌파하기도 했다. 리먼 브라더스의 파산으로 주식 시장이 급락한 이후인 2009년 말에 이직하면서 팔았더라도 4배의 수익을 거뒀을 것이다. 이 사례는 직원이 자기가 소속된 회사의 주식으로 돈을 버는 사례가 많지 않다는 사실이 정보의 양 또는 질보다 취득한 정보를 어떻게 활용해 투자 아이디어를 얻는지가 중요하다는 사실을 잘 알려 준다.

주식 시장에서는 확신을 가진 상태에서 결정할 수 있는 투자자가 없다. 주식 투자의 대명사에 가까운 워렌 버핏이나 정성 투자의 개념을 확립한 필립 피셔Philip Fisher[5] 등과 같은 전설적인 투자자도

---

3 현한국투자증권(비상장)

4 동원금융지주는 2005년 5월 31일에 한국투자금융지주로 이름을 변경했다. 종목 코드는 071050 으로 동일하게 유지됐다.

5 정량적 근거에 기반을 둔 가치 투자를 도입한 벤저민 그레이엄의 방식에 성장 의지가 강하고 실 행력을 갖춘 경영자의 중요성을 설파한 투자자로, 모토로라Motorola, 텍사스 인스트루먼츠Texas Instruments 등의 성장주를 사서 수십 년간 보유했다.

100%의 확신을 갖고 주식을 사지 못한다. 자신이 알 수 있는 부분까지만 최선을 다해 분석하고 위험에 비해 수익이 크다고 판단될 때 편입하는 것이다. 그런 다음 장기 보유해서 수익을 낸다. 우리가 주식 투자에 성공하려면 정보에 대한 집착을 버리고 경험과 지식을 쌓기 위해 노력해야 한다.

한국의 부자들은 기업을 창립했거나 선대로부터 물려받아 사업을 키운 사람들이 대부분이다. 최선을 다해 성장하기 위해 노력했고 그 결과로 나타난 주가 상승의 수혜를 누렸다. 창업주나 상속을 받은 2세나 3세는 지분율도 높았고 액면가에 가까운 가격으로 주식을 산 셈이기 때문에 가능했다고 치부할 수도 있다. 우리 주변의 주식 부자들이 개인 투자자에 비해 유리한 위치에서 시작했다는 점을 부정하지는 않는다. 하지만 주식 부자들은 자신들이 직접 일군 사업의 지분을 가진 상태로 장기 보유했다는 점도 중요한 요인이라는 것에 주목할 필요가 있다.

앙드레 코스톨라니Andre Kostolany[6]는 주식 투자에 성공하기 위해서는 4G가 필요하다고 강조했다. 여기서 4G는 독일어로 돈Geld, 생각Gedanken, 인내Geduld 및 행운Gluck을 말한다.[1] 가능하면 여유 자금으로 투자해야 한다는 의미로 해석된다. 정보는 생각을 깊게 하기 위한 수단일 뿐, 목적이 돼서는 곤란하다. 인내는 공부해서 얻기보다 체화시켜야 하는데, 필자의 경험상 참는 자에게 행운이 찾아오곤 했다.

---

6   1906년에 태어나 1999년에 사망한 헝가리 출신의 투자자로, 투자에 있어서 상상력과 사고의 중요성을 강조했다.

오마하는 네브라스카 주에서 가장 큰 도시이기는 하지만, 인구는 50만 명에도 미치지 못한다. 네브라스카 자체가 농업과 축산업을 위주로 하는 중부의 주이기도 하다. 코로나19가 창궐하기 전에는 인구도 적고 조용한 오마하 지역이 사람으로 넘쳐나는 시기가 있었다. 버크셔 해서웨이Berkshire Hathaway Inc.의 주주 총회가 열리는 4월 말부터 5월 초까지이다. 워렌 버핏은 섬유 회사였던 버크셔 해서웨이를 1962년에 인수해 대기업 집단으로 발전시켰다. 그는 버크셔 해서웨이를 인수하기 전에 이미 1950년대 중반부터 주식 운용업에 종사하고 있었다. 1956년 가족과 주변의 친구들로 조합을 결성했고 1959년에는 찰리 멍거Charlie Munger를 만났다. 초기에 투자했던 투자자 중에는 이웃도 있었다. 뛰어난 수익률로 워렌 버핏의 명성이 올라가자 가까운 거리에 있는 사람들이 돈을 맡기겠다고 찾아왔다. 중간에 환매해서 나간 경우도 많았지만, 지금까지 워렌 버핏에게 돈을 맡기고 있는 주주들은 큰 돈을 벌어 백만장자가 됐다. 소아과 의사였던 캐롤 엔젤Carol Angle은 1957년에 1만 달러를 투자했고 나중에 원금을 3만 달러로 늘렸는데 포트폴리오의 가치는 1998년에 이미 3억 달러가 넘었다. 1998년 기준으로 오마하에만 1억 달러 이상의 재산을 소유한 가족이 최소한 30곳이 넘는 것으로 알려져 있다.[2]

버크셔 해서웨이의 연간 수익률을 살펴보면 1년에 50% 가까이 돈을 잃었던 해도 있었다는 사실을 확인할 수 있다. 심지어 5년에 한 번 꼴로 손실을 보기도 했다.[3] 워렌 버핏의 이웃이었더라도 손실이 날 때마다 자금을 인출했던 사람에게는 큰 도움이 되지 못했다.

19564년 버크셔 해서웨이에 1달러를 투자했을 때 포트폴리오의 가치 변화

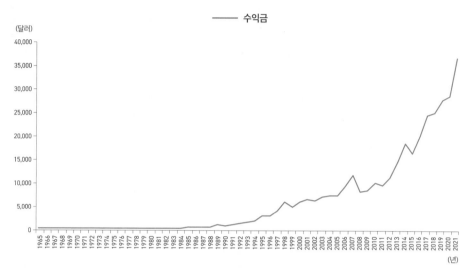

자료: Berkshire Hathaway Shareholder Letter

오일 쇼크의 와중이었던 1974년 버크셔 해서웨이는 48.7%의 손실을 봤는데, 이때를 견디지 못하고 나간 투자자는 9년간 연평균 9%의 수익률과 원금 3배 수준의 포트폴리오 가치에 만족해야만 했다. 2021년까지 버크셔 해서웨이의 연평균 수익률은 20.1%로 1달러의 투자금은 36,326달러로 바뀌었다. 기다려서 얻는 복리의 힘이 얼마나 대단한지 알 수 있다.

오마하가 속해 있는 네브라스카의 백만장자 비중은 5.3%로, 미국에서 9번째로 높다. 상위 10개 주의 주택 가격 평균은 16만 4,000달러이고 백만장자의 비율은 5.6%이다. 네브라스카의 집값은

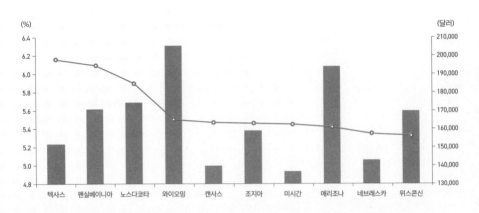

미국 백만장자 비중 상위 10개주: 주택 가격과의 비교

자료: Phoenix Marketing International

14만 2,000달러로, 평균에 비해 10% 이상 낮은 반면, 백만장자의 비중은 0.3%p 떨어지는 것에 불과하다. 비부동산 자산으로 이룬 부의 크기가 상대적으로 컸다는 점은 버크셔 해서웨이 효과를 충분히 암시하고 있다고 생각한다.

변화가 상태보다 중요

2021년 2분기부터 우리나라의 증시가 미국의 성과를 따라가지 못하면서 한국 시장을 망치는 '개노답 삼형제'라는 말이 유행했다.

여기서 삼형제는 '선반영', '공매도', '기관'을 말한다. 공매도는 우리만의 제도가 아니며 기관의 영향력도 과거에 비해 떨어졌기 때문에 뒤의 2개는 답답한 마음에 찾아 냈다고 생각한다. 하지만 '선반영'은 곱씹어 볼 만하다. 이는 이익을 많이 내고 있는데도 주가가 하락해 매수했는데, 주식 가격이 오르지 않아 짜증이 나는 원인이 된다.

2020년 코로나19가 야기한 급락 이후 주가가 급반등하면서 한국 증시에 개인 투자자의 참여가 급격히 늘어났다. 2020년 개인의 코스피와 코스닥 합계 순매수 규모는 64조 원으로, 역대 최고를 기록했는데, 바로 다음 해에 77조 원으로 신기록을 경신했다. 2021년 말 기준 활동 계좌 수도 5,000만 개가 넘었다. 지식과 정보의 유통 수단이 다양해졌고 신규로 들어온 개인 투자자들의 연령도 젊어졌다. 묻지마보다 공부해서 주식 투자를 해 보겠다는 열의가 강하다. 필자는 현재 재직하고 있는 한화투자증권의 공식 유튜브 채널인 STEPS에 일주일에 한 번씩 출연하고 있는데, 구독자분들이 댓글로 물어보는 질문의 수준이 나날이 높아지고 있다는 것을 느낀다. 이는 국내 주식 시장의 기반이 건전해진다는 뜻이라고 생각한다. 2021년 국내에서 한국예탁결제원을 통해 순매수한 해외 주식 규모는 27조 원으로, 코스닥의 2배가 넘었다. 한국이 전 세계 주식 시장에서 차지하는 비중이 2%에 미치지 못한다는 점을 고려하면 해외 투자의 확대는 자연스럽고 바람직한 방향이다.

국내외 주식을 모두 하는 사람이라면 배우고자 하는 의지가 훨씬 강할 것이다. 주변을 살펴보더라도 미국 증시에도 관심을 기울이는 지인이 더 많이 필자에게 물어본다.

이들은 책을 읽거나 여러 가지 동영상을 찾아보면서 주식에 대해 공부하기 마련이다. 경제 지표보다는 기업이 중요하고 회사의 주가는 장기적으로 실적을 따라간다는 이야기부터 접한다. 전방 산업이 개별 사업에 미치는 영향에 대해 알아가면서 흥미가 생기고 탐구에 가속도가 붙는다. 이들은 밸류에이션으로 넘어가면서 직관적이고 받아들이기 쉬운 PER부터 시작하는 경우가 많다. PER은 주가가 낮고 이익이 많이 나면 매력적으로 보이기 마련이다. 경쟁회사의 PER이나 과거의 수준과 비교하면서 자신이 잠재 투자 대상으로 삼은 기업에 대한 매수 여부를 결정하기도 한다. 여기에 이르렀다면 초심자를 벗어났다고 할 수 있다.

여기서부터 어렵고 괴로운 일이 발생한다. 분명히 주식 투자 입문기에 비해 더 많이 아는 것 같은데, 수익률은 개선되지 않고 심지어 악화될 때가 종종 생긴다. 좋은 실적을 냈고 주가는 싸져서 밸류에이션 매력이 확대돼 편입했는데, 하염없이 흐르는 주가에 좌절하기도 한다. 이들과 전화 통화를 할 때는 대부분의 대화가 "주식이 실적에 비해 싼 것 같은데 왜 오르지 않고 심지어 빠지느냐?"라는 질문부터 시작된다.

"여보세요, 잘 지내지? 나도 그럭저럭 지내. 상희야, 요즘 주식에 재미를 붙이고 열심히 하고 있는데, 정말 이해가 안 되는 점이 있어서 전화했어."

"그래, 주식에 투자하기로 한 거 정말 잘했다."

"인플레이션이 온다는 말이 많아서 원자재나 소재 관련 회사를 열심히 쳐다보고 있어. 이익이 지난 네 분기에 지속적으로 강하고 주가는 아래에 있어서 PER이 낮아진 회사가 꽤 보이길래 샀어. 그런데 미국 에너지 기업과 달리 주가가 전혀 움직이지 않아서 도대체 이게 어찌된 영문인지 궁금하거든. 어떻게 해석해야 해?"

"종목이 뭐야?"

"A야."

"훌륭한 회사지. 시장 지배적 지위에 있고 업계에서 기술력도 인정받지. 배당도 안정적이고…. 지금 보니까 실적은 상당히 강한데 주가가 그저 그래서 PER이 5배 밑으로 왔구나. 이상하게 보일 만하네. 2가지로 설명해 볼게. 하나는 시장 참여자들이 지금 내고 있는 이익을 앞으로도 낼 수 없다고 보는 것이고 나머지 하나는 이미 이익이 많이 난 주가에 미리 반영된 거라고 보는 거야."

"선반영은 맞다고 해도 밸류에이션이 낮아졌으니까 추가로 주가가 실적에 반응해야 하는 거 아니야?"

"2개가 연결되는데, A가 소재 관련 기업이고 경기에 민감하니까 앞으로 이익이 감소하는 폭이 얼마나 될지를 모르겠다고 보는 듯해. 시장은 일단 지금까지 잘한 부분을 주가에 반영해 주고 실적은 앞으로 떨어지는데 예상보다 훨씬 크다면 싸지 않다고 주장하는 거지. 즉, '지금 PER이 5배인데, 이익이 반토막 나면 PER이 10배니까 싸지 않은 것 아닌가?'라고 생각하는 것이지. 시간이 지나면서 회사가 지속 가능한 실적 수준을 보여 주면 주가는 장기적으로 돈을 버는 대로 따라갈거야."

"음. 그렇구나. 어렵네. 생각 좀 해 볼게. 고마워."

선반영 때문에 종목 선택 시 어려움을 겪는 전형적인 사례다. 이런 종목을 찾기는 정말 쉽다. 업종, 지역을 불문한다. 한국에서 둘, 미국에서 하나의 예를 살펴보자.

포스코POSCO, 005490 2021년 지배 주주 순이익은 6.6조 원[4]을 기록했다. 2021년 말 시가총액은 24.6조 원으로, PER이 3.7배였다. 배당 수익률은 6%가 넘었다. PER은 해외 경쟁 기업보다 낮고 배당 수익률은 높다. 포스코의 지난 10년 평균 PER이 10배 내외였기 때문에 역사적인 관점에서도 주가의 상향 여력이 높다고 판단하기 쉽다.

2021년 하반기 순이익은 4조 원으로, 상반기 2.6조 원에 비해 더 강했다. 2021년 하반기 순이익의 전년 동기 대비 성장률도 245%로 폭등했다. 그런데 주가의 고점은 언제였을까? 2021년 5월 40만 원을 넘었던 포스코 주당 가격은 2021년 마지막 거래일이었던 12월 30일에 27만 4,500원으로 하락했다. 같은 기간 10%도 안 내린 코스피에 비해서도 나쁜 성과였다.

씨젠Seegene, 096530 코로나19 진단 키트 매출이 폭증하면서 2019년 267억 원이었던 순이익이 2020년 5,023억 원, 2021년 5,366

억 원으로 20배 폭증했다. 2021년 말의 PER은 5.9배로, 바이오 업종의 특성을 무시하더라도 투자자들이 싸다고 느낄 만하다. 무상 증자 반영 조정 기준으로 2019년 12월 30일에 1만 5,325 원이었던 주가는 2020년 8월 15만 원을 돌파하면서 10배 급 등했다. 주가 상승폭이 이익 증가에 비해 절반에 그쳤기 때문 에 당시에도 매력을 느끼고 매수한 투자자가 많았을 것이라 생 각한다. 비록 오르내림이 있기는 했지만, 2021년 말의 주가는 6 만 1,000원으로 반토막이 더 났다. 심지어 2021년 영업 성과도 2020년에 비해 좋았다.

줌 비디오Zoom Video Communications, ZM 전염병이 창궐하고 경제 활 동이 봉쇄되면서 원격 회의 수요가 폭발적으로 늘어났다. 편리 한 사용 방법과 시장 선점으로 점유율도 크게 올랐다. 2019년 4 월에 상장했는데, 당일 종가는 62달러였다. 주당 순이익이 0.35 달러로 PER은 200배가 넘었다. EPS는 2021년 회계연도에 5.07 달러까지 14배 성장했다. 주가는 2020년 10월에 568달러를 기 록하면서 9배 상승했다. 이익이 더 빠르게 늘었기 때문에 2021 년 회계연도 PER은 30배로 떨어졌다. 실적은 좋아졌고 PER이 떨어졌으므로 좋은 매수 기회였을까? 지금에 와서 생각해 보면 꼭 그렇지는 않다. 2021년 말의 주가는 184달러까지 급락했다. 애널리스트들은 2022년 예상 EPS가 후퇴할 것이라고 기대하고 있지만, 컨센서스는 여전히 'PER은 과거에 비해 낮고 주당 순이 익은 2023년부터는 다시 증가세로 전환된다'라고 말하고 있다.

그럼에도 불구하고 2022년 들어 주가는 더욱 급락해 100달러 밑으로 떨어지기도 했다.

회사의 주식 가치를 결정하는 요인은 미래에 대한 기대, 변화하는 방향 그리고 속도이다. 지금까지 쌓아온 업력과 실적도 물론 중요하다. 하지만 주가가 극단적인 저평가 영역에 있지 않는 한, 과거가 상승 동력으로 작용하기는 어렵다. 과거가 100점이고 미래가 50점인 기업보다 지금까지는 이룬 게 없지만, 미래가 70점인 회사가 월등히 나은 평가를 받는다.

지금보다 변화가 중요하다는 점을 명확히 보여 주는 예가 인텔과 AMDAdvanced Micro Devices의 주가 흐름이다. 인텔은 데스크톱 컴퓨터의 중앙 처리 장치CPU, Central Processing Unit를 독점하다시피 하면서 반도체 업계의 대표주자로 자리잡았다. 매출 기준으로 삼성전자와 세계 최대의 반도체 회사를 두고 겨룰 정도로 큰 기업이다. AMD는 중앙 처리 장치와 그래픽 처리 장치GPU, Graphic Processing Unit에서 각각 인텔과 엔비디아에 이어 2위 자리를 차지하고 있어 만년 2등이라는 느낌이 강하다. 인텔의 PER은 10배가 안 되고 AMD는 50배가 넘는다. 더욱이 AMD는 2008~2016년 사이에 6번의 적자를 기록했고 리먼 브라더스의 파산이 야기한 금융 위기 기간에는 파산설도 있었다. 지난 5년 동안 어떤 주가가 좋았을까? AMD는 14배 앙등한 반면, 인텔은 10% 상승하는 데 그쳤다.

AMD의 2015년 주가는 적자 기간을 거치면서 2009년 고점의 30% 수준에 머물러 있었다. 2016년에도 적자였는데, 그 해에

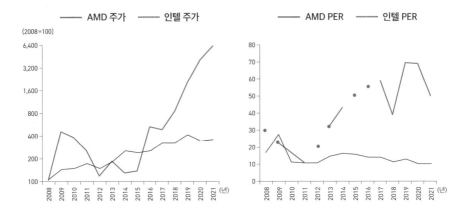

인텔과 AMD 주가 및 PER

AMD 주가 — **인텔 주가**

(2008=100)

AMD PER — **인텔 PER**

자료: Factset, AMD PER 순적자 기간에는 PER 기간 내 평균을 활용해 점으로 표시

AMD 주식 가격은 단숨에 4배가 올랐다는 사실이 흥미롭다. 2017
년에 흑자로 전환했고 2021년까지 주당 순이익이 연평균 100% 증
가했다. 고성능 제품에 집중하면서 모바일 시장에 대응했고 경쟁의
구도를 바꾼 것이 주효했다. 같은 기간에 거함 인텔의 EPS도 연평
균 12% 늘어나면서 견조했지만, AMD에 비해 변화가 느리다는 평
가를 받았다. 인텔은 2008~2009년 금융 위기 기간에도 적자를 내
지 않을 정도로 안정적인 이익을 냈는데도 시장은 여전히 냉정했
다. 반도체뿐만 아니라 다른 업종에서도 이러한 모습은 얼마든지
나타난다.

주식 투자는 남들이 좋아할 종목을
반 보 먼저 찾는 과정

증권 관련 일을 시작하고 얼마 지나지 않았을 때 주식에 대한 통찰력이 있고 평소에 필자를 아껴 주는 선배가 다음과 같은 말을 했다.

"주식 시장은 미인 대회와 비슷해. 미인 대회에서 우승할 사람을 고르는 내기에 참여한다고 가정했을 때 이 승부에서 이기고 싶다면 자기가 가장 아름답다고 느끼는 참가자를 고르면 안 돼."

자신의 기준을 고집하지 말고 시대 상황에 맞는 미인을 고를 필요가 있다는 의미였다. 필자는 종목이나 업종을 고를 때도 마찬가지라는 뜻으로 이해했다. 본인이 아무리 오랜 시간 연구해 투자하기로 결정한 기업이라도 남들이 관심을 기울이지 않으면 수익이 날 때까지 꽤 오랜 시간을 기다려야 할지도 모른다.

대중의 눈으로 종목을 고르고 분석하는 방법은 다양하다. 이는 주도주를 찾아 내는 과정이라고 할 수 있다. 경험을 쌓고 꾸준히 공부해 지식을 취득하는 것이 정공법이다. 미국 주식 시장을 기준으로 보면 상승장이 하락장의 5배 이상으로 길다. 증시는 반드시 오른다고 가정하고 투자하는 것이 확률을 높이는 지름길이다. 주가가 높아지는 기간에는 다른 투자자들이 좋아할 만한 영역을 미리 연구하는 것의 중요성이 더욱 커지게 된다.

필자가 시장을 이끄는 업종을 고르려고 할 때 사용하는 방법을 소개한다. 항상 맞지는 않지만, 절반 이상이 성공했던 듯하다. 이익 증가율이 비슷한데 높은 PER을 받는 기업이 많은 업종은 일단 시장이 관심을 갖고 있다고 간주하는 것이다. 이론적으로는 성장률이 같다면 특별히 할인율을 높여야 할 정도로 사업이 불안정하지 않는 한, 시장에서 부여하는 PER은 비슷해야 한다. 그럼에도 불구하고 특정한 업종이 높은 PER로 거래된다는 것은 주도주 후보가 되기에 충분하다.

남들을 압도하는 통찰력으로 초기에 발견해 장기간 보유할 수 있다면 금상첨화이다. 하지만 일반적인 사람은 '이익 확정'과 '손실 이연의 선호'라는 본능적인 결함 때문에 복리의 마법Wonders of Compouding[7]을 누리기 어렵다.

아마존Amazon, AMZN은 1997년에 상장된 세계 최고의 전자 상거래 회사다. 처음 거래될 때 아마존을 사서 보유했다면 1,500배가 오른 주식을 쳐다보면서 미소를 지을 것이다. 하지만 좀 더 자세히 살펴보면 중간의 여러 가지 난관을 겪어야 달콤한 열매에 이를 수 있다는 사실을 알게 된다.

첫째, 1999년의 IT 버블기에 주가가 50배 올랐을 때 팔지 않을 자신이 있어야 한다. 사실 1998년에 5배가 났을 때 매도하지 않을 사람도 거의 없겠지만 말이다.

둘째, 2001년까지의 대세 하락장에서 아마존의 주가가 90% 이상 폭락하는 중간에 더 사거나 팔지 않고 버티는 용기가 필요하다.

---

7   버크셔 헤서웨이에 투자했을 때의 포트폴리오 가치(187쪽 그림 참조)를 보면 수익률은 매년 공평하지만, 절대 금액은 오래 보유할수록 기하급수적으로 늘어난다는 것을 알 수 있다.

셋째, 2001년의 급락기 전후 주식을 매수해 5배 오른 2015년에도 꿋꿋이 버티는 용기가 필요하다.

이러한 난관을 이겨내야만 2021년 기준 1,500배의 수익률을 거둘 수 있게 된다. 25년 전에 아마존의 미래를 예측한 현인이라고 해도 중간에 인내를 하지 못했다면 1,500배의 수익은 불가능하다. 사업이 어느 정도 궤도에 오르고 기업의 사업이 투명해진 2015년 아마존의 PER은 540배였고 처음으로 완연한 이익을 냈다. 이때 아마존을 사서 7년만 들고 있었다고 해도 10배 오른 주가에 기뻐할 수 있었을 것이다.

일론 머스크Elon Musk는 독창적이고 혁명적인 사업가로 유명하다. 이미 2015년에 한국어 번역판 평전[8]이 나왔을 정도로 꽤 오래전부터 유명했다. 누군가 이 책을 읽고 일론 머스크를 면밀히 조사한 끝에 테슬라Tesla, TSLA의 주식을 샀다고 가정해 보자. 액면 분할을 감안한 주가를 기준으로 대략 40~50달러 정도에 매수했을 것이다. 2021년 말의 주가가 1,000달러가 넘었으므로 20배 이상 올랐다. 생각만 해도 기분이 좋아진다. 그런데 2016년에 주가가 30달러 미만으로 떨어질 때 견디고 2019년 다시 40달러로 후퇴할 때도 버티며 코로나19 직전에 200달러로 돌파할 때도 팔지 않은 투자자만이 이 과실을 누릴 수 있다. 전기차는 2020년부터 본격적으로 자동차 시장에서 점유율이 올라갔는데, 이때 테슬라를 샀더라도 결코 늦지 않았다. 2년 만에 5배의 수익이 났기 때문이다.

---

8   일론 머스크, 『미래의 설계자』, 김영사

제럴드 로브Gerald Loeb는 이에프허튼앤코E. F. Hutton & Co.[9]에서 창업자 대우를 받는 경영자였다. 1921년에 태어나 1974년에 사망했는데, 생전에 주식 투자에서 자본을 보존하기 위해 가장 중요한 한 가지를 꼽으라면 무엇이냐는 질문을 받고 "손실을 받아들이고 확정하는 것Accepting losses is the most important single investmet device to insure safety of capital"[5]이라고 대답했다. 상위 1%의 트레이더나 전문 투자자가 아니라면 받아들이기 어려운 충고이다. 타인보다 빨리 좋은 주식을 발굴하는 것은 중요하다. 너무 빠르면 손실 구간을 견디다가 바닥에서 팔고 다음에 날아가는 그 주식을 다시 사지 못하는 불행한 일을 겪을 확률이 높아진다.

주식이 충분히 좋다고 느껴질 때까지 기다리는 것도 수익률에 도움이 되지 않는다. 언론 지상을 장식하고 주변에서 누구나 그 종목에 대해 이야기하기 시작하면 늦었을 확률이 높다. 상승장이라면 모멘텀을 따라 하는 것만으로도 수익이 날지 모른다. 그런데 하락장이라면 매입하면 떨어지고 매도하면 오르는 일이 반복될 것이다.

삼성을 세운 호암 이병철은 부친이 내 준 3백 석의 자금으로 1936년에 정미 사업에 투신한다.[6] 그는 고향과 가까운 마산에서 사업을 시작했는데, 첫 1년 동안 자본금의 3분의 2를 잃었다. 이병철 회장은 손실의 원인이 군중 심리를 좇아 쌀 가격이 오를 때는 따라 사고 내리는 시기에 같이 팔았기 때문이라는 것을 파악했다.

9　1904년에 설립해 1988년 리먼 브라더스에 합병되기 전까지 미국 선두를 다투는 증권 중개 회사였다.

쌀 매매에 임하는 자세를 완전히 바꿔 시세가 계속 상승하면 매도하고 하락하면 매수했다. 1년 만에 잃었던 출자금을 모두 회수하고 추가로 60%의 수익률을 냈다.

일본 에도 시대[10]의 전설적인 미두[11] 투자자 혼마 무네히사(1717~1803)는 캔들 차트Candle Chart를 고안한 것으로 알려져 있다.[7] 그는 매매에 필요한 다양한 원칙을 세웠는데, 그중 군중 심리에 휩쓸려 투자에 나설 때의 위험성을 경고한 구절이 있다. 그는 "매수, 매도하기에 오늘만큼 좋은 시장이 없다고 느껴진다면 3일을 기다리라. 자신이 사거나 팔겠다고 마음을 먹은 이유가 절연한 분석의 결과라면 상관없겠지만, 보통 분위기에 휩쓸리는 경우가 많다. 그런 마음이 들 때 3일을 참으면 더 나은 결과가 나온다"라고 충고한다.

미국 시장은 효율적: 밸류에이션이 의미 있는 이유

2021년 11월부터 2022년 6월까지 나스닥 시장이 조정을 겪으면서 미국 시장의 변동성에 놀란 투자자들이 많았다. 코로나19 위기 이후 '서학개미'라는 말이 나올 정도로 새롭게 미국 증시에 들어온 사람들이 늘었다. 신규 진입자들은 2020년 3월 주가가 바닥을 친 이후 우상향하는 미국 주식만 보아 왔기 때문에 갑자기 나타난

---

10 도쿠가와 이에야스가 세운 에도 막부가 일본을 통치한 1603년부터 1868년까지의 시기를 말한다.
11 곡물 선물 거래에서 청산 거래의 목적물로 된 쌀을 이르는 말이다.

흔들림에 당황하기 일쑤이다. 미국에는 상한가, 하한가가 없으므로 하루에 50% 하락하는 종목도 속출한다.

"미국은 세계 1위 주식 시장이고 자본주의의 첨병이며 양질의 기업이 많다고 하던데, 왜 그런지 모르겠다"라고 푸념하는 사람도 있다. 혁신을 바탕으로 성장하며 시가총액도 큰 기업에서 이런 일이 벌어졌기 때문에 더욱 큰 충격을 받는다. 메타 플랫폼스와 도큐사인의 실적 발표 이후 주가 반응은 미국 주식 시장을 많이 보는 편이라고 자부하는 필자도 놀랄 정도였다.

메타 플랫폼스FB, Meta Platforms(구 페이스북)는 누구나 한 번쯤 들어봤을 정도로 유명한 기업이다. 월간 활성 사용자MAU, Monthly Active User[12]가 30억 명에 이른다. 고점 기준 시가총액이 1조 달러 내외로, 미국에서 다섯 번째로 큰 회사이기도 했다. 2022년 2월 2일 증시 마감 이후 4분기 실적을 발표했는데, 다음날 주가가 26% 급락했다. 이때 시가총액 300조 원이 사라졌는데,[13] 미국 주식 시장 역사상 하루 시가총액 증발 규모로는 역대 최대다. 4분기 실적은 양호했지만, 2022년 1분기 매출 예상치가 기대를 하회하고 회원 활동성 지표가 미약해지면서 폭락했다. 시장의 심리가 약했기 때문에 과도하게 처벌받았다는 생각을 지울 수는 없지만, 시장은 냉정하다는 사실을 다시 한번 뼈저리게 느꼈다.

---

12 한 달에 주어진 서비스를 사용하는 사람의 숫자를 말한다. 회사가 확보하고 있는 총 사용자의 수를 의미한다.

13 참고로 삼성전자 보통주 시가총액 전체가 400조 원 내외이고 다음을 다투는 SK하이닉스와 LG에너지솔루션을 합쳐도 200조 원이 되지 않는다.

도큐사인DocuSign, Docu은 미국의 전자 서명 업체로, 점유율이 75%일 정도로 압도적인 1위 기업이다. 비대면 경제가 확장되면서 수요가 급증해 2020년 이후 매출이 연평균 47% 증가했다. 같은 기간 주당 순이익은 6배 넘게 폭증했다. 주가는 2020년 75달러 근처에서 시작해 2021년 9월에 300달러를 넘기기도 했다. 주식 가격이 3분의 1로 떨어진 2022년 3월 기준 시가총액이 20조 원이 넘는 회사다. 2021년 12월 3일 주가가 40% 내려앉았다. 경제가 정상화되면서 성장성이 둔화된다는 기업의 발표가 폭락을 견인했다.

우량하다고 믿는 종목도 이렇게 변동성이 크면, 미국 주식은 손대서는 안 되는 영역이고 밸류에이션을 통해 적정가를 도출하는 과정이 필요 없는 것일까? 정확히 반대다. 실적 발표 이후 즉각 가치 하락분이 주가에 효율적으로 반영된다는 사실은 대한민국에서 공개된 정보만으로 투자하는 우리나라 투자자에게도 승산이 있다는 의미이기 때문이다.

만약, 미국의 기관 투자자들이 분기 영업 성과나 전망을 미리 알고 있었다면 주식 가격이 일시에 폭포수처럼 내려가는 것이 아니라 실적 발표 이전에 의미 있게 하락해야 논리적이다. 물론 몇 명의 투자자가 정보를 미리 듣고 대비했을 수도 있다. 하지만 미국 증시의 저변이 넓고 깊기 때문에 나온 실적을 바탕으로 주가가 형성되는 것을 막지는 못한다고 이해해도 좋다. 우리가 시간을 들여 산업에 대해 조사하고 기업의 영업 및 재무 구조를 분석하며 적정 가치가 얼마인지를 자신이 편하게 느끼는 밸류에이션 방식으로 구하는 과정이 매우 중요하다는 의미이다. 한국에서만 주식 투자를 했던 친구들과 대화해 보면, 밸류에이션이라는 과정이 불필요하다고 느끼는 경우가 많았다. 미국 증시가 완벽히 효율적이라고 주장하는 것은 아니지만, 상대적으로 다른 시장에 비해 월등히 투명해 개인 투자자들도 밸류에이션에 대한 개념을 갖고 있을 필요가 있다고 생각한다.

현금흐름 할인법: 미국 기업의 핵심 목표는 현금흐름의 극대화

단기 실적보다는 장기 전망을 반영하는 방법

필자가 동원증권에 처음에 입사할 때는 IBInvestment Banking 본부 소속이었다. 공학을 전공하고 증권사에 왔다는 점이 감안됐다고 느꼈다. 2005년부터 증시가 급등해 유통 시장이 활황세에 접어들면서 애널리스트가 귀해졌다. 리서치 본부에서 연구 보조원RA, Research Assistant[14]이 부족했는지 리서치를 해 보겠느냐는 연락이 왔다. 주식

---

14 업종이나 전략 및 경제 등을 맡아 책임지고 분석하는 애널리스트를 보조하는 업무를 수행하는

리서치에 대한 막연한 동경이 있었던 필자는 별로 생각해 보지 않고 제안을 받아들였다.[15] 설레는 마음으로 부서를 옮기고 좋은 사수를 만나 9개월 동안 정말 잘 배우고 애널리스트로 독립했다.

실력과 덕을 모두 갖춘 선배들이 애널리스트로서 처음 출발하는 나에게 여러 가지 조언을 해 줬다. 이런 저런 이야기를 하는 와중에 호랑이 담배 피던 시절의 이야기라면서 들려 줬던 일화가 생각난다. 지금처럼 기업 정보가 온라인에 넘쳐 나지도, 재무 데이터를 쉽게 받기 어려웠던 시기의 이야기이다.[16] 당시 연구 보조원의 가장 중요한 일 중 하나가 애널리스트가 분석하는 기업의 실적이 나오면 거래소에 가서 재무제표를 받아오는 것이었다고 한다. 받아온 재무제표를 컴퓨터 파일에 빠르게 베껴 넣어야 애널리스트가 자료를 쓸 준비가 되는 것이다. 당시에는 IR Investor Relation[17]의 개념도 희미했기 때문에 반기마다 나오는 실적이 정말 중요했다.[18] 주식 시장 참여자들이 분기 실적에 민감한 반응을 보이는 것에는 역사적 이유가 있다.

기업을 분석하는 데 필요한 방대한 정보에 접근하기 쉬운 지금도

사람을 말한다. 애널리스트가 되기 위해 필수적으로 거치는 관문이다.

15 애널리스트를 천직이라고 생각하고 있기 때문에 정말 잘한 선택이었다고 믿는다. 하지만 리서치 업무를 회피하고 IB를 선호하는 요즘 증권인들에게는 이해하지 못할 선택이기도 할 것이다. 격세지감을 느낀다.

16 1999년 4월 상장 법인의 사업, 반기 및 감사 종료 보고서를 대상으로 1단계 전자 공시 시스템 인터넷 서비스가 실시됐다. 2000년 3월 모든 공시 서류를 대상으로 2단계 서비스가 실시됐다. 2002년 7월에 통합 공시 서비스가 실시됐다.

17 투자자들을 대상으로 기업에 대해 설명하고 의사소통을 하면서 투자 유치를 원활하게 하는 활동을 말한다.

18 분기 실적은 2000년부터 발표한다.

분기 실적은 중요하다. 한국의 투자자나 분석가들은 영업 이익을 중요시한다. 영업 이익이 실제 기업의 근본적인 사업 능력을 나타내고 우리나라 기업이 여러 종류의 손익계산서상의 항목을 영업 외 항목에 잡기 때문이다.[19] 영업 이익은 자기자본과 타인자본을 모두 활용해 기업이 내는 이익이고 영업 이익에서 이자 비용과 세금을 내야 하기 때문에 실제 주주에게 모두 돌아가는 수익이 아니다. 단기 실적을 바탕으로 밸류에이션 과정을 거쳐 투자를 결정한다고 해도 영업 이익이 적절한 기준이 아니라고 생각한다.

미국은 어쩌다 좀 더 장기적인 관점을 갖게 됐을까?

미국은 분기 실적에서 주당 순이익과 현금흐름을 핵심적으로 본다는 점이 우리나라와는 다르다. 미국도 과거에는 손익상의 수치인 순이익에 대한 집착이 컸다. 주가를 올려 성과급을 많이 받아야 하는 경영자와 분기 실적에만 집중했던 투자자의 이해 관계가 정확하게 맞물렸다. 대리인 문제Agency Problem[20]가 발생해 장기적인 기업의 건전한 발전보다는 단기 성과에 연연하는 문화가 팽배했다. 1980년부터 2000년 IT 버블까지 이어진 20년에 가까운 강세장, 특히 1999년 10월부터 2000년 3월까지 나스닥이 6개월 만에 2배가량 급등했던 과열장이 단기 손익 지상주의를 가속화했다. 초우량

---

19 회계적으로 말이 안 되는 논리인 연결 대상 기업을 편입시키면 영업 이익이 좋아진다는 말이 나오는 배경이다. 100% 연결 자회사가 아닌 한, 연결 대상이 돼 증가한 영업 이익은 순이익과 현금흐름에서 지배 주주분을 구할 때 제거해야 하기 때문에 연결로 확대되는 영업 이익은 실제 기업 가치에 영향을 미치지 못한다.
20 주식회사의 주인인 주주와 경영자 간의 이해 상충 관계를 말한다.

회사였던 엔론Enron과 월드컴Worldcom의 분식 회계가 시장을 충격에 빠뜨리면서 미국이 변하기 시작했다.

엔론은 휴스턴 천연 가스Houston Natural Gas Co.와 인터노스InterNorth 가 1985년에 합병돼 설립됐다.[8] 1992년에는 사업을 확장해 나가면서 미국에서 가장 큰 천연 가스 공급망을 가진 회사가 됐다. 전통적 산업 영역에서 강력한 개혁을 추구하기 시작하면서 1996년부터는 가장 혁신적인 기업에 선정되기도 했다. 1995년 이익의 40%가 1985년에는 없던 부문에서 나왔다는 점도 사람들이 동경했다. 엔론의 직원들은 가혹한 경쟁을 통해 혁신적인 아이디어를 내고 실행해야 했으며 하위 20%로 선정되면 회사를 떠나야만 했다. 닷컴 버블기에는 혁명적인 에너지 거래 기업으로 자리잡으면서 최고의 기업 중 하나가 됐다. 전통 산업을 영위하는 기업이 혁신의 대명사 중 하나로 자리잡는 과정에서 회계에 대한 의구심을 갖는 사람들이 생기기 시작했다. 진실이라고 믿기에는 너무 좋았다고나 할까?

역설적이게도, 파열음은 엔론이 존경받는 기업으로 인정받기 시작한 1996년부터 들리기 시작했다. 에너지의 거래를 파생 상품과 연결시키며 이익이 급증하기 시작했는데, 마진 콜Margin Call[21]과 관련된 파생 상품의 손실은 기록하지 않는다는 주장이 제기됐다. 엔론은 자신들에 대해 부정적인 자료를 내는 애널리스트들은 괴롭히고 언론인에게는 환심을 사며 무마해 나갔다.

---

21 선물이나 옵션 거래에서 가격이 하락해 증거금이 부족할 때 중개 회사에서 계약 소유자에게 추가 납입을 요구하는 일을 말한다. 과거에는 전화로 통보했기 때문에 '마진 콜'이라는 명칭이 붙었다.

수익은 시가로 반영하고 부실 자산은 자기 주식을 담보로 특수 목적 회사SPC, Special Purpose Company[22]로 넘겨 부외 부채로 처리[23]하면서 손익계산서를 매혹적으로 보이게 만들었다. 부족한 현금흐름은 차입을 통해 마련하고 통신 사업에까지 손을 뻗었다.

나스닥이 2000년 1분기에 정점을 찍으면서 파티의 종료를 알리는 종이 울렸는데도 엔론은 확장을 멈추지 않았다. 엔론은 2000년 7월 주문형 비디오 사업에 뛰어들었다. 증시가 꺾인 이후에도 필사적인 방어로 유지되던 주식 가격은 2000년 9월 이후 하락하기 시작했다. 특수 목적 회사에 돈을 빌려 줬던 금융 기관들은 담보였던 엔론 주식 가치 하락분 만큼의 추가 담보를 요구했다. 늘어난 물량으로 주가는 더욱 빠르게 하락했고 악순환에 빠졌다. 겨우 굴러가던 엔론은 더 이상 버티지 못했다. 2001년 3분기 실적을 발표하며 6억 1,800만 달러의 적자와 12억 달러의 상각을 공시했다. 사람들은 충격에 빠졌고 미국 증권거래위원회SEC, Securities and Exchange Commission는 조사에 착수했다. 최고 경영자, 회계 법인이 공모한 분식 회계가 밝혀졌고 엔론은 2001년 12월에 파산을 신청했다. 2001년 8월 최고 경영자가 사임하는 등 전조가 있었지만, 손익에만 집착했던 투자자들의 손실은 이루 말할 수 없이 컸다.

엔론의 충격이 채 가시기도 전에 월드컴이 다시 한번 사고를

---

22 특수한 목적을 위해 법인격을 부여한 회사를 말한다. 선박, 항공기 및 부동산 금융 등에 많이 사용되며 실질은 없고 서류상으로만 존재한다는 의미에서 '페이퍼 컴퍼니Paper Company'라고도 한다.

23 재무제표 작성일 기준 기업이 보유하고 있는 채무를 회사의 장부에 계상하지 않는 방식을 말한다.

친다.[9] 월드컴은 2000년 시가총액 기준 나스닥 10위 안에 들 정도로 컸던 유선 통신 기업이었다. 1983년 LDDSLong Distance Discount Services라는 이름으로 설립된 후 1995년 국제 통신 부문으로 진출하면서 이름을 '월드컴'으로 바꿨다. 확장을 거듭하던 회사는 인터넷 망을 포함한 통신 산업에 대한 과다 투자가 수요로 연결되지 못하면서 2001년부터 실적이 둔화되기 시작했다. 경영진은 손익과 주가를 방어하기 위해 회계 감사 법인이었던 아서 앤더슨Arthur Andersen LLP[24]의 협조로 다양한 회계적 방법을 동원했다.

매출의 과대 계상 다른 회사들과 각자의 통신 회선을 임대 및 교환하는 거래를 해 외형을 부풀렸다. 회수하기 어려워 잡았던 충당금을 환입해 38.5억 달러의 매출로 다시 인식하기도 했다.

비용의 과소 계상 개발비를 자산화하고 상각 기간을 늘려 손익에 미치는 영향을 줄였다. 기업을 인수할 때 순자산 가치는 줄이고 영업권은 늘려 잡기도 하고 사업이 순조로워 영업권 상각이 미미하다고 평가해 비용을 작게 잡기도 했다.

어떤 수단을 사용해도 현금 부족 문제는 해결할 방법이 없었기

---

24 회계사의 윤리와 공정성 원칙을 정립했다고 알려진 아서 앤더슨이 세운 동명의 회사를 말한다. 엔론과 월드컴의 분식 회계를 사실상 조장했다는 사실이 알려지면서 창업자의 얼굴에 제대로 먹칠을 했다. 작은 회사로 분해되면서 종말을 맞이했다.

때문에 2001년부터는 외부 차입에 대한 의존이 커졌다.[25] 2002년 3월 미국 증권거래위원회에서 내부 회계 원칙과 차입에 대한 상세한 정보를 요구했다는 사실이 알려지며 우려를 샀다. 2002년 4월 최고 경영자가 물러나고 2002년 6월 내부 고발이 터지면서 월드컴은 무너졌다. 파산 규모가 1,000억 달러가 넘어 당시 역사상 최대였다.

필자는 2000~2002년까지 나스닥의 80% 급락 중 최소한 30%는 엔론과 월드컴의 분식 회계가 야기했다고 믿는다. 보통 50%에서 마무리되는 폭락장을 연장한 셈이다. 위기를 겪고 난 후 미국 투자자들은 반성했고 기업을 평가하는 방법을 바꾸기 시작했다. 분기 실적은 여전히 중요한 요소로 남아 있지만, 장기적인 기업 성과를 확인하기 위한 과정으로 보는 경향이 커졌다. 시장이 중요하게 생각하는 부분이 바뀌면서 경영자들도 본연의 사업에 충실하고 장기 성과를 추구하자는 움직임이 나타났다. 주가 상승을 위해 단기적인 실적에 집착하는 것보다는 기업의 현금흐름을 최대화하는 방향으로 나아가기 시작했다.

예를 들어, 아마존의 분기 실적 자료를 보면 미국 기업이 얼마나 현금흐름을 중시하는지 알 수 있다. 표지 뒤에 주의사항 한 쪽을 지나면 바로 과거 12개월 동안의 잉여 현금흐름을 보여 준다. 그림 밑에는 '장기적인 목표는 잉여 현금흐름의 최적화Long-Term Goal– Optimize Free Cash Flow'라고 쓰여 있다. 그런 다음 매출 및 손익으로 넘어간다. 정도의 차이는 있지만, 우리가 쉽게 접하는 S&P500에 포함된 기업들도

---

25 2001년 7월 26개 은행으로부터 26.5억 달러를 빌리는데, 만기가 6개월에 불과했다.

분기 성과를 발표할 때 EPS와 현금흐름을 가장 강조하며 시장 참여자들도 두 수치의 기대치 달성 여부를 유심히 지켜본다. 여기에 주주 환원까지 연결되면 일반적으로 바람직하다고 여겨지는 실적 발표의 틀이 된다.

교과서에서는 기업의 적정 가치를 미래 현금흐름의 현재 가치의 합으로 정의한다. 회사가 벌어들일 현금은 과거를 근간으로 추정할 수밖에 없고 정확도도 떨어지기 때문에 PER, PBR 등의 방법이 사용되는 것일 뿐이다. 엔론과 월드컴 사태가 반면교사가 되면서 현금이 기업의 장기적인 가치에서 차지하는 중요성이 점증했고 미국의 기관 투자가들은 잉여 현금흐름의 꾸준한 창출력에 집중하기 시작했다. 대표적인 가치 투자자인 빌 밀러Bill Miller[26]는 2006년 인터뷰를 통해 꾸준하게 발생하는 잉여 현금흐름이 기업 가치를 가장 잘 설명하는 지표라고 밝히기도 했다. 잉여 현금흐름은 회사의 회계 방식과 단기 성과 주의에 영향을 덜 받는다는 점을 강조했다.[10] 현금흐름 할인법Discounted Cash Flow Model은 이 책에서 이야기하는 적정 기업 가치를 구하는 이론을 구체화한 것이다. 잉여 현금흐름을 현재 가치로 할인해 모두 합한 후 손익계산서와 재무상태표의 대응을 통해 적절하게 조정해 밸류에이션 과정을 마무리한다.

---

26 1899년에 창립된 운용사 레그 메이슨Legg Mason Global Asset Management의 회장 출신으로, 현금흐름의 내재 가치에 비해 저평가된 기업에 집중하는 투자 철학을 갖고 있다. 2022년 1월의 인터뷰에서는 전체 부의 많은 부분을 암호화폐 관련 자산에 투자했다고 밝히기도 했다.

현금흐름 할인법을 통해 기업 가치 산정하기

주식 투자에 관심이 있는 독자라면 본인이 어떤 기업의 최고 경영자가 된다는 생각에 짜릿한 흥분을 느낄 것이다. 보상을 월급이 아니라 주식이나 스톡 옵션Stock Option[27]등으로 받는다면 더욱 그렇다. 주식을 살 때, '기업을 인수한다고 생각하라'라는 격언을 실천할 수 있는 기회이기 때문이다. 경영자로서 회사의 잠재적인 이익 체력에 맞는 적정한 주식 가치를 현금흐름 할인법으로 도출하기 위해서는 인간의 본능에 반하는 장기적인 관점을 가져야 한다. 이때는 3가지를 유념할 필요가 있다.

첫째, 심연에 자리잡은 단기 성과주의를 이겨내야 한다. 사람은 길게 생각하기보다는 눈앞의 데이터와 정보에 의존해 직관적으로 결정을 내리는 경향이 있다. 투자의 목적을 항상 유념하고 지금 기업의 미래에 투영하는 가정이 최대한 장기적인 영향을 미치도록 선택해야 한다. 때로는 믿을 수 있는 지인과의 대화도 필요하다. 자신이 중요하다고 생각하는 부분이 사실은 단기적으로만 이슈가 되는 문제일 수도 있기 때문이다.

둘째, 주식의 적정 가치를 결정하는 정보를 취사선택하는 과정에서 '악화가 양화를 구축한다Bad money drives out good'라는 그레샴[28]의

---

27 임직원이 미리 정한 가격으로 특정한 행사 기간에 신주를 인수하는 권리를 말한다. 행사 기간에 주가가 정해진 주가보다 위에 있다면, 스톡 옵션을 보유한 임직원은 권리를 행사해 차익을 얻는 방식으로 보상을 받는다

28 토머스 그레샴 경Sir Thomas Gresham the Elder은 1519년(또는 1521년)에 태어나 1579년에 사망한 영국의 정치인이자 경제학자이다. 1565년 런던에 왕립거래소를 설립했다.

법칙Gresham's Law을 염두에 둘 필요가 있다. 시장에 액면 가치가 같은 금화와 은화가 함께 유통된다면, 국민들은 집에 금화를 쟁여 두고 은화만 쓸 것이다. 통화뿐만 아니라 모든 영역에서 정보의 비대칭성이 그레샴의 법칙을 야기할 수 있다. 투자한 종목에 대한 매일매일의 주가 움직임과 뉴스는 악화, 장기 성장성에 영향을 미치는 사업이나 할인율의 변화는 양화라고 봐야 한다.

셋째, 주식 투자가 장기적으로 재산 증식에 도움이 된다는 믿음을 가져야 한다. 그래야만 단기적인 변동성 때문에 두려움에 떨지 않고 여유 자금을 더 넣을 수 있게 된다. 사람은 필연적으로 장기적인 주가 전망에 관심을 가질 수밖에 없다. 주식 시장이 효율적인지, 비효율적인지를 고민할 필요도 없다.[29] 주식 시장이 효율적이라고 생각하면 지수를 추종하는 인덱스 펀드나 ETF를 사면 되고 효율적이지 않다고 생각하면 종목을 발굴해 보유하면 된다. 이후 내용은 현금흐름 할인법의 이론적인 배경과 절차에 관해 설명하고 있다. 이때는 기초적인 재무에 대한 지식이 필요하다. 현금흐름 할인법의 개념에 대한 이해로 충분하고, 실제 적용하기에는 준비가 부족하다고 생각하는 독자라면 바로 4부로 넘어가도 무방하다.

---

29 효율적 주식 시장 이론Efficient Market Hypothesis은 정보가 빠르게 주가에 반영되기 때문에 개별 투자자가 증시 전체의 성과를 이기기 어렵다고 주장한다. 효율적 시장은 약형Weak Form, 준강형 Semi-strong Form 그리고 강형Strong Form으로 구분되는데, 강형은 모든 정보가 주가에 반영됐다고 보는 반면, 준강형은 공개 정보, 약형은 가격, 거래량 등의 거래 정보만 반영됐다고 가정한다.

기업 가치가 창출되는 과정[11]

10년 전쯤 일하던 컨벤션 전문업체를 나와 마음에 맞는 동료들과 함께 창업한 친구가 있다. 반기에 한 번 정도 만나는 가까운 사이다. 처음에는 제대로 자리잡는 게 먼저라는 생각에 앞뒤 안 가리고 열심히 뛰었다고 했다. 우리 세대에게는 미증유의 경험이었던 전염병의 창궐이 야기한 경기 침체 기간에도 흔들리지 않았다. 그 결과 회사가 무섭게 성장했다. 사옥 자리를 계약했고 건물 설계도 하고 있으며 일하는 직원도 두 자릿수로 늘었다고 했다. 이제야 제대로 기업의 꼴을 갖춰가는 과정이지만, 100명, 1,000명의 회사를 꿈꾸는 창업주인 경영자가 재무적으로 신경 써야 하는 몇 가지 요소를 생각해 봤다. 그 친구에게는 너무 먼 미래일 수도 있어서 직접 말하지는 못했지만, 지면을 통해 정리했다.

투자 자금 조달 방안 최적화 경영자는 사업이 커지고 현재 영역에서 한 단계 도약하고 싶을 때 투자를 고려한다. 투자를 위한 자금 조달을 회사 내부 자금으로만 감당하는 예는 흔치 않다. 필연적으로 주식을 발행해 새로운 주주를 맞아들이거나 은행에서 차입할 수밖에 없다. 주식을 새로 찍어 유입되는 돈은 이자가 없어 비용이 낮다고 생각하는 경영진을 자주 봤다. 하지만 길게 보면 경영권 할증이 희석되고 기업이 커졌을 때 배당에 대한 압력도 커지기 때문에 반드시 그런 것은 아니다. 회사의 규모와 상태에 맞는 투자금 마련 방안을 염두에 두고 있어야 한다.

투자 효율 중시 돈을 어떤 방법으로 채워 투자에 나설 것인지가 정해져야 그 투자의 비용을 알 수 있다. 비용을 인지하고 있어야 기대 수익을 비용과 비교할 수 있다. 투하 자본 이익률Return On Invested Capital[30]이 가중 평균 자본 비용WACC, Weighted Average Cost of Capital[31]보다 큰 투자만을 대상으로 삼아야 한다. 이러한 정책을 일관되게 밀고 나간다면 기업의 가치는 부지불식간에 커져 있을 것이다.

회사의 가치는 과거보다 미래에 좌우 과거에 이룩해 놓은 성과에 자부심을 갖는 것은 좋지만, 외부에서 기업을 평가할 때는 재무제표에 기록된 성과를 새로운 성장을 위한 담보 정도로만 판단한다. 투자자의 기대를 장래의 성장성에 초점을 맞추도록 하고 그 기대를 하나씩 달성해 나가는 모습을 보인다면, 회사의 평판은 나날이 좋아질 수밖에 없다.

손익보다 현금에 집중 회계 방식을 변경해 이익이나 손실을 다르

---

30 기업이 본연의 영업 활동을 위해 투자한 자본의 효율성을 평가하는 지표를 말한다. 투하 자본 이익률이 높은 신규 사업 또는 피인수 기업을 찾는 것이 확장의 첫걸음이다. 투하 자본 이익률이 양호하더라도 해당 투자를 위해 조달한 자금의 비용이 좀 더 크면 매력적인 사업 기회가 아니라고 평가한다. 회사 전체의 투하 자본 이익률은 세후 영업 이익을 투하 자본으로 나눠 구한다. 투하 자본은 2가지 방식으로 계산할 수 있다. 유형 자산과 무형 자산의 합에 순유동 자산과 잉여 현금을 감안하거나 자기자본과 이자 부채를 고려하는 방법 중 기업의 특징을 잘 드러내는 쪽을 사용하면 된다.
31 기업이 자금을 조달할 때의 평균 비용을 말한다. 이때는 자기자본과 타인자본을 모두 고려해야 한다.

게 기록하려는 유혹에 빠지면 안 된다. 기업의 가치는 최종적으로 벌어들이는 현금이 결정한다는 생각을 한시도 잊어서는 안 된다. 손익계산서를 보기 좋게 만들기 위해 재고 자산 인식 또는 유형 및 무형 자산의 상각 기간을 바꾼다거나 비용을 과도하게 자산화하는 것은 합법적인 회계 절차라도 지양해야 한다.

대부분의 사람들은 경영자가 아니라 투자자이다. '경영자가 기업의 가치를 올리기 위해 신경 써야 하는 항목들이 나와 무슨 상관이냐?'라고 생각하기 쉽다. 하지만 투자하려는 회사의 최고 경영진이 앞에서 언급한 내용대로 기업의 가치를 높이기 위해 노력한다는 사실을 알고 있다면 결정하기가 쉬워진다. 최적의 자금 조달을 고민하고 투자 효율을 항상 신경 쓰며 미래에 집중하고 현금을 중시하면 현금흐름 할인법을 통한 적정 가치가 낮게 나오는 것이 오히려 이상하다. 현금흐름 할인법의 기술적인 사항뿐만 아니라 여기에 녹아 있는 배경을 알아 두면, 실제 그 방법을 사용하지 않더라도 투자하려는 회사의 실제 가치가 겉으로 보이는 여러 가지 것들에 비해 더 큰지, 작은지를 검토하는 데 도움이 된다.

현금흐름 할인법의 이론적 접근

눈앞에 2개의 버튼이 있다. 하나는 100%의 확률로 1억 원을 받고 나머지 하나는 50%의 확률로 10억 원을 받는다고 가정해 보자. 이성적인 참가자라면 기댓값이 5배 큰 후자를 무조건 눌러야 한다. 실제로 고르라고 하면 전자를 선택하는 숫자가 의외로 많을지도 모른다. 사람은 내가 명확하게 확보했던 것을 잃으면 참기 어려운 괴로움에 휩싸이기 때문이다. 주식을 사고 나서 하락을 겪을 때보다 팔고 나서 상승하는 가격을 보면서 더 큰 우울감에 빠지는 것도 이와 같은 이치다. 주가를 결정하는 밸류에이션 과정에도 이러한 인간의 본성이 적용된다. 과거의 성과를 이용해 주식의 적정 가치를 찾는 경우는 매우 드물다. 현금흐름 할인법을 실제로 적용할 때도 이와 마찬가지이다.

과거가 아닌 장래에 창출할 현금을 바탕으로 밸류에이션 절차를 거치기 때문에 현금흐름의 안정성과 가시성을 고려해야 한다. 돈을 잘 벌어도 들쭉날쭉하다면 현금흐름 할인법의 신뢰성이 떨어진다. 현금흐름을 예측할 때는 손익계산서상에 표현되는 실적이 같다고 해도 다양한 이유에서 주주에게 귀속되는 현금은 다르다는 점을 명심하고 있어야 한다. 기업의 현금흐름을 계산하려면 이익 항목에서 시작해 다양한 요인을 가감해야 한다.

첫째, 투자와 관련된 사항을 고려해야 한다. 성장까지는 아니더라도 영원히 존속하기 위해서는 최소한 유지 보수 수준의 투자는 꼭 필요하다. 고정 자산의 형식으로 취득하든, 인수합병의 절차를 통하든 투자하지 않는 기업은 결국 없어지고 만다. 영업 이익에서 세금을 제외하고 나면 다음으로 빼 줘야 하는 항목이 설비 투자와 인수합병 금액이다. 이익으로는 계상됐지만, 현금으로 돌아오지 않는 항목도 이익에서 공제해야 한다.

차감 항목만 있지는 않다. 기업의 연속성을 위해 회계 원칙상으로 유·무형 자산에 대해 상각하게 돼 있다. 현금으로 지불하지 않은

잉여 현금흐름 도출 과정

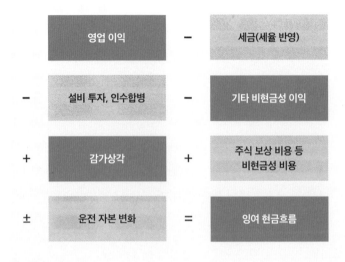

비용이기 때문에 손익에 더해 줘야 한다. 미국 기업은 주식을 발행하거나 스톡 옵션을 통해 임직원에게 보상할 때가 많다. 급여 형식이기 때문에 세금에 대한 부분만 제외하면 당장 나가는 돈은 없다. 주식 보상 비용은 이익에 가산돼야 하는 항목이다.

둘째, 운전 자본의 변화를 반영해야 한다. 회사가 순이익을 냈지만, 받을 돈은 받지 못하고 줘야 할 채무만 먼저 갚았다면 운전자본이 현금흐름에 부정적인 영향을 미칠 수밖에 없다. 매출 채권이 늘면 현금흐름에서 빼야 하고 매입 채무가 늘면 더해 줘야 한다. 이를 일반화하면, 유동 자산에 포함되는 운전 자본이 증가하면 현금흐름을 악화시키고 유동 부채 쪽이라면 도움이 된다.

현금흐름을 무한대로 추정할 수는 없는 노릇이다. 특정 연도에서 멈춘 후 영구 성장률을 가정하고 최종 가치Terminal Value를 구해 현금흐름 현가의 합에 더해 줘야 한다. 영구 성장률은 온전히 기업 가치를 계산하는 투자자가 결정할 문제이지만, 일반적으로 장기적인 물가 상승률을 초과하는 수치는 사용하지 않는다. 현재 성장률이 아무리 높은 기업이라도 추정 기간 이후에는 성숙기에 접어들어 현금흐름의 증가율이 둔화되는 것이 자연스럽기 때문이다. 실제로 현금흐름 할인법을 적용할 때는 0%, 1%, 2% 중 하나를 주로 쓴다. 2%를 초과하는 영구 성장률을 사용하려면, 그 회사가 오랜 시간이 지난 후에도 전체 경제에 비해 더 빠르고 많이 성장한다고 믿는 논리적인 근거가 필요하다. 최종 가치는 다음과 같은 공식을 이용해 계산한다.

$$Terminal\ Value = \frac{FCFT \times (1 + TG)}{(WACC - TG)}$$

FCFT: 추정 기간 마지막 해의 잉여 현금흐름,   *TG*: 영구 성장률,   *WACC*: 가중 평균 자본 비용

잉여 현금흐름을 현재 가치로 할인하기 위해 가중 평균 자본 비용을 사용한다. 공식과 예를 다음에 정리했다. 예시로 든 종목은 애플이고 2021년 상반기 기준이다. 분석하고자 하는 종목 및 시기에 따라 수치에 색상이 들어간 칸에 숫자를 넣어 계산한다.

$$WACC = Wd \times Kd \times (1-t) + We \times Ke$$

Wd: 타인자본 비율, 　d: 타인자본 비용, 　t: 세율,

We: 자기자본 비율, 　Ke: 자기자본 비용

	수치	비고
미국 10년물 국채 금리	1.5%	시장 금리에 따라 변동
주식 프리미엄	5.0%	S&P PER의 역수와 무위험 이자율 고려
베타	1.00	변동성이 큰 주식이라면 1보다 커야 타당
자기자본 요구 수익률(Ke)	6.50%	1.5% + 1.00 × 5%

미국 10년물 국채 금리	1.5%	시장 금리에 따라 변동
애플 신용 등급	AA+	—
국채 대비 스프레드	0.25%	—
세전 타인자본 요구 수익률(Kd)	1.75%	1.5% + 0.25%
세후 타인자본 요구 수익률	1.39%	1.75% × (1-0.2): 20%는 법인세율

자기자본 비율(We)	76%	2030년까지 쌓이는 자기자본 가정
타인자본 비율(Wd)	24%	현재는 타인자본 비율이 78%: $WACC$를 낮추는 효과
$WACC$	5.3%	6.5% × 76% + 1.39% × 24%

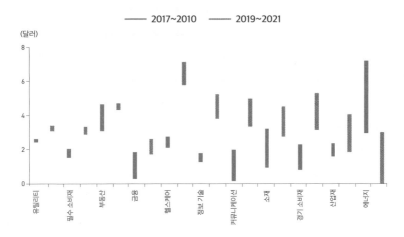

업종별 금융 위기 및 코로나19 시기 EPS 범위

―― 2017~2010   ―― 2019~2021

(달러)

자료: Factset, 필자 수정(2021년 상반기 기준)

현금흐름 할인법 적용의 예

세계에서 가장 시가총액이 큰 애플을 통해 현금흐름 할인법을 실제로 어떻게 사용할 수 있는지 알아보자. 밸류에이션 분석을 활용하기 위한 전제 조건으로는 추정치의 신뢰성이 중요하다. 미래에 대한 예측 가능성이 높아야 예상치를 활용해 의미 있는 적정 주가를 산출할 수 있기 때문이다. 애플이 포함된 정보 기술 업종은 2007~2010년, 2019~2021년 두 번의 위기를 겪은 기간의 주당 순이익 변동폭이 작았다. 어려운 동안에도 투자자에게 위안이 되는 실적을 냈다는 의미이다. 2020년 3월 분기까지는 영업 성과를 발표할 때마다 가이던스를 제시했고 미중 무역 분쟁이나 코로나19와 같은 외생 변수가 없는 기간에는 실제 수치가 분기 목표보다 양호했다. 지금은 가이던스를 제공하지 않지만, 정성적인 언급으로 방향성을 알 수 있게 해 주기 때문에 실적의 가시성이 높다고 할 만하다.

애플의 실적 가시성이 높은 근거는 2가지이다.

첫째, 우월한 브랜드가 안정적인 매출 성장으로 이어진다. 애플은 2020년 포브스, 인터브랜드 및 브랜드파이낸스의 브랜드 평가에서 각각 1위, 1위, 2위를 차지했다. 2006년부터 2020년까지 애플의 브랜드 가치는 22배 증가했는데, 이는 5배 성장한 마이크로소프트와 9배 확대된 구글에 비해서도 컸다.[12] 브랜드의 힘이 우월하다는 점은 자국 선호가 높기로 유명한 중국과 일본에서도 견조한 점유율을 유지한다는 사실에서 잘 드러난다. 중국에서 2014년까지만 해도 삼성전자가 애플에 비해 점유율이 높았지만, 이후 중국 기업들의 적극적인 시장 확대로 애플을 제외한 외국 기업의 존재는 미미해졌다. 가전 및 자동차 등의 기타 소비재 영역에서 타국 배제가 극심한 일본에서조차 애플은 60% 이상의 점유율로 압도적 1위를 달리고 있다. 브랜드가 독보적이다 보니 단가 하락이 필연적인 IT 하드웨어 업종에 속해 있는데도, 신제품을 낼 때마다 가격을 올리는 유일한 기업이다. 출하량이 정체돼도 매출이 늘 수 있는 배경이다. 여기에 15억 대 이상 깔린 애플 기기로 상대적으로 안정적인 서비스 부문의 비중도 상승하고 있다.

둘째, 구조적인 이익률 개선이다. iOS 사용자가 누적적으로 증가하면서 서비스 매출이 올라가는 추세인데, 서비스 이익률이 제품에 비해 높다. 서비스 비중은 2013년 9%에서 2020년 20%까지 상승했다. 서비스의 수익성이 제품 대비 우수하기 때문에 외형이 늘지 않는 경우라도 이익률이 개선될 여지가 있다. 미래의 매출 증가를 신뢰할 수 있고 수익성도 좋아질 가능성이 높다면 이익의 가시성을 높게 평가하는 시장 참여자들이 많아질 것이다.

손익계산서상의 이익과 현금이 불일치하는 위험이 있다는 점은 앞에서 밝혔다. 이익이 돈으로 전환되지 않으면 주주 입장에서 의미가 없다. 애플의 순이익 대비 잉여 현금흐름 비중은 2007년부터 2020년까지 평균 124%로 높다. 회사가 현금을 막대하게 창출해도 주주에게 돌려 주지 않고 유보만 한다면 밸류에이션의 활용도를 낮춘다. 주주에게 현금이 돌아간다고 가정하고 현재 가치로 바꾸는 과정을 거치는데, 돈을 벌어 기업 안에 쌓아 두면 현금흐름 할인법의 의미가 퇴색한다. 스티브 잡스Steve Jobs[32]에 이어 2012년에 애플의 최고 경영자가 된 팀 쿡Tim Cook[33]은 자사주 매입을 통해 영업으로 벌어들인 현금을 주주에게 환원하기 시작했다. 2013년부터 주당 순이익 증가율이 순이익 성장률을 앞서기 시작했고 2014년부터는 그 차이가 5%p 수준까지 벌어졌다. 자기 주식을 적극적으로 매입하기 때문에 자기자본 수익률ROE, Return on Equity[34]이 올라가면서

---

32 애플의 공동 창업주로, 스마트폰의 창시자로 대접받으며 오늘날의 모바일 시대를 상징하는 아이콘이다. 2011년 56세의 나이에 췌장암으로 사망했다

33 스티브 잡스에 이어 애플의 최고 경영자를 맡은 인물이다. 공급망에 관한 최고의 전문가로 인정받아 스티브 잡스의 후계자 자리에 올랐다.

34 자기자본을 통해 얼마나 효율적으로 순이익을 내는지를 나타내는 지표를 말한다. 당해 연도 순이익을 평균 자본으로 나눠 구한다. 같은 해의 순이익을 자기자본으로 나누는 방법도 사용하며 일관성만 있다면 문제가 없다고 인정된다.

할인율도 떨어뜨린다. 기업의 성과를 주주의 이익과 일치시키려고 노력하는 경영진의 노력은 현금흐름 할인법의 유용성을 키운다.

현금흐름을 추정하기 위해 매출에서 시작해야 한다. 매출을 예측하는 방법에는 여러 가지가 있다.[35] 애플처럼 제조와 서비스가 함께 있는 기업은 판매량과 단가, 활성 사용자수와 사용자당 평균 매출ARPU, Average Revenue Per User을 가정해서 매출을 추정하는 편이 좋다. 세계 시장 전체의 판매 대수를 잡아 두고 아이폰과 아이패드의 점유율을 합리적으로 예상해 출하량을 정하는 방법을 쓸 수 있다. 판매 단가 성장률은 과거 특정 기간의 평균 상승률과 비교하거나 물가 및 소비 지표 등을 감안해 추론해 본다. 애플의 활성 기기 대수가 사용자수와 같다고 인정하고 과거 사용자당 평균 매출을 기준으로 미래의 서비스 매출을 구하는 것이 합리적인 방법이 되겠다.

이익은 매출에 이익률을 곱하면 나오는데, 수익성을 결정하는 요소를 고려해 매출 총이익률과 판매 관리 비율을 가정하면 영업 이익이 산정된다. 영업 외 비용 비율과 법인세까지 감안하면 순이익이 계산된다. 애플은 서비스 비중이 늘어나기 때문에 매출 총이익률은 개선된다고 예상하고 애플카 등의 신사업에 대한 연구 개발비 집행이 늘어나는 점을 반영해 판매 관리 비율은 상승한다고 추정해도 무리가 없다. 법인세율은 정부의 정책을 고려해 가정해야 하는데, 미국 정부의 증세 기조를 반영한다면 실적을 보수적으로 예측하는 것이고, 아니라면 공격적으로 가는 셈이다. 이익을 현금

---

35 미주의 참고 도서 참고. 기회가 된다면 실적 추정 방법론에 대해 설명하는 기회를 가질 생각이다.

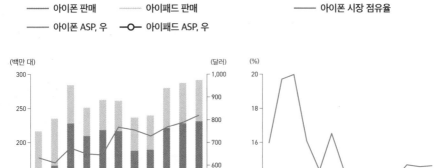

아이폰, 아이패드 판매 및 평균 단가와 아이폰 시장 점유율

―― 아이폰 판매   ···· 아이패드 판매   ―― 아이폰 시장 점유율
―― 아이폰 ASP, 우   ―O― 아이패드 ASP, 우

자료: Factset, 필자 수정(2021년 상반기 기준)

흐름으로 변환해 할인해서 더하고 차입금 및 비영업용 자산을 조
정하면 현금흐름 할인법으로 산출한 적정 가격이 나오게 된다. 애
플의 현금흐름 할인법은 3단계 모델을 썼고 영구 성장률은 1%로
가정했다.[36]

---

36 226쪽의 예시 참조

현금흐름 할인법 예시: 애플

GENERAL ASSUMPTIONS

Model type	3 stage
WACC	5.3%
Terminal growth	1.0%

BUILDUP

($ in millions, except per share data)	2015A	2016A	2017A	2018A	2019A	2020A	2021E	2022E	2023E	2024E	2025E	2026E	2027E	2028E	2029E	2030E
			Historicals				Projection period (quarterly)				Projection period (annual)					
EBIT	71,230	60,024	61,344	70,898	63,930	66,288	100,466	106,245	114,288	121,925	129,594	137,183	144,571	151,631	158,231	164,246
% growth		-15.7%	2.2%	15.6%	-9.8%	3.7%	51.6%	5.8%	7.6%	6.7%	6.3%	5.9%	5.4%	4.9%	4.4%	3.8%
Less : Income tax expense (20%)	19,121	15,685	15,738	13,372	10,481	9,680	15,689	20,575	23,447	25,014	26,587	28,144	29,660	31,108	32,463	33,697
Less : Capital expenditures	11,247	12,734	12,451	13,313	10,495	7,309	11,609	11,609	11,671	11,726	11,783	11,839	11,896	11,953	12,011	12,068
Less: Investments	343	297	329	721	624	1,524	1,524	1,524	1,524	1,524	1,524	1,524	1,524	1,524	1,524	1,524
Add: Depreciation and amortization	1,027	1,814	3,277	6,757	7,946	11,257	10,505	10,157	10,903	12,547	11,056	11,056	11,115	11,168	11,221	11,275
Add: Stock based compensation expense	879	1,168	1,740	2,253	2,863	3,586	4,210	4,840	5,340	6,068	6,829	7,590	8,351	9,112	9,873	10,634
Add: Change in working capitals	1,236	5,757	-299	6,478	7,047	11,647	484	-5,550	34,694	-3,488	5,690	6,975	5,079	5,283	4,920	4,920
Free Cash Flow to Firm	43,661	40,047	37,544	58,980	60,186	74,265	86,843	81,984	128,583	98,788	113,275	121,297	126,036	132,608	138,249	143,786
% growth	-8.3%	-8.3%	-6.3%	57.1%	2.0%	23.4%	16.9%	-5.6%	56.8%	-23.2%	14.7%	7.1%	3.9%	5.2%	4.3%	4.0%
PV CALCS - DEVELOPMENT PHASE																
Free cash flow present value							85,809	76,977	115,009	84,351	92,534	94,976	94,755	95,867	96,258	96,551
Discount factor							99%	94%	89%	85%	82%	78%	75%	72%	70%	67%
PV of FCFF						754,311										

VALUATION

Sum of free cash flow present value, 1	754,311		SHARES OUTSTANDING	
Terminal value, 2	3,378,295		Basic shares outstanding	16,550.57
Discount factor for terminal value, 3	65%		Current share price	$143.24
Present value of terminal value, 4 = 2 x 3	2,190,550			
Enterprise value, 5 = 1 + 4	2,944,861		Implied valuation	
Less: Net debt, 6	-519,745		EV/EBITDA to terminal value	19.2
Implied equity value, 5 + 6	3,464,606		EV/EBITDA to implied EV	16.8
Implied share price	$209.33		PER to implied equity value	19.3
Upside potential	46.1%		FCF yield to implied equity value	4.2%

자료: Factset, 필자 수정(2021년 상반기 기준)

PER과 EPS 증가율: PBR이 적합하지 않은 이유

밸류에이션의 기본 PER과 PBR

2000년대 초반 한국 주식을 분석하기 시작할 때 운용역 사이에 퍼진 현금흐름 할인법 무용론에 적잖이 놀랐었다. 이에는 몇 가지 이유가 있었다. 먼저, 현금흐름의 중요성에 대한 인식이 낮았다. 순이익으로 기록된다면 실제로 회사가 번 돈이라는 개념이 강했다. 현금흐름은 순이익에 비현금성 수익이나 비용을 가감하고 운전 자본 변화까지 감안해야 하기 때문에 복잡하다는 인식도 강했다. 우리나라 회사 특유의 영업 이익 중시 문화로 현금흐름에 가감되는 항목의 변동성이 커서 현금흐름은 불안정하며 추정하기 어렵다는 생각도 널리 퍼져 있었다. 마지막으로 현금흐름 할인법을 쓰는 데 반드시 들어가는 영구 성장률과 할인율을 안정적으로 적용할 수 있는 회사도 별로 없다는 불만도 팽배했다.

현금흐름 할인법으로 적정 가치를 산출하려면 간단한 가정을 통해서라도 미래의 현금흐름을 예측해야 한다. 장래의 현금흐름을 예상하기 위해 복잡한 단계가 필요하지는 않다. 다만, 내가 적용하려는 가정이 말이 되고 합리적인지는 판단할 수 있어야 한다. 미래의 현금흐름을 추정할 필요가 있는 현금흐름 할인법이 접근하기 어렵다고 느낀다면, PER과 PBR로 대표되는 상대 가치 밸류에이션 지표를 써서 적정 주가를 구하는 노력이라도 꼭 해야 한다. 자기가 도출한 주식 가격에 꼭 도달하는 것도 아니고 많이 미달하거나 초과하는 경우가 비일비재할 것이다. '굳이 왜 밸류에이션이라는 귀찮은 절차를 거쳤을까?' 하는 자괴감도 들 수 있다. 그럼에도 불구하고 여러 날의 고민과 연구를 통해 산 어떤 주식의 적절한 가치에 대한 기준점은 반드시 필요하다. 그것이 없다면 주가가 오르든 내리든 계속 불안함을 느끼고 이익은 빨리, 손실은 오래 가져가는 최악의 선택을 할 가능성이 높아진다.

PER을 결정하는 요소: 성장률과 할인율

밸류에이션을 살펴서 주식을 사야겠다고 결심하고 보통 처음 접하는 지표가 PER이다. 낮은 PER을 갖는 종목을 골라 사 두면 수익이 난다는 믿음도 크다. 1964년부터 1995년까지 뱅가드Vanguard[37]에서 펀드를 운용하면서 5,546%의 수익률을 올린 존 네프John Neff는 저 PER 전략의 신봉자다. 존 네프는 대담을 통해 자신의 철학을 밝혔다. 시장보다 낮은 PER에 거래되는 기업이 7%의 이익 증가율을 기록하면 대상이 될 수 있다. 경기에 민감해 일시적으로 PER이 낮아지거나 실적 변동성이 큰 기업은 선호하지 않았다. 자기 주식 매입과 배당의 주주 환원도 고려했는데, 배당 수익률이 높은 회사를 더 좋아했다. 성장에 지나치게 관심을 갖는 태도를 경계한다. 존 네프는 투자자들이 모든 초점을 성장에만 뒀던 시장의 예로 1960년 대의 니프티 피프티Nifty Fifty[38] 시대를 들었는데, 10년의 시간을 통해 결국 낮은 PER 주식이 우위였다는 점을 강조하기도 했다.

PER이 매력적인 종목을 대상으로 하는 전략은 PER을 통한 투자의 출발점이긴 하다. 그러나 PER을 이용할 때 무조건 낮은 PER의 기업을 고르는 방법은 바람직하지 않다. 당장의 이익을 기준으로 하면 PER이 낮아 보여 살 만하다고 느낄 수 있지만, 실적이 오히려 더 많이 감소하면 밸류에이션 트랩Valuation Trap[39]에 빠져 헤어나오지 못하는 경우가 생긴다.

PER을 적용할 때 밸류에이션 트랩에 빠지지 않기 위해서는 기업의 성장률과 자기자본 비용COE, Cost of Equity을 반드시 함께 고려해

---

37 지수 추종 펀드Index Fund를 고안한 존 보글John Bogle이 세운 자산 운용사를 말한다. 보수를 최소화하고 지수를 따르는 상품에 강점이 있다. 운용 자산이 7조 달러가 넘어 2위권을 지키고 있다.
38 니프티는 '솜씨 좋은', '훌륭한'이라는 뜻의 형용사로, S&P500 종목 중 시장의 관심이 50개 상위 기업에 집중됐던 시기를 말한다. 1973년 1차 오일 쇼크를 맞아 주가가 급락하면서 마무리됐다.
39 상대 밸류에이션 지표가 낮아 저평가됐다고 판단되지만, 미래에 대한 전망이 불투명하거나 변동성이 커서 할인율이 큰 상태가 유지돼 주가가 잘 오르지 않는 현상을 말한다.

야 한다. 산업의 미래가 매력적이어서 지금의 이익이 작아 PER이 높더라도 주도 업종으로 인정받는다면 실적 성장에 대한 전망이 절대 PER 수치보다 중요하다.

PER을 근거로 적정 주가를 계산하기 위해서는 일반적으로 순이익과 주식수를 예측해 주당 순이익을 구한 후 적절하다고 판단되는 PER을 곱해야 한다. 개인 투자자들이 직접 실적을 추정하는 수고까지는 들이지 않더라도 컨센서스는 찾아봐야 한다. 컨센서스를 활용하더라도 수치에 깔려 있는 가정에 대해 고민해야 한다. 예를 들어, 애널리스트들의 주당 순이익 예상치가 나오는 데 필요한 매출이 어떤지 조사해야 한다.

그 정도의 외형을 내는 데 요구되는 시장의 크기와 그에 따른 점유율에 대해 고민해 보고 컨센서스와 비교해서 올라가거나 내려갈 여력이 있는지 검토해 봐야 한다. 수익성을 결정하는 비용 구조도 확인해 봐야 한다. 수주가 중요한 건설이나 조선과 같은 수주 산업이라면 신규로 받는 수주, 잔고 및 잔고 회전 기간 등도 알아보는 것이 좋다.

과거 평균 또는 경쟁사와의 비교를 통해 목표 PER을 정하는 것이 보통인데, PER의 결정 요소에 대한 이해도 필요하다. 이익 증가율과 자기자본 비용은 PER을 이론적으로 유도할 때 포함되는 2개의 핵심 변수가 된다. 주주에게 배당이나 자사주를 얼마나 환원하는지도 변수 중 하나다.

이론 PER을 도출하면 PER의 높고 낮음을 결정하는 요소를 알 수 있다. 이론 PER은 배당 성장 모형을 바탕으로 표현된다. 현금흐

	1	2	3	4	5	...
EPS	10,000	10,500	11,025	11,576	12,155	
DPS	5,000	5,250	5,513	5,788	6,078	
현가 할인 계수	0.9091	0.8264	0.7513	0.6830	0.6209	
DPS 현재 가치	4,545	4,339	4,142	3,953	3,774	

름 할인법에서 기업이 향후에 벌어들이는 돈의 현가의 합을 적정 기업 가치로 정의했는데, 배당 성장 모형은 회사가 지급하는 배당을 현금흐름으로 간주한다. 주주가 받는 배당의 현재 가치의 합이 주식 가격이 된다는 개념이다.

매년 같은 금액의 주당 순이익을 내는 기업이 50%의 배당 성향을 가지고 해마다 5% 성장하면서 자기자본비용은 10%라고 가정해 보자. 배당을 영원히 지급한다고 하면 현금흐름은 위 표처럼 정리할 수 있다.

배당의 현재 가치는 무한등비수열의 합[40]인 10만 원으로 계산된다. 이를 일반화하고 주가로 치환하면 이론 PER은 다음과 같은 과정을 통해 식 (1)과 같이 표현할 수 있다.

---

40 다음 해의 주당 배당금 현가는 전년에 비해 4.5% 감소한다. 이는 전년도의 배당에 0.955를 곱한 것이 올해의 배당이 되는 셈이기 때문에 공비가 0.955인 무한등비수열이 된다. 공비의 절댓값이 1보다 작아 무한등비급수 공식인 초항/(1-공비)를 쓸 수 있다. 여기서 공비는 (1 + 성장률)/(1+자기자본 비용), 초항은 5,000원이다.

$$P = \frac{DPS1}{\left(1 - \left[\frac{1+g}{1+Ke}\right]\right)}$$

$$DPS1 : 초항, \quad \frac{1+g}{1+Ke} : 공비$$

$$P = \frac{EPS1 \times d}{\left(1 - \left[\frac{1+g}{1+Ke}\right]\right)}$$

$$P = \frac{EPS0 \times d}{Ke - g}$$

$$\frac{P}{EPS0} = \frac{d}{Ke - g}$$

$$PER = \frac{d}{Ke - g} \quad \cdots (1)$$

    미국 주식의 PER을 구할 때는 주가를 주당 순이익으로 나눠야 한다. 시가총액을 순이익으로 나눠도 되는데, 두 가치 측면에서 주가와 주당 순이익을 바탕으로 계산하는 습관을 들이기를 권한다. 미국에는 적극적으로 자사주를 사는 기업이 많기 때문에 주당 순이익 증가율이 순이익보다 큰 경우가 많다. 같은 PER을 유지한다면 시가총액이 늘어나는 속도보다 주가가 더 빠르게 오른다는 의미이다. 미국의 상장 회사들은 분기 실적을 발표할 때 주당 순이익을 주요 지표로 알린다. 순이익을 찾아보려면 재무제표를 자세히 살펴봐야 하지만, 주당 순이익은 대부분의 보도 자료를 통해 알 수 있다. 종목을 제대로 분석하려면 재무제표를 반드시 검토해야 하지만, 분기마다 빠르게 실적을 확인하면서 PER을 알아보려면 주당 순이익을 쓰는 게 훨씬 효율적이다.

PBR을 결정하는 요소: 자기자본 수익률과 할인율

미래의 이익에 대한 추정은 불확실하고 변동성에 노출된다고 믿는 투자자라면 PBR에 눈을 돌리게 된다. 기업의 재무상태표에 기록된 순자산 가치가 언제나 시장에서 거래되고 있는 시가총액에 올바르게 반영된다면 PBR만큼 잘 맞는 상대 밸류에이션 지표도 없을 것이다. 기업이 속해 있는 산업이나 회사 고유의 특징에 따라 장부상의 순자산이 이익으로 연결되는 정도가 다르다는 사실이 PBR의 바른 이해를 어렵게 만든다.

유형 자산이 많이 필요하고 설비 투자를 통해 실적의 영속성을 추구하는 철강, 화학 및 기타 소재 회사들이라면 자산의 규모에 비해 이익이 적게 날 수밖에 없다. 돈을 벌기 위해 사무실, 컴퓨터 및 집기류 그리고 훌륭한 인재만 있으면 되는 소프트웨어 기업이라면 내재돼 있는 무형적인 경쟁력이 재무제표에 잡히지 않기 때문에 장부 가치에 비해 영업 성과가 좋을 수밖에 없다. 이것이 바로 PBR을 활용할 때 자기자본 수익률, 성장률과 자기자본 비용을 동시에 감안해야 하는 이유이다.

PER과 마찬가지로, PBR을 통한 적정 주가 산출은 역사적 평균 또는 동종 업계 비교의 과정을 거쳐 적합한 PBR을 찾는 데서 시작한다. 손익계산서상의 이익에 비해 재무상태표의 자본은 변동성이 낮기 때문에 주당 순자산을 정확히 예측하려는 노력은 별로 들일 필요가 없다. PER을 이론적으로 이끌어 내는 절차와 유사하게 PBR도 표현할 수 있다. 배당 성장 모형으로 구한 이론 PER 식 (1)

$$PER = \frac{d}{Ke-g} \cdots (1)$$

d: 배당 성향　　Ke: 자기자본 비용　　g: 증가율

에서 다시 시작해 보자.

주가는 PER에 주당 순이익을 곱해서 구하기 때문에 다음 식이

$$\frac{d}{Ke-g} \times EPS = BPS \times PBR$$

EPS: 주당 순이익

$$PBR = \frac{d}{Ke-g} \times \frac{EPS}{BPS}$$

BPS: 주당 순자산

성립한다.

자기자본 수익률은 EPS를 BPS로 나누고 주당 순이익 증가율은 자기자본 수익률에 유보율을 곱해 산정할 수 있으므로 PBR과 자기자본 수익률, 자기자본 비용과의 관계가 식 (2)로 정리된다.

$$PBR = \frac{d}{Ke - g} \times ROE$$

$$g = ROE \times (1-d) \rightarrow d = 1 - \frac{g}{ROE}$$

ROE: 자기자본 수익률

$$PBR = \frac{1 - \frac{g}{ROE}}{Ke - g} \times ROE$$

$$PBR = \frac{ROE - g}{Ke - g} \quad \cdots (2)$$

식 (2)에 따르면, 자기자본 수익률이 높고 자기자본 비용이 낮을 수록 PBR이 높아진다. PBR은 낮은데 자기자본을 효율적으로 쓰지 못하거나 이익의 안정성이 떨어져 자기자본비용이 높게 유지되면 해당 기업이 재평가를 받기 어렵다.

미국 주식에서는 PBR보다는 PER

필자는 1995년에 고등학교 3학년이었는데, 1인당 국민소득 1만 달러를 달성했다는 뉴스에 뿌듯했던 기억이 있다. 1996년에는 대학 신입생으로 1년간의 자유를 만끽했다. 같은 해 12월에 대한민국이 경제협력개발기구의 29번째 정회원국이 됐다는 소식에 선진국 국민으로서의 기분도 느꼈던 듯하다. 우쭐했던 마음은 정확히 1년

만에 산산조각 났다. 1997년 11월 21일은 우리나라 경제에 씻기 어려운 오점을 남긴 날이다. 정부가 갖고 있는 달러가 부족해 돈을 못 갚는 일이 벌어져 국제통화기금에 구제 금융을 신청하기로 했다. 경제가 여전히 강하다고 알고 있던 국민들에게는 갑작스럽고 당혹스러운 일이었다. 11월 22일 김영삼 대통령은 담화문을 발표했고 다음날 바로 IMF의 실무 협의단이 입국했다. 11월 26일에는 IMF의 대표단이 들어와 본격적인 협상을 벌였다. 12월 3일에 IMF와 한국 정부 간에 합의가 이뤄져 국제통화기금, 국제부흥개발은행 및 아시아개발은행ADB, Asian Development Bank[41]등에서 총 550억 달러를 지원받기로 했다.

어쩌다가 아시아의 4마리 용으로 불렸던 한국이 외환 위기에 빠졌을까? 다양한 원인이 제시됐다. 첫째, 인위적인 원화 강세 유도였다. 달러로 계산되는 국내 총생산 규모를 유지하려는 의도가 있었다. 경제 체력에 비해 원달러 환율이 낮다 보니 수출 경쟁력은 약화되고 수입품 가격은 매력적이 됐다. 1996년 경상수지 적자가 240억 달러를 초과하면서 역대 최대를 기록했고 외환 보유고는 200억 달러 초반까지 줄어들었다.[13] 둘째, 단기적으로 자금을 조달해 장기 자산에 투자한 기업의 행태였다. 정부의 지원을 통해 확장해 왔던 재벌은 문제가 생겨도 쉽게 해결될 것이라고 생각했다. 재무 구조가 지속적으로 악화됐는데도 수익성이 없는 곳에 돈을 넣으며 문

---

41 일본이 주도해 1966년에 만든 아시아 지역 개발을 위해 만든 국제 기구를 말한다. 일본이 15.7%로 가장 높은 지분을 갖고 있고 미국이 15.6%로 그 뒤를 잇고 있다. 최대 출자국인 일본이 설립 이후 총재를 계속 맡고 있다.

제를 키웠다.

대가는 혹독했다. 외국인 투자를 유인하기 위한 살인적인 고금리 정책이 시행됐다. 3개월 단기 금리가 25%를 넘기도 했고 시중 은행의 금리가 29.5%까지 올라갔다. 이자 비용이 급증할 수밖에 없는 시절이 되면서 회사의 생사가 부채 비율에 좌우됐다. 당시 200% 기준을 맞추지 못하는 기업은 살아남기 어려웠다. 고금리와 맞물려 효율적인 자금 조달을 위한 적정 부채 비율에 대한 논의는 금기로 여겨졌다. 구조 조정은 자연스럽게 노동 시장 유연화로 연결됐고 수많은 가장이 직장을 잃었다. 실업률이 치솟는데도 긴축 재정이 시행돼 국민의 괴로움은 가중됐다.

자본의 규모가 기업의 우수성을 나타내지 않는다

당시에 금과옥조로 여겨지던 부채 비율 200%를 시가총액 기준 S&P500 상위 10개 기업에 적용하면 몇 개나 평가를 통과할까? 2021년 회계연도 기준으로 7개만 부채 비율이 200% 미만이다. 전 세계 시가총액 1위 기업이며 10억 대 이상의 자사 제품을 깔아 둬서 서비스 영역까지 장악하고 있는 애플의 부채 비율이 450%가 넘는다. S&P500 전체 부채 비율이 350%가 넘을 정도다. 미국, 아니 세계에서 가장 질이 좋은 기업들의 부채 비율이 이 정도로 높다는 사실을 알려 주면 적잖이 놀라는 사람들이 많다.

성장에 필요한 자본을 사업으로 창출하지 못하고 남의 돈을 많이 빌려서 S&P500에 포함된 종목의 부채 비율이 높은 것이 아니다. S&P500의 순이익률은 13%로 코스피에 비해 4%p 높고 매출액 대비 잉여 현금흐름의 비율은 11%를 나타내 5%p 높다. 주당 순이익 성장률도 2021년까지 과거 5년 동안 연평균 12%로 견조하다. 높은 부채 비율은 미국식 자본주의가 중요하게 생각하는 적극적인 주주 환원 덕분이다. 배당을 충분히 지급하고 자기 주식을 매입해 소각하면 자본의 규모가 줄어든다. 이익을 회사 내부에 유보하는 대신에 발생한 잉여 현금흐름을 대부분 주주에게 돌려 준다. 자본의 성장이 억제되면서 이익은 늘어나기 때문에 자기자본 수익률이 높게 유지된다. 2021년 기준으로 배당금과 자사주 매입 금액을 합친 S&P500 전체 기업의 주주 환원 수익률은 3.6%로, 미국 국채 수익률에 비해 매력적이다. 지난 20년 평균은 4.8%로, 지금의 주주 환원 비율에 비해 높지만, 같은 기간 미국 10년물 국채 금리가 6.5%에서 2%선까지 지속적으로 하락했던 점을 감안하면 지금이 더 매력적인 수준이다.

애플, 마이크로소프트, 알파벳, 메타 플랫폼스의 4대 주요 기술 기업은 2016년부터 본격적으로 자기 주식을 사서 소각하기 시작했다.

애플 2016년에 297억 달러의 자사주를 샀다. 시가총액 대비 5%에 이른다. 2021년의 자기 주식 매입 규모는 860억 달러로 2.9배 늘었고 자사주 수익률도 3.6%로 양호했다. 2016년부터 2021년까지 매입 규모가 3,605억 달러에 이른다. 같은 기간 순이익은 2.1배 증가했고 총 순이익은 3,607억 달러였다. 자기자본은 1,282억 달러에서 631억 달러로 반토막 났다. 문제가 있는 회사라는 뜻이 아니다. 자본이 적어도 충분히 효율적으로 이익을 낼 수 있을 정도로 튼튼하다는 의미이다. 자기자본 수익률이 무려 150%이다.

마이크로소프트 2016년에 159억 달러의 자사주를 매입했다. 시가총액의 4% 수준이었다. 2021년에는 자기 주식을 274억 달러 샀고 자사주 수익률은 1.3%였다. 과거 5년 동안 매수한 자기 주식 규모는 1,084억 달러였다. 같은 기간 순이익은 2,203억 달러였다. 자기자본은 720억 달러에서 1,420억 달러로 늘었지만, 순이익 증가에 비해서는 확대 폭이 작았다. 2021년 회계연도 자기자본 수익률은 43%였다.

알파벳 2016년에 37억 달러의 자기 주식을 샀고 이는 시가총액의 0.7%에 그쳤다. 2018년부터 자사주 매입 규모를 매년 거의 2배씩 늘려갔다. 2021년에는 총 503억 달러의 자기 주식을 매수했다. 5년 만에 13배 폭증했고 자사주 수익률도 2.6%까지 올랐다. 2021년까지의 전체 자기 주식 매입 금액은 1,174억 달러, 순이익은 2,279억 달러였다. 자기자본은 순이익의 절반인 1,125억 달러만 늘었고 실적은 강력하게 유지된 덕분에 자기자본 수익률은 17%에서 30%까지 대폭 개선됐다.

메타 플랫폼스 2017년에 처음으로 20억 달러의 자기 주식을 매수했다. 시가총액의 0.4%에 불과했지만, 2021년에는 자사주 매입 금액을 445억 달러까지 22배 확대했다. 자사주 수익률이 4.8%

애플, 마이크로소프트, 알파벳, 메타 플랫폼스 자사주 매입 규모

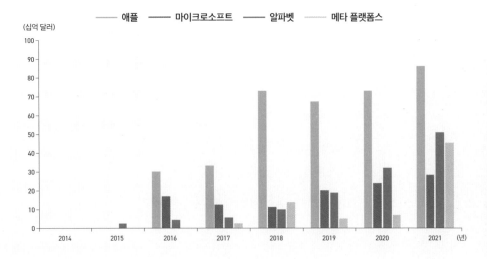

주: 각 기업 회계연도 기준
자료: Factset

에 달했다. 2017년부터 2021년까지 자기 주식을 698억 달러를 샀다. 순이익 1,374억 달러의 절반 수준이다. 자기자본은 순이익 증가분의 40%만 늘었다. 자기자본 수익률도 21%에서 32%로 향상됐다.

자본이 회사의 규모에 비해 월등히 작기 때문에 미국 기업의 PBR은 평소에 흔히 접하면서 적절하다고 생각하는 수준에 비해 훨씬 높다. 애플은 자기자본 수익률이 150%에 이르지만, PBR도 40배가 넘는다. 이론적으로 PBR을 계산하는 일반적인 방식에 따르면,

2.5% 무위험 이자율과 5%의 주식 위험 할증을 가정할 때 10%의 자기자본 수익률은 1.5배의 PBR 정도로 치환된다. 이를 애플에 적용하면 적정 PBR은 22배 수준에 불과하다.

시가총액이 두 번째로 큰 마이크로소프트도 이와 비슷하다. PBR은 24배 정도인데, 자기자본 수익률은 40%이다. 애플과 같은 방식을 적용하면 PBR이 6배 정도로밖에 계산되지 않는다. 이런 예는 무수히 많다. 이것이 바로 필자가 상대 밸류에이션 방법 중 PBR보다 PER을 미국 주식의 적정 가치를 도출하는 데 써야 한다고 믿는 이유이다.

미국 증시에 상장된 대형 우량주의 자본이 마이너스라는 사실까지 확인하게 되면 PBR보다 PER이 밸류에이션 방법으로 더 적절하다는 생각이 강화된다. 한국의 스타벅스 지점은 2021년 말 기준으로 1,600곳이 넘는다. 우리나라의 경제 규모는 미국의 13분의 1, 중국의 9분의 1인 반면, 매장 수는 미국의 10분의 1, 중국의 4분의 1이 넘을 정도로 많다.

독자들 중 스타벅스를 모르는 사람은 아마도 없지 않을까 싶다. 놀라운 점은 명실상부한 세계 1위 커피 판매 기업인 스타벅스의 자기자본 숫자이다. -85억 달러라는 자기자본이 찍혀 있는 재무상태표라면 보통 곧 망할 기업이라고 생각할지도 모른다. 그런데 스타벅스는 시가총액 대비 2% 수준의 배당을 지급하며 자사주도 사고 있다. PBR이 높아도 자기자본 수익률이 대응하는 만큼 좋아서 PBR을 쓰겠다고 마음먹어도 자본 자체가 음수이면 자기자본 수익률이 마이너스로 나오기 때문에 아예 적용이 불가능하다.

미국 S&P500 상위 10개 기업 PBR 및 ROE

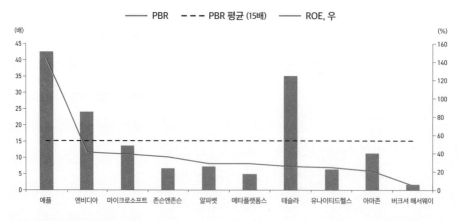

주: 2022년 3월 기준
자료: Factset

자기자본이 음수인 주요 기업의 배당 수익률

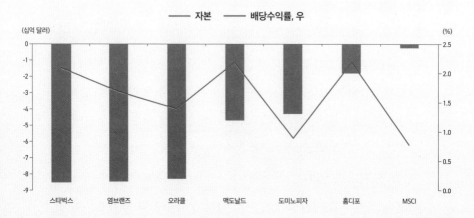

주: 2021년 회계연도 기준
자료: Factset

스타벅스 외에 자본이 음수인 기업은 많다. 1977년에 설립된 기업용 데이터베이스 시장의 확실한 과점 기업인 오라클의 자본도 -82억 달러이다. 배당금을 주고 자기 주식도 당연히 매입하고 있다. 패스트푸드 햄버거 체인의 대명사 맥도날드, 피자 시켜먹을 때 한 번쯤 떠올리는 도미노피자 그리고 주식을 하는 사람이라면 수도 없이 들었을 MSCI의 자본도 마이너스이다.

PBR은 언제 써야 할까?

미국 기업의 목표 주가를 구하는 밸류에이션 과정에서 PBR의 유용성이 떨어지기는 하지만, 항상 PBR을 배제해서는 곤란하다. 사업을 영위하기 위해 고정 설비가 필요한 에너지나 소재 업종 기업, 자본력이 영업의 근본이 되는 금융 회사에는 PBR을 써도 무방하다.

에너지 원유 및 천연가스 탐사와 생산E&P, Exploration & Production 및 정유 등의 후처리Downstream를 사업 영역으로 갖고 있는 대형 에너지 업체인 엑손 모빌과 셰브론이 전체 시가총액에서 40%를 차지한다. 지금은 두 회사의 시가총액이 비슷하지만, 과거에는 엑손 모빌이 50% 이상 컸다. 엑손 모빌을 대표 종목으로 삼아도 무리가 없다. 엑손 모빌의 이론 PBR을 근간으로 한 가격과 실제 주가의 상관 관계가 0.4 이상으로 산출된다. 2008년 이후 평균 PBR은 2.2배, 자기자본 수익률은 15%이다. 10% 자기자본 수익률이 1.5배의 PBR에 대응된다는 일반적인 관계에 잘 들어맞는다. 전기차 확대와 기타 신재생 에너지 공급 증가로 화석 에너지 수요가 줄어 PBR과 자기자본 수익률이 지난 14년 동안 꾸준히 하락해 왔다.

소재 우리나라와 달리 미국의 소재 업종에서 가장 많은 숫자를 차지하는 기업군은 '건설 자재'이다. 미국의 건설 자재 업체는 석재, 목재 및 화학 제품 등으로 다양해 특정한 기업을 고르기 어렵다. 좀 더 쉽게 이해하기 위해 S&P500에 포함돼 있는 전기로[42] 기반 철강 회사인 뉴코를 예로 들어 보자. 뉴코의 이론 PBR 가격은 실제 주가와 높은 연관성을 보였다. 2008년 이후 PBR 평균치는 1.9배, 자기자본 수익률은 11%이다. 10% 자기자본 수익률과 1.5배의 PBR 관계에 비해 소폭 높은 PBR을 보였다. 2021년 미국 내 철강 수요가 급증하면서 자기자본 수익률이 48%까지 상승했고 PBR이 역사상 최고치까지 상승하며 주가도 크게 올랐다.

금융 은행은 건전성이 중요하기 때문에 각국의 금융 감독 기관은 다양한 업종 지표를 규제한다. 자산 대비 자본 비율 등이 영업을 위해 긴요하므로 PBR과 자기자본 수익률의 관계를 통해 적정 주가를 구하는 방법이 합리적인 경우가 많다. 1913년 연방

---

42 전기가 발생시키는 열로 고철을 녹여 철강 제품을 생산하는 방식을 말한다. 철광석을 직접 녹여 사용하는 고로에 비해 효율은 낮지만, 환경에는 유리하다고 알려져 있다. 일반적으로 전기로는 봉형강, 고로는 판재류를 주로 생산한다.

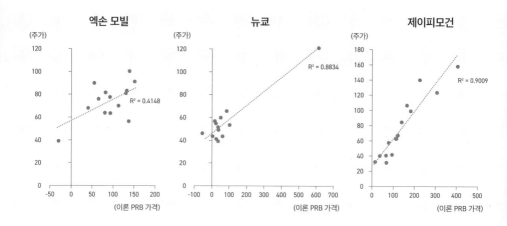

엑손모빌, 뉴코 및 제이피모건 실제 주가와 이론 PBR 가격 비교

주: 이론 PBR 가격은 당해연도 자기자본 수익률. 주식 위험 할증 및 1% 영구 성장률로 계산한 PBR에 주간 순자산을 곱해서 계산

자료: Factset

준비제도가 설립되기 전에 1907년의 미국 경제 침체[43]를 막아 냈던 제이피모건을 대표 금융 종목으로 삼아도 전혀 무리가 없다. 제이피모건의 이론 PBR 가격과 실제 주식 가격은 결정계수가 0.9를 넘을 정도로 PBR의 설명력이 높았다. 2008년 이후 평균 PBR은 1.2배이고 자기자본 수익률은 10%였다. 2021년 자기자본 수익률은 17%로 2008년 이후 가장 높았는데, 2020년에 잡은 충당금이 환입된 효과가 컸다.

---

43 다우존스 지수가 50% 가까이 폭락했고 예금 인출 사태가 발생했다. 중앙은행이 없는 상태에서 제이피모건이 위기를 해결했고 연방준비제도가 만들어지는 계기가 됐다.

PART 4

성장주 밸류에이션
방법과 투자 전략

"매혹적인 이야기가 가득한 위대한 기업은

정말 비싸게 거래될 수 있다."

"Even a great company can be priced too high if there's a lot of glamour attached to it."

— 필립 피셔*Philip Fisher*

대한민국에서 주식에 투자하는 사람이라면 1992년 1월 3일이라는 날짜는 기억해 둘 필요가 있다. 우리나라의 주식 시장이 개방되면서 외국인이 한국 주식을 살 수 있게 된 날이기 때문이다. 뉴스와 소문에 기반을 둔 '묻지마 투자'가 횡행하던 증시가 기술적 분석[1]으로 한 단계 진화한 후 기본적 분석[2]을 받아들이게 된 계기가 됐다. IMF 외환 위기가 한국에는 엄청난 시련이었고 주식 시장을 완벽하게 무너뜨렸지만, 가치 투자라는 개념을 사람들이 받아들이게 하는 계기가 되기도 했다. 외국인들이 본격적으로 유입되면서 밸류에이션과 실적이나 자산에 비해 저평가된 기업을 발굴하는 방식이 조명됐다. 이는 2001년에 나타났던 롯데칠성, 태평양 등과 같은 만년 저평가 우량주가 급등했던 원인[1]이었다.

---

1 주가와 거래량을 표시하는 차트Chart를 통해 미래의 주식 시장 움직임을 예측하려는 기법을 말한다.
2 기업의 재무제표 및 기타 미래의 이익을 결정하는 요소를 분석해 개별 종목의 주가를 설정하려는 방법을 말한다.

롯데칠성 청량음료 제조 판매를 위주로 하던 회사로, 칠성사이다가 매출에서 가장 높은 비중을 차지하고 있었다. 당시에 새롭게 출시됐던 '2프로 부족할 때'가 선풍적인 인기를 끌면서 2000년 매출이 36% 급증했다. 2001년까지 실적이 지속적으로 견조하면서 2000년 6만 원 부근이었던 주가는 2년간 10배 가까이 폭등했다.

아모레퍼시픽(구 태평양) 2017년 이후부터 어려움을 겪고 있지만, 아모레퍼시픽은 과거부터 고급 브랜드로 유명했다. 2000년에는 백화점 화장품 매출 1위를 기록하기도 했다. 1999년에 외형이 3% 줄었지만, 2000년에 다시 16% 증가하고 2001년에는 성장세가 확대됐다. 2001년 2만 원대에 있던 주식 가격이 13만 원을 넘기면서 괄목할 만한 급등세를 보였다.

롯데칠성과 태평양이라는 이름을 듣고 성장주를 떠올리기는 쉽지 않다. 전형적인 내수 업체라서 성장에 대한 기대를 갖기 어렵기 때문이다. 성장주라고 분류되는 기업도 밸류에이션 과정이 필요한 경우가 있다는 사실을 잘 보여 주는 사례다. 성장주는 아주 먼 미래의 변화를 담보로 지금의 주가를 정당화하는 주식이라고만 생각하면 곤란하다. 향후 2~3년의 실적이 완연한 증가세를 보여 줄 수 있다고 믿으면 주가를 위로 끌어올릴 수 있는 것이다.

필립 피셔의 아들인 켄 피셔Ken Fisher는 그의 저서 『역발상 주식투자Beat The Crowd』에서 '시장은 먼 훗날에도 관심이 없고 당장 닥칠

일에도 관심이 없다. 시장은 3~30개월 뒤를 내다보며 특히 12~18 개월 뒤를 주목한다'라고 했다. 곧 닥칠 미래에 이익이 얼마나 증가할 것인지에 대한 시장 참여자들의 판단이 특정한 업종이나 종목을 성장주로 간주하는 중요한 요인이라는 것을 절묘하게 간파한 말이다.

성장주에 대한
고정 관념을 버리자

2022년 상반기에 벌어진 일

왜 이렇게 곡소리가 났던 걸까?

나스닥은 2021년 11월부터 30%, S&P500은 2022년 1월부터 20% 정도 하락하면서 50% 내외로 급락한 후 회복에 오랜 시간이 걸리는 대세 폭락장에 대한 걱정이 많이 들린다. 나쁜 쪽으로 '이번에는 다르다'라는 말이 뉴스에 계속 회자되기도 했다. 주식 시장은 기업의 주가 움직임에 따라 결정되고 개별 종목의 주식 가격은 펀더멘탈이 결정한다는 믿음을 갖고 있던 사람들도 많이 힘들어하던 시기였다. 모든 관심이 중앙은행의 통화 정책과 경제 지표 그리고 지정학적 변동성에 집중돼 있었다. 2021년 12월까지만 해도 연방준비제도 연방공개시장위원회의 2022년 금리 인상 횟수 예상은 0.25%p씩 2~3회에 불과했다. 2022년 6월 현재, 기준 금리는 벌써 1.25%p 인상됐다. 7월 연방공개시장위원회에서도 추가로 0.75%p 올릴 전망이다. 시장에서는 연말이 되면 기준 금리가 3~3.5%에 도달할 것으로 예상하고 있다. 겨우 6개월 만에 긴축의 강도가 훨씬 세지면서 시장이 흔들릴 수밖에 없었다. 개인이나 기관을 막론하고 투자자들이 이번 조정장에서 특히 어려움을 느꼈던 이유는 2가지였다.

첫째, 생각보다 오래 지속되는 약세 기간이다. 나스닥은 8개월, S&P500 기준으로는 6개월 가까이 시원한 반등이 나오지 않고 있다. 이 정도로 지속되는 하락 구간은 역사에서 빈번하게 나타났지만, 2008년 이후로는 한 번도 목도한 적이 없다.

유럽 재정 위기 리먼 브라더스 파산 이후 경제가 회복되는 과정에서 그리스에서 시작된 유럽의 재정 위기가 주가를 끌어내렸다. S&P500은 2010년 4월에 고점을 치고 7월과 8월에 쌍바닥을 찍은 후 상승세로 전환했다. 8월의 두 번째 저점은 첫 번째에 비해 높아 주가의 오름세를 뒷받침했다. 8월을 하락기의 마지막으로 보더라도 총 4개월 동안 빠진 셈이다. 나스닥도 변동폭은 달랐지만, S&P500과 같은 기간 조정기를 겪었다.

미국 신용 등급 강등 부채 한도 협상 타결에도 불구하고 장기적인 재정 적자에 대한 우려로 2011년 8월 미국이 AAA 등급을 잃었다. 나스닥은 고점을 치고 2011년 7월에 떨어지기 시작해 8, 9, 11월에 4중 바닥을 만들었다. 8, 9월의 3중 바닥은 저점이 비슷했지만, 낮아지지는 않아서 지지대로 작용했다. 2011년 7월부터 11월의 일시적인 조정이 나타났던 기간은 5개월에 그쳤다. 8, 9, 11월의 저점은 2010년에 가장 낮았던 지수에 비해 20% 높았다.

2014년 9월~2016년 2월 동안의 유가 급락과 중국 미니 불황 S&P 500의 하락률은 다른 때에 비해 크지 않았지만, 18개월 사이에 조정이 3번이나 왔다. 기간은 짧았다. 2014년 9월부터 1개월, 2015년 7월부터 2개월, 2015년 11월부터 3개월간 10% 내외로 지수가 내렸다. 3회의 주가 하향기에 S&P500은 1,900 근처에서 6번의 저점을 만들었다. 길게 보면 2년 가까이 기간 조정이 있었다고 평가할 수도 있지만, 최대로 많이 빠진 범위가 2022년 상반기와는 비교하기 어렵다.

2018년 양적 긴축과 무역 분쟁 2017년에 시작된 연방준비제도의 양적 긴축과 금리 인상이 경기에 충격을 줄지도 모른다는 우려로 2018년 1월에 한 달간의 짧고 약한 조정이 왔다. 2018년 7월에 중국에 대한 초과 관세 부과가 무역 분쟁의 악화로 받아들여지면서 2018년 4분기 S&P500이 20% 급락하는 2022년 상반기와 유사한 수준의 약세장이 왔다. 기간이 3개월에 그쳤다는 점이 이번과는 달랐다. 하락률로는 비슷했지만, 빨리 지나갔기 때문에 아픔이 덜했다고 느끼는 것이다.

2020년 코로나19 미증유의 전염병이 경제 봉쇄로 이어지면서 S&P500은 30% 이상 폭락했다. 하루에 10% 오르고 내리는 변동성에 더해 한국 시장이 열린 사이의 미국 증시 선물이 하한가에 진입하기도 하는 등 생각하기도 싫은 급락이었다. 그런데 만나는 투자자마다 이때보다 2022년 상반기가 더 어려웠다고 이야기한다. 2020년은 1개월 만에 빠르게 매를 맞고 즉각적으로 시장이 반등했기 때문에 지금이 더 힘들게 느껴질 뿐이다. 이번 상반기를 견디기 어려워하는 사람은 2020년 2월에도 2022년 상반기 못지않게 괴로워했을 가능성이 크다.

둘째, 2021년 2월부터 시작됐던 적자 또는 높은 PER 성장주의 주가 부진이다. 나스닥은 11월까지 신고가를 경신하며 강세를 나타냈지만, 장기적인 미래의 혁신을 이끈다고 주장하는 종목들이 먼저 빠지고 있었다. 코로나19 이후 언택트만이 살 길이라는 생각이 횡행해 많은 투자자의 포트폴리오가 초고속 성장주로 쏠렸다. 시장은 견조한데 자기가 주력으로 삼고 있는 주식만 약세를 시현하므로 주식을 들고 기다린 사람들이 많았다. 그런데 나스닥이 결국 11월부터 꺾이면서 아크 혁신류의 주식들은 더 빠르게 하강하고 말았다. 시장이 하락한 정도에 비해 떨어진 정도가 매우 커서 고통이

배가됐다.

성장주를 포기하지는 말자

잘 버티던 대형 정보 기술, 커뮤니케이션 및 경기 소비재 주식이 2022년 4월부터 저조한 시장을 이기지 못하고 동반 하락하면서 성장주를 끝까지 잡고 있던 투자자들이 희망의 끈을 놓고 있다는 느낌을 받고 있다. 경기 침체가 오면 소비가 축소되면서 기업 실적이 깨진다는 우려가 작용하고 있다. 워렌 버핏의 "물이 빠져야 수영장에서 옷을 벗고 있는 사람을 찾을 수 있다You only find out who is swimming naked when the tide goes out"라는 말이 퍼지면서 그 동안 주가 상승을 누렸던 기업들의 근간이 약하다는 의견이 다수로 부상하기도 했다. 물가 상승률이 높고 연방준비제도의 긴축이 당분간 지속될 수밖에 없어 성장주에 대한 관심이 빠르게 회복되기는 어려울 수 있다. 하지만 주식은 성장에 대한 기대를 먹고 산다는 점을 잊어서는 안 된다고 강조하고 싶다. 2부에서 밝혔듯이 2022년 상반기에 투자자들이 목도했던 부진한 증시는 복원되는 데 오랜 시간이 걸렸던 1929년, 1973년, 2001년 그리고 2008년과는 다르다고 믿는다. 이번 조정에서 성장주가 더 큰 피해를 봤기 때문에 주식 시장이 복구되는 과정에서의 탄력은 더 클 것이다.

성장주로 분류되는 기업들은 미래의 꿈을 지금의 주가가 투영하므로 매출의 지속적인 증가를 위해 꾸준히 투자해야 한다. 투자가 단행된다는 의미는 경제와 주식 시장이 모두 좋다는 것이고 돈을 쓰다 보면 관성이 생겨 꼭 필요한 양보다 많이 넣게 되기도 한다.

이 과정이 극에 달하면 1929년과 같은 공황이 오거나 2001년처럼 버블이 붕괴된다. 2020년에 터진 전염병이 디지털을 받아들이는 속도를 가속화하면서 비대면 경제와 관련된 기업이 우후죽순처럼 생겼고 주가가 오르고 실적도 좋았다. 과거에 봤던 대로라면 제대로 주기를 탔다고 느낀 경영자들이 투자를 급격하게 늘렸어야 맞다. 2000년 IT 버블이 터지기 전에는 매출액 대비 설비 투자 비율 Capex-to Sales Ratio[3]이 7.5%를 초과했다.[2] 이 비율은 불황이 닥치면서 하락하기 시작해 2004년에 4% 중반에서 바닥을 찍었다. 매출액 대비 설비 투자 비율은 세계 금융 위기 직전까지 다시 6% 근처까지 상승했다. 매출액 대비 설비 투자 비율이 다시 오르기 시작했던 시기는 2010년이었고 2014~2016년의 어려운 시기를 겪으며 지금까지 떨어지고 있다. 많은 성장주의 주가는 이미 급격하게 빠졌는데, 지금의 비율은 5% 내외로, 과잉과는 거리가 멀다.

2000년부터 2002년까지 나스닥이 78% 급락하며 대공황 이후 최대의 약세장을 시현했다. 5,000이 넘던 지수가 1,000을 살짝 넘는 수준까지 2년간 하락했으므로 이 시기의 괴로움은 주가 모양만 보고 있어도 느껴진다. 통상적인 50% 폭락은 고점 이후 1년이 지난 2000년 말에 만들어졌다. 2001년 1월 10% 정도의 반등이 나오기도 했다. 여기서 결정타를 먹인 사건이 3부에서 살펴본 엔론의 분식 회계였다. 기업들의 손익과 재무 상태에 대한 신뢰가 깨지면

---

3 절대적인 설비 투자의 규모에 비해 유용하다고 평가된다. 매출액은 50% 늘었는데 설비 투자는 30% 늘어난 회사와 외형은 10% 확대되고 투자는 20% 늘린 기업을 비교하면, 전자의 효율이 더 많이 개선되고 있다고 생각할 수 있다.

서 추가로 50%가 떨어졌다. 이익은 분식하기 쉽고 현금은 어렵기 때문에 회사들의 현금흐름이 손익과 똑같은 방향으로 움직이면서 개선되면 분식 회계의 위험성은 크게 줄어든다. 미국 기업들의 순이익 대비 잉여 현금흐름은 위기 직전에 떨어지는 경향이 있어 왔다. 1999~2000년에는 80% 밑이었다가 IT 버블이 붕괴되면서 2002년 120%까지 올랐다. 2006년 100%가 넘던 이 비율은 2007년 80%로 급락했고 2010년 140%로 급등했다. 현재는 100% 수준을 유지하고 있는데, 2016년 이후 평균과 유사하다.

성장 기업의 주가는 이미 경기 침체를 반영해 부진한 반면, 미국 가계는 전례 없이 강하다. 이미 한 번 살펴본 부채 비율도 낮고 금융 자산과 저축도 역대급으로 많다. 예금 및 기타 유가증권을 제외한 금융 자산에서 부동산 담보 대출과 기타 신용을 제외한 순금융 자산은 2020년 2분기 20년 만에 흑자로 전환했다. 서브프라임 부동산 담보 대출 사태가 극에 달했던 2007년 3분기 -5조 달러를 넘었던 순금융 자산은 꾸준하게 증가해 2019년 4분기에 -1.4조 달러를 찍었다. 2020년 1분기 전염병이 야기한 경제 위기를 극복하기 위해 뿌려진 돈이 은행에 남겨지면서 금융 자산이 급증했다. 2021년 4분기 기준으로 순금융 자산은 1.9조 달러에 이른다.

순금융 자산이 많다는 주장은 미국 가계의 초과 저축 규모로도 검증할 수 있다. 저축 규모는 코로나19 직전까지 매 분기 약 1.3% 늘어왔다. 2020년 1분기 전분기 대비 증가율이 1.7%로 확대되더니 2020년 2분기에는 5%로 크게 늘었다. 2021년 3분기까지 전 분기 대비 저축 성장률은 과거 평균을 초과했다. 같은 기간 누적된 초

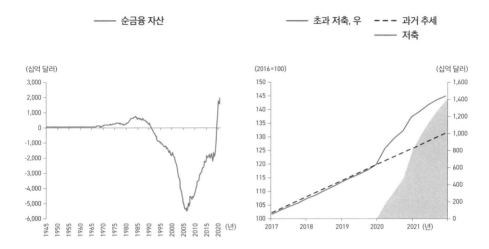

미국 가계 순금융 자산 및 초과 저축: 50% 폭락장이 오기에는 가계 건전

과 저축 규모는 1.4조 달러로 미국 국내 총생산의 5%가 넘는다. 소비가 70% 넘게 차지하는 미국의 경제가 가계가 돈을 쓸 수 있는 여력이 큰 상황에서 쉽게 침체에 빠지는 모습을 상상하기는 쉽지 않다. 세계적인 추세가 된 '위드 코로나19', '리오프닝'이 상품의 소비를 줄일 수는 있지만, 서비스가 상품을 상쇄하는 효과도 크다. 더 많은 고객에 대응해야 하는 서비스 공급자의 투자 수요도 늘어나는 것이 당연하다. 여행객이 없어 손가락만 빨고 있던 각국의 여행지 상인이나 식당, 카페 주인이라면 밀물처럼 유입되는 손님에 대응하기 위해 노트북을 사고 의자도 바꿔야 하지 않을까?

성장 기업에 과열이 미치는 영향이 미미하다는 점은 대표 성장 종목의 PER 비교를 통해서도 알 수 있다. 성장에 대한 기대가 시장에 뜨겁게 투영돼 주가를 하늘까지 날려버렸던 시기로, 1972년까지 이어진 니프티피프티 장세, 2000년 정보 기술 혁명 시대를 들 수 있다. 대표적인 니프티피프티 기업으로 잘 알려진 곳은 폴라로이드, 제록스, 이스트먼코닥 등을 들 수 있는데, 이 회사들의 평균 PER은 60배가 넘었다. 금리는 7%, 일드갭은 -5%p로 채권 대비 매력이 극히 미미했다. 2부에서 확인한 바와 같이 2000년에도 비슷했다. 나스닥 상위 10개 기업의 일드갭은 -5%p를 하회했다.[4] 현재 나스닥 시가총액 1~10위 기업의 PER은 위의 두 사례보다 확연히 낮고 일드갭은 완연하게 높다.

역사적으로 나타난 다양한 성장주

3부에서 살펴본 현금흐름 할인법의 출발은 기업의 값어치가 장래 이익의 현재 가치로 결정된다는 자명한 논리였다. 미래가 중요하기 때문에 성장은 주가에 가장 중요한 요소일 수밖에 없다. 성장주와 가치주의 구분은 영원불멸하지 않다. 실적이 좋아지면서 미래에 대한 기대감이 퍼지면 성장주다. 투자자가 장래가 어둡다고 믿으면 주식 가격은 오르기 어렵다. 기업의 수익 증가세가 멈추면, 업종과 무관하게 밸류에이션 트랩에 빠져 가치주로 분류된다. 특정

---

4   하위 10개 기업이 아니다!

산업의 우세가 장기간 이어지면서 성장하는 회사에 대한 정형화된 관념이 고착됐다.

정보 기술 대표주[5]의 강세는 2016년부터 2021년까지 이어졌고 2022년 상반기에는 주춤했지만, 앞으로도 지속될 가능성이 높다. 2016년은 세계 경제 포럼WEF, World Economic Forum[6]에서 '제4차 산업 혁명Fourth Industrial Revolution'[7]이라는 용어가 주창됐던 해다. 코로나19가 창궐하고 비대면 경제 활동이 활발해지면서 2020~2021년 성장주와 가치주의 간극은 더 벌어졌다.

과거에 주가 지수를 견인했던 업종이 지금은 가치주로 인식되고 있다. 2004~2007년의 한국 강세장의 핵심은 산업재, 자본재였다. 2010~2011년의 주역은 '차화정'이라는 용어로 시장을 풍미했던 자동차, 화학, 정유 업종이었다. 과거의 주도 업종이 돌아왔다는 점이 흥미롭다. 건설은 1970년대 증시의 초점이었다. 자동차는 3저 호황[8]으로 폭등했던 1980년대 후반의 핵심 산업이었다. 중국은 2014~2015년의 주식 시장 내 관심 기업을 다시 결정했다. 초점이

---

5 GICSGlobal Industry Classification Standard 업종 구분 변경으로 2018년 10월 이후 기존 정보 기술에 포함된 종목의 일부가 커뮤니케이션/경기 소비재로 이동했다. 예를 들어 알파벳, 메타 플랫폼스가 커뮤니케이션, 아마존이 경기 소비재로 변경됐다.

6 1971년 1월 클라우스 슈바프Klaus Schwab가 창설한 유럽 경영 포럼European Management Forum으로 시작됐다. 1987년부터 이름을 세계 경제 포럼으로 바꿨다. 경제에 대해 토론하는 민간 회의이다.

7 정보 통신 기술Information and Communication Technology의 융합을 통한 새로운 혁신을 말한다. 18세기의 1차 산업 혁명, 1870~1914년 사이의 2차 산업 혁명, 1970년대 이후 디지털의 발달에 따른 3차 혁명의 뒤를 따른다. 보통 빅데이터, 인공지능, 로봇, 사물 인터넷, 무인 운송 수단, 3D 프린팅 및 나노/바이오 기술 등을 7대 분야로 삼는다.

8 1986~1989년까지 나타난 저금리, 저유가, 저달러로, 경제가 단군 이래 최대 호황이라는 말을 들었던 시기이다.

시기별 주도 업종

미국	주도 업종	비중	설명
19세기 후반	철도	60%	정부의 적극적 개발 의지, 1868 ~ 1873년 33,000마일 건설
대공황 직후	소재/산업재	30%	대공황으로 시장 규칙 변화, 금융 비중 급감, 경기 부양책으로 산업재/소재 비중 증가
1970년대 초	Nifty Fifty	주요 50종목	미국의 번영에 대한 기대로 소비재 / 헬스케어의 지속 성장 기대 폴라로이드, 존슨앤존슨 등의 PER 100배 내외 상승
2002년	정보 기술	30%	닷컴버블, 신기술에 대한 기대가 21세기와 조우. 나스닥은 2015년까지 2000년 고점 도달 실패

한국	주도 업종	주요 기업	설명
일제시대 ~ 1960년	금융	12개 상장 주식 중 5개가 금융	쌀 선물 시장이 먼저 발생하고, 나중에 주식 시장 개설 해방 직후에는 주식보다 국채 거래 위주 투기적 요소가 한국 시장에 내포된 역사적 원인
1960년대	운송, 건설	한진상사, 대한통운, 경남기업, 대림산업	베트남 특수
1970년대	건설	삼환기업, 대림산업, 동아건설	중동 특수, 공모주 청약 열풍
1980년대 초반	건설 → 자원 개발	선경, 유공, 현대종합상사	테마주의 시대
1980년대 후반	실적 장세 유동성 장세	현대차, 전자 5인방 트로이카: 금융/건설/무역	3저 호황 증권업종 급등. 공산권과의 교역 기대, 신도시 건설, 서울올림픽
1990년대	저 PER, PBR주	태광산업, 대한화섬, 선창산업	외국인 직접 투자 허용, 저PER 혁명
IMF 이후	코스닥	새롬기술, 다음	코스닥 지수 2,500 시대
2004 ~ 2007년	산업재	POSCO, 현대중공업	중국 특수
2010 ~ 2011년	차화정	현대차	금융 위기 이후의 소비 회복
2014 ~ 2015년	화장품, 면세점	아모레퍼시픽, 호텔신라	중국 관광객 급증
2017년	반도체	삼성전자	반도체 경기 호황
2020년	전기차	삼성SDI, LG화학	전기차 침투율 급상승

자료: 필자 정리

생산에서 소비로 바뀌었을 뿐이다. 가치주로 분류되는 업종이나 종목의 이익이 다시 제대로 늘어나기 시작하면 투자자들은 성장주로 인식할 것이다.

2002년부터 2008년까지 미국의 산업재 업종은 S&P500 지수의 수익률을 상회했다. 한국의 산업/자본재 업종은 2004년 중국의 긴축 정책 시행[9]으로 8월까지 하락한 이후 2007년까지의 강세장을 주도했다. 성장주 대비 가치주 수익률이 좋았던 시기로 기억하는 것은 적합하지 않다. 성장주로 인식됐기 때문에 주가가 올랐다고 봐야 한다. 현재의 분류를 따를 때 가치주로 간주될 뿐이다. 당시 투자자들은 중국의 생산 능력 급증의 수혜를 누리는 산업재, 자본재의 미래가 밝다고 여겼다. 시장 대비 할증을 받았고 3~5년 후의 실적이 애널리스트의 투자 의견과 목표 주가에 반영됐다.

주가 급등의 막바지였던 2007년 업종 주요 기업의 2008~2009년 추정치는 지속적으로 상향 조정됐다. 코스피의 컨센서스 추이에 비해서도 훨씬 견조한 흐름을 나타냈다. 주식 분석가의 예상치는 2007년 1분기 100을 기준으로 할 때 4분기에 135까지 35% 상승했다. 같은 기간 지수의 이익은 100에서 108까지 8% 올라가는 데 그쳤다. 넓은 범위로 산업재에 포함되는 6개 기업[10]의 실적 예상치 움직임을 살펴보면, 이익 전망치가 113% 늘었던 팬오션이 가장 강했다. 현대중공업은 52% 증가했고 삼성엔지니어링은 36% 올라갔다.

---

9   2004년 4월 29일 원자바오 총리가 긴축을 천명하며 은행의 신규 대출을 사실상 동결했다.

10 포스코(철강), 현대중공업(조선), 삼성엔지니어링(건설), 두산중공업(기계), 롯데케미컬(화학), 팬오션(운송)

2004~2007년 산업재, 자본재의 급등은 중국 등 신흥국 경기 확장 덕분

——— 산업재/S&P500   ——— 중국 산업 생산 증가율, 우

자료: 통계청, Factset

롯데케미컬과 포스코는 20%, 두산중공업은 7% 증익됐다.[3]

    2008년 금융 위기 이후 주식 시장이 회복되는 과정에서 2010년
부터 '차화정'이라는 이름으로 자동차, 화학, 정유 회사들이 부상했
다. 2009년 말 이후 2011년 4월 고점까지 '차화정' 기업의 주가는 3
배 급등했다. 코스피 지수는 40% 오르는 데 그쳤다. 1980년대 전반
의 자원 개발과 1980년대 후반의 자동차가 다시 관심의 중심이 됐
다. '차화정'의 많은 회사가 지금은 가치주로 분류되지만, 주가가 날
아갈 때는 시장 참여자들이 성장주로 인정했다. 경기 침체 이후 내

2010년 '차화정' 랠리는 소비 회복에 따른 수출 증가가 지지

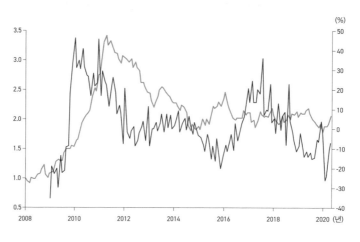

자료: 통계청, Factset

구재 소비가 회복되면서 수출이 급증했기 때문이다. '차화정' 기업
의 2011~2012년 추정치도 2010년 내내 급상승했다. 시장 전체에
비해서도 강했다. 애널리스트의 컨센서스는 2010년 1분기 100을
기준으로 할 때 4분기에 152까지 52% 올랐다. 반면, 시장 전체의
이익 예상치는 11% 증가하는 것으로 마무리됐다. '차화정'에 포함
되는 분석 대상 6개 기업[11] 가운데 전망치가 70% 확대됐던 기아차
가 가장 강건했다. 58% 늘었던 현대차가 두 번째로 셌고 그다음은

---

11 기아차/현대차 (자동차), 롯데케미컬/LG화학 (화학), SK이노베이션/에스오일 (정유)

53% 올라갔던 롯데케미컬이었다. 다음으로 SK이노베이션(+49%), LG화학(+45%) 그리고 에스오일(+39%) 순이다.

남유럽 재정 위기가 긴축에 대한 우려와 함께 닥치고 미국의 신용 등급까지 강등되면서 주가는 약세에 빠졌다. 증시는 2013년 중반 이후 반등에 성공했다. 2014년 여름에 코스피는 꺾였지만, 화장품/면세점 기업은 꾸준히 올랐다. 2013년 말부터 2015년 7월까지 관련 업종에 포함된 회사의 주가는 120% 올랐다. 같은 기간 한국 주식 시장은 오히려 하락했다.

당시 PBR 5배 이상으로 거래되던 아모레퍼시픽은 분명 성장주였다. 지금은 2022년 1분기 기준으로 PBR이 1.2배까지 떨어져 가치주로 분류되고 있다. 중국이 다시 한번 급등의 근거로 거론됐다. 2004~2007년에는 중국의 투자가 산업재, 소재 기업의 확장으로 이어졌다면, 2013년에는 소비가 이유였다. 중국이 생산에서 소비 위주로 경제 구조를 바꿔가면서 2013년부터 관광객이 한국으로 몰려들었다. 구체적 이유는 다르지만, 과거의 주가 동력이 반복될 수 있다는 것을 다시 한번 보여 줬다.

화장품, 면세점 기업의 2015~2016년 추정치는 2014년 3분기를 고점으로 하향 조정됐다. 시장 예상치는 더 격렬하게 빠졌다. 주식 분석가의 예상치는 2014년 1분기와 비교하면 3분기에 8% 증가한 후 4분기에 5% 줄었다. 코스피는 100에서 79까지 21% 떨어졌다. 분석 대상 3개 회사 중 이익 전망치가 22% 늘었던 아모레퍼시픽의 상승 폭이 제일 컸다.

메모리 반도체 업종은 설비 투자 부담이 크고 경기에 민감해 성

2014년 화장품, 면세점 기업의 강한 주가는 중국 관광객 급증이 설명

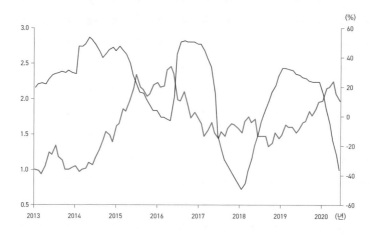

─── 화장품, 면세점 기업/KOSPI   ─── 중국 관광객 증가율, 12개월 이동 평균 우

자료: 통계청, Factset

장주로 간주하지 않는 분위기가 강했다. 디램 가격에 따라 생산량
의 변화가 심해 주가 강세가 오래 유지되지 않았다. 시황이 좋다고
느끼면 기업들이 투자를 급격히 늘려 쉽게 공급 과잉에 빠졌고 컴
퓨터 위주로 수요의 주기 진폭도 컸다. 2016년 이후의 상승은 달랐
다. 디램 가격 변화율은 2017년에 고점을 쳤는데도 불구하고 2020
년 3월까지 지속적으로 코스피 대비 상대 강도가 강했다. 산업 내
통합Consolidation[12]이 진행돼 경쟁의 강도가 구조적으로 약해지면서

---

12 지금은 삼성전자, SK하이닉스 및 마이크론 테크놀로지Micron Technology가 메모리 반도체 산업을

2017년 시장은 반도체가 견인

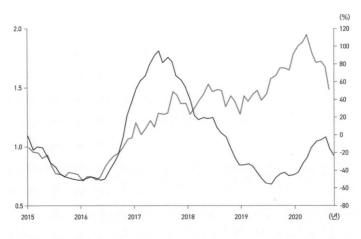

—— 반도체 기업/KOSPI　　—— 반도체 가격 변화율, 우

자료: 통계청, Factset

성장주로 자리매김했다.

디램 가격이 올라도 생산 능력을 늘리기 위한 투자가 과거 수준
보다 작았다. 집적도가 올라가면서 다음 세대 메모리 반도체의 생
산 수율Yield[13]을 올리기 어려워졌다. 이것이 바로 상대 주가의 우상
향이 장기적으로 가능했던 이유이다.

삼성전자와 SK하이닉스의 2018~2019년 추정치도 2017년 1분

　과점하고 있다. 2012년 엘피다가 파산하면서 치열했던 경쟁이 마무리 단계로 진입했다.

13　투입된 물량 대비 생산된 우량 제품의 비율을 말한다. 반도체 생산의 기본이 되는 웨이퍼Wafer
　한 장에서 100개의 반도체를 뽑아 냈는데, 50개만 정상이라면 수율은 50%가 된다.

기부터 4분기까지 쉬지 않고 올라갔다. 삼성전자의 향후 2년간 주당 순이익 예상치는 2017년 1분기 4.5달러에서 2017년 4분기 7달러로 54% 증가했다. SK하이닉스는 80% 폭증했다. 동일한 기간에 코스피 컨센서스는 21% 늘어났다.

초기에는
핵심 매트릭스에 주목

2017년 말에서 2018년 초로 넘어가는 기간에 '3트'라는 말이 유행했다. 당시에 자산 시장에서 사람들의 눈과 귀를 사로잡고 대화의 중심이 됐던 3가지를 의미했다. 하나는 강남아파'트', 또 하나는 비'트'코인, 마지막은 셀'트'리온이었다. 한국인들이 언제나 갖고 싶어하는 선망의 자산인 강남 아파트를 제외한 비트코인과 셀트리온은 성장에 대한 기대가 단숨에 가격에 반영됐다.

2017년 6월 말 270만 원 대였던 비트코인 가격은 2017년 말 2,000만 원을 넘겼다. 지금은 암호화폐의 활용도에 대한 연구가 게임, 대체 불가능 토큰NFT, Non-Fungible Toke[14] 등으로 많이 진행됐지만,

당시에는 초기 연구가 태동하던 시기였다. 그럼에도 불구하고 사람들이 비트코인을 인식하면서 비트코인은 무려 8배나 급등했다.

같은 기간 셀트리온의 주가는 10만 원에서 30만 원으로 급등했다. 셀트리온이 화이자를 통해 미국에서 판매하는 바이오시밀러 매출은 2016년에 400만 달러에서 2017년 1억 1,800만 달러로 급등했다. 원화로는 1,300억 원이 안 되는 수준으로, 주가 급등 이전 10조 원 내외 시가총액의 2% 미만에 불과했다. 주가의 급격한 상승을 2016년에 미국에서 판매 허가를 얻은 후 실제로 수요가 있는지 확인하고 싶어하던 시장 참여자들이 단숨에 몰렸던 결과로 해석하는 것이 타당하다.

비트코인과 셀트리온의 지금 단가와 2018년을 비교해 어떤 투자가 옳았다는 이야기를 하려는 것이 아니다. 성장 자산에 투자한다고 마음먹었다면, 사람들이 미래를 설명한다고 믿는 지표에 촉각을 곤두세워야 한다는 의미이다. 비트코인 채굴 가능량은 지속적으로 하락하고 셀트리온 바이오시밀러 매출은 2021년 6억 달러를 초과하면서 2017년의 5배 이상으로 늘었지만, 오히려 가격 변동성은 커졌다는 사실을 명심했으면 한다. 대표적인 성장 업종인 전기차, 플랫폼 및 바이오의 예를 통해 어떻게 성장주에 접근하는 편이 타당할지 살펴보자.

---

14 블록체인 기술을 바탕으로 디지털 자산에 고유성을 부여해 소유주를 증명하는 가상의 토큰을 말한다.

전기차: 침투율 및 가치 사슬

몇 년 전까지만 해도 자동차를 살 때 전기차를 고려하는 지인은 없었다. 테슬라가 선구자적인 역할을 하고 있었으며 해외에서 타 본 사람들로부터 입소문도 나고 있었는데도,[15] 충전 및 성능에 대한 우려가 컸다. 2014년까지만 해도 전기차의 자동차 시장 점유율은 1% 미만에 그치고 있었다.[4] 전기차 점유율은 2015년부터 빠르게 상승해 1%를 넘겼으며 2018년에는 5% 위로 올라섰다. 2019년부 터 테슬라의 모델 3가 본격적인 돌풍을 일으키면서 전기차 비율은 더 빠르게 확대돼 2019년 8%, 2020년 12%를 기록했다. 시장 전문 가들은 2021년에는 신차 판매 기준으로 18%까지 오른 것으로 추 정하고 있다.

전기차가 전체에서 차지하는 비중이 꾸준하게 상승했던 데 반 해, 테슬라의 주가는 2014년부터 2019년까지 30달러에서 70달러 사이의 범위를 벗어나지 못했다. 2017년에 첫 선을 보인 보급형 모 델 3가 양산 과정에서 문제가 많다는 뉴스가 신문 지상에 오르내 리기 시작하던 2018년 초 주식 가격은 70달러에서 천정을 찍은 후 2019년 5월 말에 37달러까지 급락하기도 했다. 전기차 점유율을 증분으로 계산해 분석해 보면, 2018년에 전년보다 1%p 이상 확대 됐다. 2017년에 테슬라의 수익률이 상대적으로 좋았던 이유를 잘

---

15 2017년에 암스테르담 출장을 가서 테슬라 모델 S를 타 봤다. 내부는 조악하다고 느꼈던 대신, 내 연 기관차에 비해 압도적으로 조용했다. 운전석 옆에 달린 어마어마한 크기의 터치 스크린에도 적잖이 놀랐다.

설명한다.

테슬라는 2019년부터 제대로 오르기 시작했다. 모델 3 판매량이 급증하면서 규모의 경제가 눈앞에 다가왔다는 시장의 판단을 받았다. 코로나19로 잠시 주가가 주춤하긴 했지만, 2020년말까지 2년 동안 880달러까지 20배가 넘게 폭등했다. 2019년과 2020년 두 해 동안 전기차 점유율의 증가분은 매년 커졌다. 2023년 출하량으로 200만 대를 바라보는 테슬라의 2019년 연간 판매 대수는 36만 8,000대에 불과했고 2020년 성장률도 36%로 2021년의 87%, 2022년의 55%에 비해 낮았는데도 주가는 폭발적으로 올랐다. 시장이 개화할 때 선점하고 1등으로 치고 나가는 기업에 증시가 얼마나 많은 가치를 부여하는지 알려 주는 사례다.

전기차와 관련된 부품 및 소재주의 주가 흐름에서도 이익을 구하는 전통적인 밸류에이션 방법보다는 성장을 담보하는 지표에 대한 시장의 관심이 많다는 것을 확인할 수 있다. 대표적인 2차 전지 기업인 삼성SDI와 분사 전 LG화학은 2020년에 3배 이상의 주가 급등을 시현했다. 전기차 배터리 사업 매출이 3배가 늘었기 때문에 일어난 일이 아니다. 테슬라의 움직임에도 영향을 받았겠지만, 좀 더 중요했던 것은 연이어 들려온 공장 증설 및 수주 소식이었다. 이 책에는 뉴스를 2개만 수록했는데, 좀 더 검색해 보면 2019년 하반기부터 2020년 상반기까지의 수많은 뉴스가 한국 배터리 기업들의 약진에 대해 말하고 있다는 것을 확인할 수 있다.

…(전략)… LG화학과 SK이노베이션은 하루 차이로 해외 전기차 배터리 공장 설립 소식을 알렸다. 또한 최근 단행된 회사 정기 인사에서 일제히 배터리 분야 강화에 초점을 뒀다.

LG화학은 6일 미국 1위 자동차 업체인 GM과 미국 오하이오주에 전기차 배터리 합작 공장을 설립한다고 밝혔다. 양사가 지분 50대50으로 각 1조 원씩 출자하고 단계적으로 총 2조 7,000억 원을 투자해 30GWh 이상의 생산 능력을 확보할 계획이다.

SK이노베이션은 전날 중국 장쑤江蘇성 창저우常州에 베이징자동차와 합작한 공장 준공식을 개최했다. SK이노베이션은 2013년 총 10억 위안(약 1,680억 원)을 투자해 베이징자동차, 베이징전공과 배터리 합작 법인 'BESK'를 설립해 지분 49%를 갖고 있다. …(후략)…

—Yna.com, 2019년 12월 6일 기사 중

한국 배터리업계가 잇따라 글로벌 카메이커와 전기차 배터리 공급 계약을 따내며 처음으로 수주 잔고 200조 원을 돌파했다. 매년 30%씩 성장하고 있는 배터리 산업은 조만간 반도체 산업의 규모도 뛰어넘을 기세다.

9일 배터리 업계에 따르면 LG화학, 삼성SDI, SK이노베이션의 배터리 수주 잔고가 역대 처음으로 200조 원을 돌파했다. …(중략)…

삼성SDI는 지난해 말 기준 약 52조 원의 중대형 배터리 수주 잔고를 기록했으며 최근 BMW와 2021년부터 10년간 4조 원 가량의 배터리 공급 계약을 체결함으로써 현재 수주 잔고는 56~60조 원가량으로 추정된다.

SK이노베이션은 올 1분기 말 기준으로 50조 원의 수주 잔고를 기록했다. 최근 SK이노베이션은 중국 EV에너지와 합작으로 약 10GWh 규모의 배터리 생산 공장을 건설하기로 합의해 수주 잔고는 더욱 증가할 전망이다. …(후략)…

— ebn.co.kr, 2019년 12월 9일 기사 중

배터리 업체에게 소재를 공급하는 기업들의 주가 흐름도 비슷했다. 대표적인 배터리 소재 업체인 에코프로비엠은 2020년에만 주가가 10배가량 상승했는데, 2020년 주당 순이익 증가율은 18%에 그쳤다. 2019년 10월 연간 3만 톤 규모의 공장을 새로 준공했다는 뉴스[5]가 에코프로비엠이 2020년 2월에 SK이노베이션으로부터 2.7조 원 수주를 받았다는 소식[6]과 연결됐다. 확실하게 성장하는 업종에 속해 있다는 믿음을 주는 회사가 생산량을 본격적으로 늘리는 계획을 발표하기 시작할 때는 반드시 주목해야 한다. 설비를 확장하는 과정에서 수주 소식까지 붙는다면 금상첨화다.

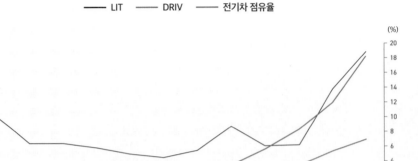

전기차 침투율과 관련 ETF 주가

─── LIT ─── DRIV ─── 전기차 점유율

주: 모든 종류의 전기차 포함. LIT는 리튬과 배터리 관련 ETF, DRIV는 자율주행 및 전기차 관련 ETF임.

자료: IEA, Statista, Factset

플랫폼: 가입자 및 활성 사용자수

　주식 시장에 상장된 기업 중에서 플랫폼 사업을 영위한다고 볼 수 있는 회사는 다양한 업종에 걸쳐 있다. 널리 알려진 SNS 기업인 메타 플랫폼스, 트위터 등은 플랫폼이라는 개념을 가장 먼저 증시에 알렸다. 온라인 서점에서 시작해 모든 것을 파는 유통업체가 된 아마존도 플랫폼이 근간이며 코로나19 이후 중요성이 급격하게 커진 구독 경제와 관련된 업종도 플랫폼을 빼놓고 이야기하기 어렵다. 플랫폼 기업이 궤도에 오르기 위해서는 초기에 고객에게 서비스를 무료로 제공하는 일이 많기 때문에 실적 바탕의 밸류에이션을 통해 주식 가치를 도출하기 어렵다. 플랫폼에서 얼마나 많은 사람이 적극적으로 활동하는지가 플랫폼의 성패를 가른다.

2004년에 마크 저커버그Mark Zuckerberg[16]가 창업한 페이스북은 2008년에 월간 활성 사용자수가 1억 명에 도달했다. 2010년에 5억 명 가까이에 이르며 회사가 순이익을 내기 시작했다. 자신감이 붙었는지 공개 기업이 될 준비를 했고 2012년에 공모가 38달러에 상장했다. 당시 PER은 50배가 넘어 나스닥 평균 15배의 3배가 넘을 정도로 비싼 주식이었다. 상장 후 3년 동안 주당 순이익이 4배로 증가했는데도 PER은 10%밖에 떨어지지 않았는데, 이는 중견 기업이 되면서 투자자들이 필연적으로 목도할 성장률 하락을 주식 시장이 반영하지 않았다는 의미이다. 밸류에이션이 높다는 부담보다는 같은 기간에 가입자가 10억 명을 넘어가며 보여 줬던 규모의 경제를 긍정적으로 평가했다. 2012년 44%의 영업 이익률도 충분히 높고 더 이상 개선되기 어렵다고 봤는데, 2015년에 56%를 기록하자 대접이 바뀐 것이다.

넷플릭스는 플랫폼에 유입되는 가입자가 유료라는 측면에서 활동 지수의 중요성이 다른 플랫폼 기업에 비해 월등히 컸다. 넷플릭스를 쓰는 사람은 돈을 내고 들어온 것이며 일반적인 공짜 활동자에 비해 충성도가 높다. 2010년 18백만 명가량의 가입자가 2017년에 1.2억 명에 육박했는데, 같은 해 PER은 280배가 넘었다. 280배는

---

16 1984년 뉴욕 출생으로, 하버드 대학교 재학 시절 페이스북을 개발해 세계적인 SNS로 성장시켰다.

내재 주식 기대 수익률이 0.3%에 불과하다. 전통적인 밸류에이션으로는 답이 나오지 않았다. 시장은 평균 단가가 유지되는 유료 가입자의 폭발적인 성장에 초점을 맞췄다. 가입자가 7년 동안 연평균 31% 늘어났고 가입자당 평균 월 매출 단가가 8.5달러에서 9.4달러로 오히려 상승했다. 시장을 선점했던 회사이기 때문에 고객에게 침투하기 위해 가격 경쟁을 할 필요가 없었고 외형이 가입자보다 빠르게 늘어났다. 이 정도까지 읽은 독자라면 주가 움직임은 이미 예측했을지도 모르겠다. 같은 기간에 넷플릭스 주식 가격은 10배 넘게 폭등했다.

페이스북이나 넷플릭스 말고도 플랫폼 기업은 무수히 많다. 거의 모든 플랫폼 회사들은 제공하는 서비스가 시장에 받아들여지는 과정에서 경쟁이 없었고 규모의 경제가 발생한다는 사실을 보여 주면 주가가 오른다. 미국 회사 외에도 한국의 카카오, 네이버, 캐나다의 쇼피파이, 아르헨티나의 메르카도 리브레 등 주가와 초기 가입자 또는 활성 사용자가 밀접한 관계를 보인 예는 수없이 많다.

피터 린치는 투자할 주식을 고를 때 멀리서 찾지 않았다. 내가 실생활에서 갑자기 사용 빈도가 늘었거나, 자신은 쓰지 않지만 주변 친구들이 많이 이야기하기 시작하면 집중적으로 알아봐야 한다. 그 회사가 매출 총이익률이 높아 가입자 증가를 통해 수익성을 빠르게 개선시킬 수 있는 플랫폼 기업이라면 더욱 더 알아봐야 한다.

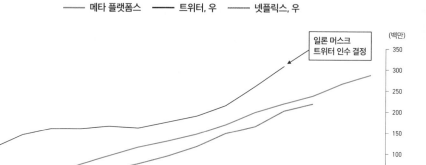

메타 플랫폼스, 트위터 및 넷플릭스의 활동성 지표

—— 메타 플랫폼스 —— 트위터, 우 —— 넷플릭스, 우

주: Y+0은 데이터 확인이 가능한 첫 해

자료: Factset

바이오: 정성 평가와 접근 가능 시장 규모

2021년 1분기부터 미국 바이오 업종의 주가가 부진하면서 투자자들의 관심이 멀어졌다는 것을 피부로 느낀다. 당시는 실적보다 미래의 기대를 반영하던 기업들의 가치가 정점을 찍던 시기로, 바이오뿐만 아니라 다양한 초고속 성장주의 주식 가격이 하락세로 접어들었다.

2022년 5월 현재 고점 이후 80% 하락한 바이오 종목이 많으며 코로나19 백신을 개발해 전염병의 악화를 막아 준 모더나와 같은 대형주도 60% 이상의 폭락세를 시현했다. 바이오에 대한 심리가 최악에 가깝기 때문에 지금 당장 투자에 나서기는 부담스러울 수 있다. 이럴 때일수록 길게 보고 공부하면 장기적으로 좋은 기회가 될 가능성이 높다고 생각한다.

바이오 기업이 신약을 팔아야 하는 시장은 선진국에 집중돼 있다. 세계 제약 시장 규모는 2026년 1.8조 달러 정도로 예상되고 있는데,[7] 미국, 유럽 및 일본의 비중이 60%에 이른다. 대부분의 지역과 국가에서 고령화가 문제로 대두되고 있지만, 그 정도는 선진국에서 특히 심하다. 2020년 세계 65세 이상 인구 비중은 9%인 반면, OECD 국가들은 18%에 이른다. 2050년이 되면 이 비율은 25%까지 상승할 것으로 추정된다.[8]

나이가 들면 헬스케어에 들어가는 돈이 늘어나기 마련이다. 호주 보건 복지 연구소AIHW, Australian Institute of Health and Welfare에 따르면, 연령이 높아질수록 헬스케어 비용은 증가하는데, 60세 이후에 더욱 빨라진다. 평균 수명을 초과하는 80~84세에서 정점을 찍고 나서야 감소한다. 선진 지역이 늙어가는 것이 피할 수 없는 대세라면, 의료 관련 지출 증가는 당연히 따라오는 필연적인 미래가 된다.

신흥국은 장기적인 차원에서 바이오 산업의 시장으로 자리매김할 것이다. 부유해지면 건강에 대한 관심은 커진다. 향후 5년간 신흥국의 제약 시장 연평균 성장률은 5~8%로 예측되는데, 선진국의 2~5%에 비해 높다. 1인당 GDP와 인당 헬스케어 지출 금액은 높은 상관관계를 보인다. 1인당 GDP가 6만 달러가 넘는 미국이 1,000달러, 40,000~50,000달러인 일본, 독일 프랑스, 영국은 500~700 달러 정도를 쓴다.[9] 3만 달러를 기준으로 인당 헬스케어

지출이 크게 확대되기 때문에 신흥국 중에서 선진국으로 진입하는 국가들의 바이오 수요는 강건하리라고 보는 것이 합리적이다.

정복하지 못한 병을 치료하기 위해 신약을 개발하려는 인류의 노력은 제약 시장에서 바이오 기반 약의 비중이 올라가게 만드는 요인이다. 과거에는 치료가 불가능했던 질환을 낫게 하려는 노력은 화학적 후보 물질을 찾기보다는 바이오 기술을 활용하려는 방향으로 바뀌는 추세다. 전체 제약 시장에서 30%를 차지했던 바이오 영역은 2026년이 되면 37%까지 상승할 것으로 추정된다. 바이오 기반으로 개발됐던 블록버스터 신약[17]의 특허 만료가 늘어나면서 연구 개발 역량을 갖고 있는 바이오 회사에 대한 수요는 확장될 가능성이 높다. 2019~2023년 동안 바이오 기반 약의 특허 만료 규모는 과거에 비해 175% 폭증할 전망이다. 잠재 매수자의 본격적인 인수 합병 시도는 주가가 폭락한 바이오 기업의 임상 단계 신약의 밸류에이션을 올리는 요인이 될 수 있다. 미국의 헬스케어 시장 규모는 다른 지역에 비해 압도적으로 우위에 있고 혁신에 대한 보상이 크다. 바이오의 시가총액 비중이 장기적으로 올라가는 모습을 기대해 볼 만하다.[18]

바이오 기업의 가치는 전통적인 밸류에이션 절차로 산정하기 어렵기 때문에 정량 평가는 물론, 정성 평가도 중요하다. 정성적인 측

---

17 일반적으로 1년에 10억 달러 이상의 매출을 내는 약을 가리킨다. 2021년 기준 세계에서 가장 많이 팔린 약은 애브비의 휴미라Humira로, 207억 달러의 매출액을 기록했다. 2023년부터 미국 특허가 만료되기 시작한다.

18 미국의 혁신에 대한 지원은 2부를 참조하기 바란다.

면에서 3가지를 살펴봐야 한다. 정성적인 분석을 위한 자료는 미국 증권거래위원회 공시[19], 미국 식품의약국 임상 내역[20], 언론 및 기업 발표 및 컨퍼런스 등의 업계 소식 등에서 찾아야 한다.

지속 가능한 경쟁력 신약이나 서비스의 매력이 가장 중요하다. 새로운 약은 질병에 대한 최초의 치료제인 퍼스트 인 클래스First-in-Class와 기존 물질을 개량한 의약품인 베스트 인 클래스Best-in-Class로 나뉜다. 신약의 기대 가치는 성공 확률에 잠재 수익을 곱하는 것으로 개념화할 수 있다. 퍼스트 인 클래스는 임상 시험 과정을 모두 뚫고 출시될 가능성은 낮고 매출은 크다.

베스트 인 클래스는 이와 반대다. 투자하려는 기업을 고를 때는 회사가 제공하려는 신규 제품이나 용역이 둘 중 어디에 속하는지 파악해야 한다. 일반적으로 질환 영역 중에서 암, 당뇨, 자가면역, 유전자 및 헬스테크 등에 속해 있는 기업의 경쟁력을 높게 평가하는 편이다.

암과 관련된 영역은 표적 항암제, 면역 항암제, 합성 치사 및 단백질 분해 등으로 진화하고 있다. 당뇨, 자가면역, 유전자 및 헬스테크는 환자 접근성 위주로 분석하기를 권한다.

독창적인 기술이 있고 적용하거나 생산하기 쉽다면, 진입 장벽이 있다. 특허의 강력함도 회사의 지속 가능성을 나타내는 요소

---

19 sec.gov/edgar.html

20 Clinicaltrials.gov

인데, 미국 식품의약국의 결정이 가장 우위에 있고 그다음으로 유럽 의약품기구European Medicines Agency와 일본 의약품 의료기기 기구Pharmaceutical and Medical Devices Agency 순이다.

경영진의 건전성 기계항공공학을 전공한 필자가 한국 헬스케어 업종의 분석을 개시하고 미국, 유럽의 투자자를 만나야 한다고 생각하니 불안했다. 서양의 헬스케어 담당 운용역들은 생물학, 의학 및 약학 박사 학위를 많이 갖고 있다는 말도 들었다. 월급 받고 일하는 직원으로서 일은 해야 했기에 일단 부딪혀 보기로 했다. 하지만 필자의 예상과는 달랐다. 명함에 박사라고 박혀 있는 사람들이 내 이야기를 경청하고 수많은 질문을 쏟아내는 것이었다.

바이오와 관련된 내용은 워낙 다양하고 방대해 전문적으로 공부를 해도 자기 분야를 벗어나면 완벽히 파악하지 못한다는 점을 확실히 느꼈다. 전공자도 모르는 것을 제대로 조사하기는 쉽지 않다. 필자는 그 대안으로 경영진의 건전성을 살펴보자고 제안한다. 창립자와 그 동료의 학력을 가장 먼저 검토해야 한다.[21] 경영을 담당하는 핵심 인재들이 과거에 성공적인 개발을 통해 기업을 상장시킨 적이 있다면 더욱 좋다. 경영진이 우수하면서 헬스케어 회사가 많이 모인 곳에 설립됐다면 인재를 유치하기

---

21 우리나라에는 미국인들은 졸업한 대학교를 보지 않는다는 오해가 퍼져 있는 듯 하다. 실제로 동양의 명문대학교 선호는 영국, 미국의 문화가 이식된 것으로 알려져 있다. 미국은 심지어 고등학교부터 확인하는 경우도 있다.

에도 유리하다.

우량한 벤처캐피털 바이오 회사는 유입되는 현금은 없고 연구 개발비가 지속적으로 유출되는 구조다. 기업을 세울 때 투입한 자본금은 금방 소진되기 때문에 투자자로부터 자금을 유치해야 한다. 여기서 벤처캐피털이 등장한다. 바이오 기업에 돈을 댄 벤처캐피털이 누구이며 얼마나 좋은 이력을 갖고 있는지 알아봐야 한다.

벤처캐피털을 누가 설립했으며 핵심 경영진은 누구인지도 중요하다. 벤처캐피털의 투자가 절대 100% 성공할 수는 없다. 실패한 사례가 수도 없을 것이다. 자기가 살펴보려는 종목의 주주로 참여하고 있는 벤처캐피털이 과거에 어느 정도의 확률을 갖고 투자금을 회수했는지 계산해 볼 필요가 있다. 벤처캐피털의 역사와 규모도 판단할 때 고려해야 하는 요소다. 생긴 지 얼마 되지 않았거나 운용 자산이 지나치게 작다면 한 번 정도는 다시 고려해 보는 시간을 가져야 한다. 모든 영역에 투자하는 벤처캐피털에 비해서는 규모가 작지만, 헬스케어에 특화된 곳이 많다면 오히려 가점을 줘도 무방하다.

정량 평가에서 필수적으로 검토해야 하는 지표는 접근 가능 시장TAM, Total Addressable Market, 유효 시장SAM, Service Available Market 및 수익 시장SOM, Service Obtainable Market이다. 접근 가능 시장은 전체를 아우르는 제품, 서비스의 모든 카테고리의 시장 크기를 의미한다. 삼성전자

무선 사업부라면 전체 스마트폰 시장이 되겠다. 초기의 기업의 정량 지표로는 지나치게 방대하다. 유효 시장은 접근 가능 시장 안에서 특정 기업이 추구하는 영역의 규모를 말한다. 삼성전자 무선 사업부에서 한국 고객을 대상으로 제품을 개발하려 한다면, 국내에서 발생하는 스마트폰 매출액을 유효 시장으로 정의할 수 있다. 수익 시장은 유효 시장에서 초기 단계에 확보 가능한 영역을 뜻한다. 이제 막 설립된 기업이 생존을 위해 필수적으로 진입해야 하는 곳이다.

바이오 기업의 접근 가능 시장은 클수록 유리하지만, 유효 시장으로 연결되지 않는다면 중요도가 떨어진다. 항암제를 신규 파이프라인으로 갖고 있는 바이오 회사라면 전체 항암제 규모를 접근 가능한 시장으로 설정하겠지만, 어떤 종류의 암을 치료하는 약을 목표로 할지 특정해야 한다. 하나의 약을 통해 여러 가지 종양을 낫게 한다는 주장도 많기 때문에 유효 시장을 설정할 때는 신중한 것이 좋다. 요즘 가장 많이 연구되는 면역을 이용한 치료제인지, 다음 세대에서 각광을 받을 유전자 기반인지 등이 결정돼야 유효 시장을 간파하기 쉽다.

유전자를 통해 신약을 개발하는 기업이 임상 시험 과정에서 필요한 자금을 유전자 분석 업무를 통해 일부 조달한다면, 유전자 분석 시장이 해당 회사의 수익 시장이 된다. 장기적인 기업 가치에서 차지하는 비중은 크지 않지만, 외부 자금 수혈의 필요성을 낮추고 회사의 영속 가능성을 높이는 수익 시장의 존재 유무는 정량 평가에서 상대적으로 나은 점수를 받는 요인이 된다.

바이오 업종 평가 원칙

** TAM(Total Addressable Market): 전체 사업 가능 영역
- SAM(Service Addressable Market): TAM 중 유효 시장
- SOM(Service Obtainable Market): SAM 중 초기 시장

정량 평가
✔ 접근 가능 시장(TAM**), 점유율
✔ 경쟁력을 동시에 고려해야 적절

정성 평가 #3
✔ 경영진의 건전성
✔ 학력 및 경력, VC의 투자 내역

정성 평가 #2
✔ 독창적인 기술
✔ 강력한 특허

- 암, 당뇨, 자가면역, 헬스테크 등 성장성에 집중하는 것이 타당
  - 표적항암제 → 면역항암제 → 합성 치사, 단백질 분해 등 차세대 진화
  - 당뇨, 자가면역, 헬스테크는 환자 접근성 위주로 파악할 필요

정성 평가 #1
✔ 지속 가능 경쟁력
✔ 신약 및 서비스 매력*

자료: 필자 정리

잉여 현금흐름이 창출되는 시기에 다시 한번 레벨업

현금이 처음 쌓일 때 기대감 극대화

프로야구 구단들이 전력을 강화하는 방법은 다양하다. 자유 계약으로 풀려 있는 거물급 선수를 비싼 연봉을 주고 데려오면 즉시 팀의 실력이 늘어난다. 쓸 수 있는 자금이 무한할 때 가장 빠르게 순위를 올리는 방식이다. 문제는 미국에서 가장 명문으로 인정받는 뉴욕 양키스New York Yankees[22]도 쓸 수 있는 돈에는 한계가 있다는 점[23]이다. 이것이 바로 많은 구단이 잠재력이 큰 신인을 뽑기 위해 비용을 들여 분석팀을 운영하는 이유이다.

스카우터Scouter들은 좋은 선수를 데려오기 위해 세계 각지를 돌아다닌다. 메이저리그에서 뛰어본 적은 없지만, 앞으로 실력을 발휘할 것으로 보이는 재목을 골라 내기 위해 투수라면 구속이 빠르고, 타자라면 장타력이 있는 선수가 1순위다. 예상대로 마이너리그에서 잘 적응하면서 메이저리그에 진입하면, 관계자나 팬들은 '드디어 애지중지한 유망주가 저력을 발휘하겠구나'라며 기대한다. 처음 몇 달 동안 신인이 적응하지 못해도 너그러운 마음을 갖는다. 그러나 그 기간이 길어지면 인내심은 바닥난다. 결국에는 방출되거나 은퇴하는 불행한 결말로 이어진다.

양호한 성적을 낼 수 있는 새로운 사람을 찾으려는 과정이 초기 성장주 중에서 주가가 오를 종목을 찾는 것에 대응된다. 실전에 투입되기 전에는 선수가 갖고 있는 운동 능력이 발휘되고 있다는 믿음만 있다면 문제가 없다. 성장주가 초기에 핵심 지표에서 기대 이상의 면모를 보이면 투자자는 올스타가 되는 과정이라고 믿어 주고 세게 밀어 준다. 성장주가 속해 있는 산업의 핵심 지표가 강력해 초기에 주가가 급등하고 나면 실제 기업이 돈을 벌 수 있는지 여부를 시장 참여자들이 유심히 살펴보게 된다. 메이저리그에서 성적을 내기 시작해야 앞으로도 응원팀 선수로서 계속 지지한다.

주식 시장에서는 성장주의 실력을 손익계산서상의 이익보다는 현금으로 평가한다. 이익은 회계 방식의 변경에 따라 흑자와 적자

---

22 1901년 창단됐다. 월드 시리즈World Series 우승 횟수가 27회로, 압도적인 1위를 달리고 있는 구단이다.

23 메이저리그 사무국에서 특정 구단의 독주를 막기 위해 사치세를 도입하는 등 제도적으로도 어렵다.

테슬라 주가, 판매량 및 잉여 현금흐름

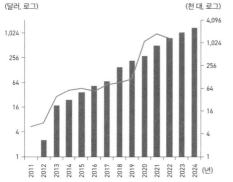
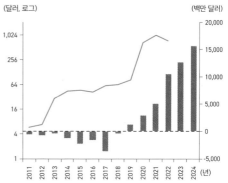

자료: Factset, 추정치는 컨센서스 기준

를 손쉽게 오갈 수 있다고 믿기 때문이다. 테슬라는 2019년 5월부터 2020년 12월까지 급등한 이후 2021년 5월까지 조정을 받았는데, 이후 7개월 동안 재차 50% 올랐다. 테슬라 실적을 살펴보면 1분기는 1년 중 계절적으로 매출액이 가장 낮은데, 2021년 1분기에 최초로 잉여 현금흐름을 창출했다. 투자자들은 가장 약한 1분기에 테슬라가 투자에 필요한 현금을 벌고도 남는다는 사실을 확인한 후 주가를 한 번 더 올렸다. 2021년 2월부터 아크 혁신 ETF에 포함된 종목들이 하락세에 진입했다는 것을 감안하면, 현금흐름에서 평가가 갈렸다고 평가할 수 있다.

암젠은 바이오를 기반으로 한 신약 개발을 통해서도 대형 제약

사로 성장 가능하다는 모습을 보여 준 기업이다. 1980년 설립 이후 연구에 매진해 1989년에 최초의 재조합 조혈 호르몬을 주입해 빈혈을 치료하는 에포젠Epogen을 출시하는 데 성공했다.[24] 개발 과정에서는 주가가 10배 이상 올랐지만, 1990년대 들어서는 상승률이 크게 둔화됐다. 1998년부터 주식 가격은 다시 앙등하기 시작했는데 영업 활동 현금흐름이 처음으로 10억 달러를 돌파했다. 1998년에 전년도 시가총액 기준으로 잉여 현금흐름 수익률이 7%를 넘기면서 현금 창출력을 확실히 증명했다.

실적이 제대로 나는 기간에 성장률이 꺾이면 유의

현금흐름이 지속적으로 증가하더라도 추세가 둔화되면 보유하고 있는 성장주에 대한 논리를 다시 점검해 봐야 한다. 코로나19를 지나면서 가입자가 급격하게 늘어나 많은 한국인이 알고 있는 넷플릭스의 주가가 2022년에는 특히 부진하다. 2021년 말 602달러에 육박했던 주식 가격은 2022년 5월 기준 200달러 미만으로 곤두박질쳤다. 컨센서스가 보여 주고 있는 2022년 이후 2년 동안의 연평균 넷플릭스 잉여 현금흐름 증가율이 100%에 가깝다는 점을 고려하면 이해하기 어렵다. 가입자 유입이 완만해지다가 감소하기까

---

24 1991년 호중구 감소증 치료제 뉴포젠Neupogen, 1998년 자가면역 치료제 엔브렐Embrel 등으로 이어지며 확실한 궤도에 오른다.

넷플릭스 주가, 가입자 및 잉여 현금흐름

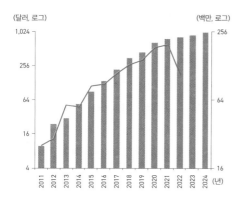

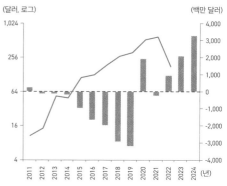

자료: Factset, 추정치는 컨센서스 기준

지 하면서 높게 부여받던 밸류에이션이 빠르게 떨어졌다.

2021년까지 평균적으로 매년 25%씩 가입자가 늘어났는데, 2022년부터 둔화세가 완연했다. 2022년 1월에 2021년 4분기 실적 발표를 하면서 기대에 미치지 못하는 다음 분기 가입자 가이던스를 제시하면서 급락이 시작됐다. 결국, 러시아-우크라이나 전쟁 등의 이유로 2022년 1분기에 가입자가 전분기 대비 20만 명 줄어들면서 주가는 더 크게 빠졌다.

셀트리온의 주가 흐름도 이와 유사하다. 매출이 지속적으로 증가하면서 2020년까지 주식 가격도 위쪽 방향으로 동행했다. 2021년부터 주가가 하락했는데, 잉여 현금흐름은 2021년에 2배 넘

셀트리온 주가, 셀트리온 바이오시밀러 매출 및 잉여 현금흐름

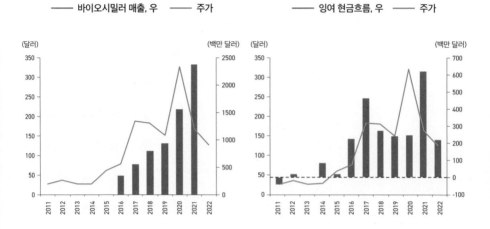

자료: Factset

게 폭증했다. 괴리는 화이자를 통해 판매하는 주력 바이오시밀러 Biosimilar[25]의 매출이 2021년에 줄었다는 사실로 설명할 수 있다. 화이자가 기록한 셀트리온 제품 매출은 2021년 6억 5,700만 달러로, 전년 대비 0.3% 감소했다. 2020년에는 5% 증가했다.

성장의 속도가 느려진 기업이 다시 이익의 증가율을 확대하기 위한 노력을 경주하기보다는 쌓아 둔 현금으로 주주 환원에 나서면서 밸류에이션 수준을 지키려는 경우가 많다. 스티브 잡스 사후

---

25 특허가 만료된 바이오 의약품에 대한 복제약

애플이 적극적으로 자기 주식을 샀던 것이 대표적인 예이다.[26]

성장-가치주로 변모하는 과정에서는 시장 참여자들이 회사의 적정 가치를 찾기 마련이다. 이후에는 실적 증가, 배당 그리고 자기 주식 매입, 주식 수 감소에 따른 주가 상승을 기대하는 투자자들이 유입되면서 새로운 주기가 시작된다.

---

26 3부 참조

ETF로도 충분히
미국의 성장주에 올라탈 수 있다

정말 다양한 미국의 ETF

성장주, 그중에서도 특히 의미 있는 이익을 내기에 시간이 오래 걸리는 성장 기업을 종목으로 투자하기에는 다양한 난관이 있다.

첫째, 변동성이다. 깊게 연구해 확신을 갖고 A라는 종목을 샀다고 해도 중간에 반드시 나타나는 급락을 견디는 것은 완전 별개의 이야기다. 3부에서 예로 들었던 아마존, 테슬라 외에도 수많은 기업이 어려움을 겪고 시세를 낸다. 2022년 상반기의 조정장에서 50% 이상 급락한 넷플릭스는 2002년에 1달러에서 시작해 2021년에 700달러까지 올랐다.

이번을 포함해 20년간 4번의 50% 초과 폭락이 있었다. 기업 분석을 철저하게 실시해 2002년에 넷플릭스를 샀다고 해도 700배의 수익을 얻기보다는 상장하자마자 맞닥뜨린 -50% 수익률에 좌절하고 떠났을 가능성이 크다. 2002년을 잘 이겨 냈다고 해도 2011년, 2012년 연달아 찾아온 50% 하락은 참아 내지 못했을 수도 있다. '1달러에서 사서 10달러로 열 배 벌었으면 됐지' 하고 팔아치워 버렸다면, 2021년까지의 추가적인 70배 수익은 남의 것이다. 2022년에 나타난 급락이 어떤 미래로 유도할지는 아무도 모르지만, 성장주가 겪는 필연적인 과정이라는 점은 알고 있어야 한다.

둘째, 하한가가 없는 미국의 특성상 부정적인 사건 하나로 한 번에 투자 금액을 모두 잃을 수 있다. 특히, 바이오 업종에서 많이 발생한다. 임상 시험을 진행하고 있는 하나의 잠재 신약이 실패하면 단숨에 90% 이상의 시가총액이 신기루처럼 사라지는 일이 흔하다.

셋째, 기업 분석의 어려움이다. 미국 기업의 공시는 상대적으로 자세하고 내부자 정보가 미리 새어 나가지 않는 편이다. 멀리 떨어진 한국에서 미국 기업을 사 장기적으로 수익을 올릴 수 있는 이유이기도 하다. 초기의 성장 기업은 실적은 없고 기대감만 있는 경우가 대부분이다. 재무제표와 밸류에이션을 갖고 분석하기 어렵고 다양한 지표를 확인하면서 장기적인 그림을 그리면서 나아가야 한다.

자신의 위험 성향과 자금의 성격을 고려할 때, 개별 주식으로 성장주에 투자하는 것이 정신 건강에 해롭다고 느낀다면 ETF가 훌륭한 대안이 된다. 미국 주식 시장에 상장된 ETF는 매우 다채로워 웬만한 투자 아이디어는 구현할 수 있다. 금리가 충분히 오른 듯하고 경제가 부진할 가능성이 높다고 생각하면 미국 장기채 ETF인 TLT[27]를 사면 된다. 인플레이션이 고착화돼 금 가격이 지속적으로 오른다고 생각하면 GLD[28]가 투자자를 위해 대기하고 있으며 각종 통화에 대한 ETF도 즐비하다. 이외에도 현금흐름을 창출하는 대안이나 대체 자산과 관련된 ETF도 많으므로 고르기만 하면 된다.

주식 이외의 자산을 담는 ETF도 이렇게 다종, 다양한데 주식은 말할 필요도 없다. GICS 기준 1단계 11개 업종은 물론, 그 밑의 단계를 포함하는 업종과 다양한 테마를 근간으로 하는 ETF도 쉽게 찾을 수 있다. 마음먹기만 하면 종목을 못 고른다고 해도 성장주에 대한 투자는 얼마든지 가능하다.

GICS 1단계 중 성장 업종 ETF

한국 주식 시장에서는 세계에서 가장 범용으로 쓰는 GICS 체계를 쓰지 않기 때문에 업종의 개수가 많다. 외국계 증권사에서 건설을 담당할 때, 건설이 GICS 체제에서는 딱 떨어지게 포함되는 업종이 없어서 설명하기가 난감했던 때가 종종 있기도 했다. 코스피의 업종 구별이 주식의 관점에서 제공되기보다는 지수가 생성되던 시대의 경제 구조를 반영한 것이 아닐까 추측해 본다. 코스피에서

---

27 iShares 20+ Year Treasury Bond ETF
28 SPDR Gold Shares

제공하는 산업별 주가 지수는 21개로,[10] GICS 1단계 11개의 2배에 가깝다. 21개의 업종은 제조업, 음·식료품, 섬유 의복, 종이 목재, 화학, 의약품, 비금속 광물, 철강 금속, 기계, 전기 전자, 의료 정밀, 운수 장비, 유통업, 전기 가스업, 건설업, 운수 창고업, 통신업, 금융업, 은행, 증권, 보험, 서비스업이다.

좋은 분류의 기본인 항목의 유일성[29]과 일관성[30]을 찾아보기 어렵다. 필자는 기관이든, 개인이든 기회가 될 때마다 GICS 1단계 기준인 11개 업종으로 분류하는 습관을 들이라고 권한다. 외국인의 주가 영향력이 크다는 점을 인정한다면, 그들이 쓰는 도구를 공유하는 게 투자 효율을 높이는 하나의 방안이라는 점을 이해하게 된다. 경험에 비춰 보면 GICS로 접근하기 쉬운 종목 위주로 외국인 투자자들이 먼저 접근하는 경향도 있었다.[31]

GICS 1단계 업종은 정보 기술Information Technology, 커뮤니케이션Communication Services, 경기 소비재Consumer Discretionary, 필수 소비재Consumer Staples, 헬스케어Health Care, 금융Financials, 산업재Industrials, 소재Materials, 에너지Energy, 유틸리티Utilities, 부동산Real Estate으로 구성된다.[11] 정보 기술에 대응하는 코스피 지수는 전기전자가 될 것이지만, 전기전자가 모두를 포괄하지는 못한다. 정보 기술의 많은 비중을

---

29 은행은 금융업인가, 은행인가?

30 정유는 우리나라 경제와 주식 시장에서 차지하는 비중이 큰데, 아예 분류가 없어 어디에 들어가야 할지 파악하기 어렵다. 섬유 의복과 종이 목재는 과거에는 큰 산업이었겠지만, 지금의 주식 시장에서는 독립적으로 남아 있을 이유가 없다.

31 삼성전자는 정보 기술, 내수의 많은 기업들은 필수 소비재, 은행은 금융, 포스코는 소재 등으로 명확한 반면, 건설은 산업재인지, 부동산인지 혼란스러우며 지주 회사는 어디에 들어가는 것이 맞는지 알기가 어렵다.

	업종	ETF	종목
1	필수소비재	XLP, VDC, IYK	프록터앤갬블, 코스트코, 코카콜라
2	헬스케어	XLV, VHT, IYH	유나이티드 헬스, 존슨앤존슨, 애브비
3	금융	XLF, VFH, IYF	버크셔 해서웨이, 제이피모건, 뱅크오브아메리카
4	산업재	XLI, VIS, IYJ	UPC, UPS, 레이시온 테크놀로지
5	소재	XLB, VAW, IYM	린데 프리포트 맥모란, 뉴몬트 코퍼레이션
6	에너지	XLE, VDE, IYE	엑손모빌, 쉐브론, 이오지 리소시스
7	유틸리티	XLU, VPU, IDU	넥스트에라에너지, 듀크에너지, 서던 컴퍼니
8	부동산	VNQ, XLRE, IYR	프롤로지스, 아메리칸 타워, 크라운 캐슬

차지하는 소프트웨어 기업들은 코스피에서는 서비스업에 포함될
텐데 GICS와 괴리가 크다. 11개 중 성장주에 속하는 업종은 정보
기술, 커뮤니케이션 및 경기 소비재이다. 세 업종에 투자할 수 있도
록 만들어 놓은 ETF는 수없이 많다. 비용이 낮고 거래가 가장 용이
한 ETF를 하나씩 골라 뒤에 수록했다. 나머지 8개 업종은 대표적
인 운용사 3곳의 ETF와 편입된 상위 3개 기업의 이름을 표로 정리
했다. 업종별 ETF는 시가총액, 종목은 편입비 순으로 적었다.

GICS 하위 단계 중 성장 업종 ETF

미국의 산업 구조도 한국 못지 않게 빠르게 변했고 아직도 변화가 극심하기 때문에 GICS 1단계만으로는 모든 기업의 성격을 올바르게 분류하기 어렵다. GICS 1단계는 새로운 산업에 속하는 성장주를 세분해 투자하려는 수요도 감당하기 어렵다. 이것이 바로 GICS 하위 단계 업종 분류가 필요한 이유이다. 카드 회사인 비자는 정보 기술 ETF에 주로 속해 있다. 투자자가 핀테크FinTech와 온라인 지불의 장기적인 미래를 밝게 보고 있으므로 비자, 마스터카드, 페이팔, 블록 등의 종목을 ETF로 사고 싶다면 GICS 1단계로는 불가능하다. ETF 발행사에서 관련된 ETF를 만들어 뒀다면 쉽게 검색해 찾을 수 있다.[32]

GICS 1단계 중 가장 다양하게 하위 단계의 성장주 ETF 투자를 지원하는 업종은 정보 기술과 헬스케어이다.

정보 기술　2018년 GICS 개편 전까지는 반도체, 소프트웨어와 인터넷은 모두 정보 기술에 속하는 하위 산업이었다. 지금은 인터넷 업종의 많은 기업이 경기 소비재나 커뮤니케이션으로 옮겨갔기 때문에 좀 더 세심하게 투자하려는 사람은 아래 단계의

32　예를 들어, 검색창에 VISA, PAYPAL ETF를 입력하면 '4 ETFs For Investing In FinTech And The Payments Industry'라는 웹 사이트가 나타난다. 이 웹 사이트에 접속하면 가장 규모가 큰 ETF인 IPAY가 가장 먼저 나타난다. 상위 10개 편입 종목이 마스터카드, 비자, 아메리칸 익스프레스, 페이팔, 피델리티 내셔날 인포메이션, 월드페이, 핀서브, 블록, 퍼스트 데이터, 디스커버 파이낸셜 서비스라는 것을 알 수 있다.

ETF를 조사해 볼 필요가 있다. 반도체 업종에 힘을 싣고 싶은
데, 애플과 마이크로소프트가 50%까지 차지하는 정보 기술
ETF는 올바른 선택이 아니다. 필라델피아 반도체 지수를 추종
하는 ETF를 사거나 중소형 반도체 비중이 더 높은 ETF를 전략
에 맞게 고르면 된다.

소프트웨어도 이와 마찬가지인데, 정보 기술에서 애플이 제외
되는 효과가 있다. 인터넷 관련 ETF는 알파벳, 메타 플랫폼스,
아마존, 넷플릭스 등을 하나로 묶어 투자할 수 있도록 해 준다.
GICS 1단계로 하면 커뮤니케이션 ETF에 아마존이 포함되지
않기 때문에 원하는 투자 방식이 구현되지 않는다.

헬스케어 미국의 헬스케어 업종은 우리나라와 달리, 성격이 완
전 다른 4개의 하위 산업을 갖고 있다. 대형 제약사와 민간 보험
사가 안정적인 가치주를 대표하는 2개의 산업이고 나머지 2개
는 신약 개발을 위주로 하는 바이오와 의료 기기이다. 존슨앤존
슨과 유나이티드 헬스로 대표되는 제약 회사와 보험사는 바이
오나 의료 기기 기업에 비해 비교가 안 될 정도로 큰 규모를 갖
고 있고 사업도 안정적이다.

존슨앤존슨은 새로운 약을 개발하는 등 신규 사업으로 확장하
지만, 기존 영역의 비중이 워낙 크기 때문에 성장주로는 인정받
지 못한다. 한국적인 사고로 헬스케어는 성장주일 것이라고 지
레짐작하고 GICS 1단계 헬스케어 ETF를 사면 완전히 반대의
투자를 하는 셈이 된다. 헬스케어 내의 성장주를 사고 싶어하는

투자자를 위해 바이오와 의료 기기에만 특화돼 있는 ETF가 상장돼 있다. 대형 바이오 기업을 위주로 하는 것도 있고 중소형의 영향이 더 큰 ETF도 별도로 있기 때문에 공부한 후 낸 결론에 맞게 고르면 그만이다. 정보 기술과 헬스케어 하위 단계 ETF도 적절하다고 판단되는 것을 골라 뒤에 붙였다.

대표적인 GICS 1단계 성장 업종 ETF: 정보 기술, 커뮤니케이션, 경기 소비재

(단위: 백만 달러)

Technology	10대 기업	비중	Communication Services	10대 기업	비중	Consumer Discretionary	10대 기업	비중
Select Sector SPDR Fund	Apple Inc.	23.06%	Select Sector SPDR Fund	Alphabet Inc.	22.66%	Select Sector SPDR Fund	Amazon.com Inc.	23.18%
Code XLK	Microsoft Corp.	22.29%	Code XLC	Meta Platforms Inc.	20.20%	Code XLY	Tesla Inc.	22.71%
발행사 State Street	NVIDIA Corp.	4.44%	발행사 State Street	Netflix Inc.	4.63%	발행사 State Street	McDonald's Corp.	4.66%
AUM* 42,670	Visa Inc.	3.72%	AUM* 12,060	Comcast Corp.	4.30%	AUM* 17,040	Home Depot Inc.	4.44%
거래 대금* 1,740	Mastercard Inc.	3.12%	거래 대금* 429	T-Mobile US Inc.	4.28%	거래 대금* 1,940	Nike Inc.	4.33%
분배금 지급률 0.8%	Broadcom Inc.	2.58%	분배금 지급률 1.0%	Walt Disney Company	4.23%	분배금 지급률 0.7%	Lowe's Companies	3.47%
PER 30.51	Cisco System Inc.	2.32%	PER 20.14	AT&T	4.20%	PER 33.74	Target Corp.	2.59%
PBR 10.28	Adobe Inc.	2.18%	PBR 3.56	Activision Blizzard Inc.	4.05%	PBR 10.21	Starbucks Corp.	2.56%
비용 0.10%	Accenture Plc	2.14%	비용 0.10%	Charter Communications Inc.	4.04%	비용 0.10%	Booking Holdings Inc.	2.46%
	Salesforce Inc.	2.12%		Verizon Communications Inc.	3.98%		TJX Companies Inc.	1.87%

업종	비중		업종	비중		업종	비중
소프트웨어	33.45%		인터랙티브 서비스	49.47%		자동차	25.95%
하드웨어	24.17%		엔터테인먼트	19.28%		온라인 플랫폼	24.51%
반도체	20.34%		미디어	17.81%		호텔 레저	18.20%
IT 서비스	16.43%		통신 서비스	9.15%		유통	15.61%
기타	5.61%		기타	4.29%		기타	15.73%

지역	비중		지역	비중		지역	비중
미국	100.00%		미국	100.00%		미국	100.00%

주: 다른 운용사에서 나온 업종 ETF도 많고 다양하며 그중에서 비중이 낮고 유동성이 큰 것 선택(2022년 5월 기준)

자료: Factset

대표적인 GICS 2단계 성장 업종 ETF: 정보 기술과 관련된 반도체, 소프트웨어, 인터넷

(단위: 백만 달러)

iShares Semiconductor ETF

항목		10대 기업	비중
Code	SOXX	NVIDIA Corp.	8.97%
발행사	Blackrock	Broadcom Inc.	8.64%
AUM*	9,120	AMD Inc.	7.16%
거래 대금*	614	Intel Corp.	6.16%
분배금 지급률	0.8%	Qualcomm Inc.	5.34%
PER	25.06	TI Inc.	4.29%
PBR	6.02	Marvel Tech.	4.27%
비용	0.43%	Microchip Tech.	4.23%
		KLA Corp.	4.21%
		Analog Devices	4.10%

업종	비중	지역	비중
반도체	79.57%	미국	90.02%
반도체 장치	20.43%	대만	4.91%
		네덜란드	3.77%
		기타	1.30%

iShares Expanded Tech-Software Sector ETF

항목		10대 기업	비중
Code	IGV	Microsoft Corp.	8.50%
발행사	Blackrock	Salesforce Inc.	8.42%
AUM*	5,540	Adobe Inc.	8.22%
거래 대금*	403	Intuit Inc.	6.26%
분배금 지급률	0.0%	Oracle Corp.	5.79%
PER	107.62	ServiceNow Inc.	5.02%
PBR	10.37	Activision Blizzard Inc.	2.75%
비용	0.43%	Palo Alto Networks Inc.	2.71%
		Synopsys Inc.	2.28%
		Autodesk Inc.	2.10%

업종	비중	지역	비중
응용 소프트웨어	60.59%	미국	98.83%
시스템 소프트웨어	31.90%	캐나다	1.17%
인터렉티브 엔터	5.53%		
인터렉티브 미디어	1.86%		
기타	0.12%		

First Trust Dow Jones Internet Index Fund

항목		10대 기업	비중
Code	FDN	Amazon.com Inc.	9.70%
발행사	First Trust	Alphabet Inc.	9.52%
AUM*	7,150	Meta Platforms Inc.	6.79%
거래 대금*	60	Salesforce Inc.	4.51%
분배금 지급률	0.0%	Cisco System Inc.	4.49%
PER	112.73	Netflix Inc.	4.15%
PBR	6.99	Pay Pal Holdings Inc.	4.06%
비용	0.51%	Airbnb Inc.	2.98%
		Snowflake Inc.	2.84%
		Twittwe Inc.	2.76%

업종	비중	지역	비중
정보 기술	44.60%	미국	100.00%
커뮤니케이션	31.18%		
경기 소비재	18.48%		
헬스케어	3.56%		
기타	2.18%		

주: 2022년 5월 기준
자료: Factset

대표적인 GICS 2단계 성장 업종 ETF: 헬스케어와 관련된 바이오(대형, 중소형), 의료 기기

(단위: 백만 달러)

iShares Biotechnology ETF

10대 기업	비중
Amgen Inc.	8.13%
Gilead Sciences	6.83%
Regeneron Pharm.	6.51%
Vertex Pharm.	6.11%
Moderna Inc.	5.39%
Illumina Inc.	4.21%
IQVIA Holdings	3.90%
BioNTech ADR	3.21%
Biogen Inc.	2.79%
Mettler-Toledo	2.74%

Code	발행사	AUM*	거래 대금*	분배금 지급률	PER	PBR	비용
IBB	Blackrock	8,660	325	0.3%	166.36	5.00	0.45%

업종	비중	지역	비중
바이오	33.45%	미국	89.46%
생명공학	24.17%	독일	3.21%
제약	20.34%	덴마크	2.25%
IT서비스	16.43%	기타	5.08%
기타	5.61%		

SPDR S&P Biotech ETF

10대 기업	비중
Editas Medicine Inc.	1.14%
Ocugen Inc.	1.13%
BridgeBio Pharm.	1.13%
Arcturus Therapeutics	1.11%
Apellis Pharm.	1.08%
Global Blood Therapeutics	1.08%
Karuna Therapeutics	1.06%
Iovance Biotherapeutics	1.06%
CareDX Inc.	1.04%
Karyopharm Therapeutics	1.02%

Code	발행사	AUM*	거래 대금*	분배금 지급률	PER	PBR	비용
XBI	State Street	5,640	1,060	0.0%	-9.29	4.12	0.35%

업종	비중	지역	비중
바이오	100.00%	미국	100.00%

iShares US Medical Devices ETF

10대 기업	비중
Thermo Fisher	16.06%
Abbott Laboratories	14.52%
Medtronic Plc	10.29%
Edwards Lifesciences	4.83%
Intuitive Surgical Inc.	4.61%
Stryker Corp.	4.51%
Boston Scientific Corp.	4.46%
Beckton Dickinson&Co.	4.15%
DexCom Inc.	4.14%
IDEXX Laboratories Inc.	3.80%

Code	발행사	AUM*	거래 대금*	분배금 지급률	PER	PBR	비용
XLY	State Street	17,040	1,940	0.7%	33.74	10.21	0.10%

업종	비중	지역	비중
헬스케어 기기	80.27%	미국	100.00%
생명공학	19.29%		
기타	0.44%		

주: 2022년 5월 기준
자료: Factset

U.S.
stocks

PART 5

가치주 밸류에이션 방법과 투자 전략

"투자는 철저한 분석을 통해 원금을 안전하게 지키면서도 적절한 수익을 확보하는 것이다. 그렇지 않다면 투기이다."

"An investment operation is one which, upon thorough analysis, promises safety of principal and an adequate return. Operations not meeting these requirements are speculative."

— **벤저민 그레이엄** *Benjamin Graham*

2022년에 들어서면서 주가 조정기에 진입했다. 20% 내외의 하락은 주식 투자 과정에서 필연적으로 나타나는 일이다. 그럼에도 불구하고 최근에 증시에 참여한 사람들에게는 생소하게 다가올 수 있다. 올해 들어 떨어진 폭이 2020년 1분기 코로나19 이후 2년 만에 투자자들을 공포에 빠뜨렸다. 아크로 대표되는 돈을 못 버는 성장주가 2000년 IT 버블이 붕괴되는 과정에서 나스닥이 급락했던 수준까지 빠진 것도 괴로움을 가중시켰다.

시장 참여자들을 더욱 힘들게 했던 것은 약세를 보였던 기간이다. 2008년 이후로만 한정해 보면 2021년 11월에 고점을 친 나스닥 지수는 2021년 6월 기준 8개월째 제대로 된 반등을 하지 못하고 있다. 금융 위기 기간에 50% 폭락한 이후 S&P500은 고점 대비 5% 이상 내렸던 경우가 자주 있었는데, 대부분 1분기 이내에서 바닥을 다졌다. 주식 투자가 주는 괴로움이 3개월이면 해소됐다는 뜻이다. 1분기만 기다리면 손해가 만회되고 수익도 났다. 이것이 바로 미국에 들어가 끝까지 버티면 돈을 번다는 믿음이 퍼진 이유이기도 하다.

시장의 변동성이 커지고 변화가 완연해 가치주에 대한 관심이 다시 높아지고 있다는 것을 느낀다. 최근 들어 기관 투자자들로부터 가치주에 대한 문의가 자주 들어온다. 지인들도 평소에 묻지 않던 가치주에 대해 물어보기 시작했다. 대화는 주식에 대한 걱정에서 출발한다.

"요즘, 시장이 너무 불안한데 주식을 어떻게 해야 할지 모르겠어."

"어떤 주식을 갖고 있는데?"

"다우지수 ETF하고 빅테크들 위주야."

"그러면 걱정할 필요 없을 거 같은데. 매달 남는 돈으로 주식을 꾸준히 더 사고, 특히 배당은 꼭 재투자해."

"나도 너한테 이야기 많이 들어서 머리로는 그래야 한다고 생각하는데 무서워서. 이렇게 왔다 갔다 할 때는 가치주가 좋다는 말도 있는데 가치주로 갈아타야 할까?"

"가치주를 살 때도 좋은 주식을 고르기만 하면, 충분히 할 수 있는 투자지."

"인플레이션으로 긴축하면 경기가 안 좋아진다는데 물가가 오르는 것을 방어하는 에너지, 소재 관련 가치주는 어때?"

"경제가 나빠지는 데 경기에 민감한 산업을 산다는 게 약간 어색하지 않니?"

대화나 질문이 이런 식으로 이어지는 경우가 많다. 무서운 이야기가 언론을 장식하고 시장에 참여하기 두려울 때는 이런저런 방식으로 투자해야 한다는 추천이 넘쳐난다. "성장주가 잘 나가면 성장주, 가치주의 우위가 이어지면 가치주를 사자."라는 말도 많아진다.

필자는 주식 시장을 완전히 떠나지만 않는다면 성장주/가치주, 대형주/중소형주 등 어떤 방식으로 투자해도 상관없다고 생각한다. 미래에 수익률을 더 많이 주는 쪽이 어느 것인지는 아무도 모르기 때문이다.

가치주는 '경기 민감주'와 '경기 방어주'로 나뉜다. 이 둘은 완전히 다른 방식으로 투자해야 한다. 불안하니까 가치주에 들어가자는 것은 2개의 차이를 무시하는 공허하고 위험한 말이다. 경제가 악화되는 과정에서 증시에 대한 노출을 가져가려면 가치주 중에서도 경기 방어주에 주목해야 하고 경기 민감주는 피하는 편이 좋다. 경기 민감주든, 경기 방어주든 논리에 맞는 결정을 할 필요가 있다는 점을 강조하고 싶다.

가치주 중 경기 민감주에 주목해야 하는 시기는 경제가 둔화될 때가 아니라 회복되거나 확장될 때이다. 이름 그대로 경기에 민감한 주식이 몰려 있는 업종들이 경기 민감주에 속해 있다. GICS 1단계 업종 11개 중 일반적으로 에너지, 산업재, 소재 및 금융을 경기 민감주로 분류한다. 워렌 버핏의 코로나19 사태 이후 편입 종목을 보면 경제가 좋아지는 동안 경기 민감주를 사는 투자 방식을 잘 보여 준다. 언론에 따르면,[1] 워렌 버핏은 항공주, 석유 및 가스 그리고 일본 상사 종목을 매입했다. 처음에 매수 사실이 알려졌을 때는 워렌 버핏의 투자가 옳지 않다는 의견이 많았다.

'투자의 귀재' 워렌 버핏이 최근 공개한 일본 무역회사 지분 매수는 자신의 원칙을 저버린 투자라는 비판이 나왔다. 버핏이 주가만 저렴한 기업과 복합 기업을 외면해 왔다는 지적이다. 그러면서 이번 투자가 대규모 통화 완화 때문일 수 있다고 분석했다. 일본 기업 인수합병(M&A) 전문가인 스티븐 기번스 변호사는 4일(현지 시간) 「닛케이아시안 리뷰」에 기고한 '워렌 버핏, 길을 잃었나?(Has Warren Buffett lost his way?)'라는 칼럼에서 이와 같이 비판했다. ···(중략)···

기번스 변호사는 "매우 경쟁적인 글로벌 환경이다. 한 회사가 여러 사업 분야에서 경쟁력을 유지하기란 어렵다"라며 투자자들이 코스 요리보다 단품을 선호한다고 말했다. 그는 한 분야만 파는 기업과 경쟁해야 하는 일본 상사들은 해자(성 외곽을 둘러싼 못)를 갖추지 못했다며 버핏의 유명한 해자 비유를 인용해 그를 비판했다. ···(후략)···

— News.einfomax.co.kr, 2020년 9월 4일 기사 중

시간이 지나고 보니 중간에 실패를 인정하고 손실을 확정한 항공주를 제외하면 에너지와 일본 상사 종목에 대한 투자는 성공적인 것으로 드러나고 있다. 많은 사람이 인플레이션을 예견한 워렌 버핏의 혜안을 칭송하기 바쁘다. 워렌 버핏이 이런 주식들을 왜 샀는지는 알 수 없다. 필자는 워렌 버핏이 물가 상승만을 바라보고 에너지나 일본 상사 기업을 구매했다고 보지는 않는다. 2020년을 바닥으로 회복되는 경제에 대한 확신이 더해졌다고 믿는다. 경기가

좋아지기 때문에 대표적인 경기 민감주인 산업재에 포함된 항공주,
에너지 및 상사 기업을 샀다는 뜻이다.

경기 민감주에 투자하려면 매크로에 대한 이해 필요

금리, 달러, 유가 그리고 물가

경기가 회복되거나 성장률이 확대되는 기간에는 경기 민감주에 대한 투자를 고려해야 하기 때문에 주요 지표에 대한 이해가 꼭 필요하다. 경제와 관련된 지표는 매우 다양하다. 모두 알려고 하면 한도 끝도 없다.[1] 모든 지표에 대해 알 필요는 없다. 경험상 금리, 달러, 유가 및 물가의 4가지만 알아도 충분하다. 언론에 자주 등장하는

---

1 경제 지표에 대한 자세한 공부를 원하는 독자를 위해 한국은행에서 발행한 「알기 쉬운 경제지표 해설」을 추천한다.

설문 조사Survey[2]에 바탕을 둔 지표들은 결국 이 4가지의 움직임에 영향을 받을 수밖에 없으므로 중복되거나 순환 참조의 영역에 속하게 된다.

금리 시장 참여자들의 채권 거래에 따라 결정되는 '장기 금리'와 각국 중앙은행의 기준 금리에 좌우되는 '단기 금리'로 나눌 수 있다. 장기 금리는 통상 10년 이상의 채권 금리를 의미하며 실물 경제의 움직임과 밀접한 관련이 있다. 이론적으로 장기 금리는 실질 경제 성장률과 물가 상승률을 반영해야 한다. 시장 참여자들이 경기 회복을 기대하며 높아지는 물가에 대한 추가 보상을 원하기 때문에 장기 금리가 올라가면서 채권에 대한 수요가 줄어든다. 경제가 둔화된다고 전망하면 상대적으로 안전한 국채에 대한 인기가 올라가면서 장기 금리가 떨어진다. 이와 반대로 생각해 보면, 장기 금리가 상승하는 시기는 채권 투자자가 경기를 긍정적으로 평가한다고 볼 수 있고 하락하는 동안에는 경제를 부정적으로 본다고 이해해도 좋다.

단기 금리에 큰 영향을 미치는 기준 금리는 중앙은행이 규칙으로 정하는 '초단기 금리'를 말한다. 기준 금리가 정해지면, 중앙은행은 환매 조건부 채권RP, Repurchase Agreement[3]을 사고팔면서 시중의

---

2 미국 공급관리자협회ISM, The Institute of Supply Management에서 발표하는 제조업 구매 관리자 지수 PMI가 대표적인 것 중 하나인데, 400개 이상 기업의 구매/공급 관련 중역을 대상으로 하는 설문 조사 결과로 산출한다.

3 금융 기관에서 일정 시간이 지난 후에 이자를 붙여 다시 사 주는 조건으로 판매하는 채권을 말한다.

미국 10년물

― 미국 10년 물 금리

자료: Factset

단기 금리가 기준 금리 수준으로 유지되도록 한다. 금융 기관들의 자금 수요가 많아 단기 금리가 기준 금리 위로 튀면 중앙은행은 시장에 풀려 있는 환매 조건부 채권을 사서 유동성을 공급한다. 이와 반대의 상황이 발생하면 환매 조건부 채권을 풀어서 단기 자금을 흡수해 단기 금리가 기준 금리에 붙도록 유도한다.

금리 수준뿐만 아니라 장단기 금리 차이에 대해서도 알아 둘 필요가 있다. 10년물 금리나 2년물 금리의 차이를 통상적으로 장단기 금리 차이로 정의한다. 장단기 금리 차이가 축소되면 경제에 대한 기대가 악화되고 있다고 평가하는 경우가 많다. 장단기 금리의 축소는 중앙은행이 시중의 과잉 유동성을 회수하기 위해 단기 금리를 인상하는 과정에서 경제 주체들이 미래를 불안하게 생각해 장기 금리가 하락하는 과정에서 발생하기 때문이다.

달러 미국의 통화인 달러는 경쟁자가 없는 가장 확실한 기축 통화이다. 국제통화기금의 특별 인출권에 속하는 유로, 파운드, 엔 및 위안까지 기축 통화의 일종으로 인정하기도 하지만, 달러와는 경쟁이 되지 않는다. 브레튼 우즈Bretton Woods 체제가 확립되면서 달러는 파운드를 잇는 기축 통화로 떠오르게 됐다. 석유를 달러로만 거래할 수 있게 하면서 확고부동한 기축 통화가 됐다. 우리가 보는 원달러 환율은 한국에서 달러 가치를 확인하는 방안에 불과하다. 원화와의 관계를 뛰어넘는 달러의 가치를 확인하려면 달러 지수를 참고해야 한다. 달러 지수는 1973년 3월을 100으로 삼아 6개국 통화에 대한 미국 달러의 평균 가치를 비율로 산정한다. 달러 지수에 포함되는 통화는 유로, 엔, 파운드, 캐나다 달러, 스웨덴 크로나 및 스위스 프랑이다. 역사적 고점은 1985년 2월에 기록한 164,7, 저점은 2008년 3월에 찍은 70.7이다. 달러는 안전 자산으로 인정받고 있기 때문에 경기 침체나 금융 위기가 오면 가치가 오르는 경향이 있다. 국내 투자자의 입장에서 미국 주식을 갖고 있으면, 주가 하락기에 손해를 보더라도 원달러 환율이 올라 일부를 만회할 수 있다는 장점이 있다. 달러 강세 기간에는 미국 증시가 다른 지역에 비해 우수한 수익률을 보일 때가 많기도 하다.

달러 지수

자료: Factset

역사적으로 달러가 오랜 기간 약세를 보였던 사례는 3번 있었다. 첫째, 1970년대 초에 미국이 달러의 금태환을 폐지하면서 달러 지수가 120에서 80대 초반까지 빠졌다. 둘째, 1985년의 플라자 합의로 160에서 80까지 달러의 가치가 반토막이 났다. 셋째, IT 버블과 9·11 테러가 발생한 상황에서 중국까지 부상해 미국의 패권이 사라질지도 모른다고 우려했던 2001~2008년까지 120에서 70까지 하락했다.

유가 원자재 가격의 중요성은 중국이 투자를 늘리면서 세계 공

유가

— WTI 유가

(달러/배럴)

자료: Factset

장으로 우뚝 서던 기간인 2000~2010년에 비해서는 떨어졌다. 2020년부터 전기차 침투율이 본격적으로 상승하면서 원유 수요도 하락하는 추세다. 2022년 2월에 발생한 러시아 - 우크라이나 전쟁으로 시장의 수급이 일시적으로 불안해졌지만, 석유 수출국 기구는 여전히 장기적인 공급 초과에 대한 우려를 표명하고 있으며 급격한 증산을 지양하고 있다.

2022년에 인플레이션이 증시의 하락 요인으로 지목되면서 유가는 낮은 것이 좋다는 생각이 팽배해졌다. 그런데 2020년 3월 코로나19 위기로 주가가 급락할 때를 되돌아보면 정확히 반대의

물가

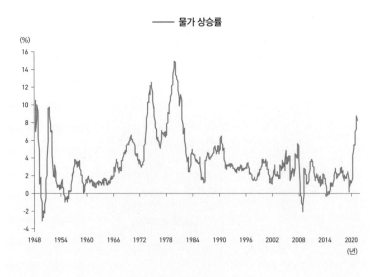

—— 물가 상승률

자료: Factset

논리가 시장을 지배했다. 기름 가격이 떨어질 때마다 지수가 폭
락한 것이다. 시장이 유가 하락을 경제가 어렵다는 방증이라고
받아들인 것이다. 유가의 수준은 일반적으로 경제 활력의 정도
를 보여 주는 경우가 많다. 완만하게 상승하는 원유의 단가는 장
기적인 주식 시장이 건전하다는 것을 의미하므로 주식 투자에
나서기에 가장 좋은 시기가 된다.

물가 일반적으로 많이 접하는 소비자 물가 상승률과 연방준비
제도가 통화 정책을 결정할 때 참고하는 개인 소비 지출 증감률

을 통해 물가 수준을 파악한다.[4] 1980년대 초반의 정점 이후 미국의 소비자 물가 상승률은 꾸준하게 하락해 왔다. 기술 발전에 따른 생산성 향상과 세계화에 따른 분업이 비용을 낮췄다. 물가는 중앙은행의 통화 정책에 영향을 미치기 때문에 중요하다. 긴축을 위해 중앙은행이 금리를 올리는 과정에서 주가의 변동성이 확대된다. 기준 금리가 천천히 인상되는 기간에는 시장이 강세를 유지하는 경향이 있고 급격하게 올라가는 동안에는 일시적인 하락을 보이는 때가 많다.

경기 민감주는 고PER에 사서 저PER에 팔아라

경기 민감 업종의 PER이 낮다는 것은 이익이 정점에 가깝다는 뜻

건설업 애널리스트를 처음 맡아 열심히 첫 자료를 낸 후 기관 투자가들을 만나 필자가 업종을 긍정적으로 전망하는 이유를 설명했다. 당시는 젊었고 새롭게 시작하는 일이었기 때문에 꽤 적극적이었던 것으로 기억한다. 필자는 한국의 건설 회사들의 중동발 수주 증가율이 100%가 넘고 주택 시장 활황에 따른 이익 증가로 밸류에이션이 매력적이라는 점을 부각시켰다. 펀드매니저로서 오랜 기간 일했던 본부장 한 분에게도 같은 논리를 설파했다. 세미나가 끝나고 그분이 해 주고 싶은 말이 있다고 했다. 열정을 갖고 애널리스트 일을

---

4   두 지표의 특징 및 차이점은 2부를 참조하기 바란다.

하는 듯해서 조언을 해 주고 싶다고 했던 것으로 기억한다. 그때 들었던 말은 '사이클 주식은 PER이 낮을 때 사자고 권하지 말고 PER은 높지만 앞으로 낮아질 가능성이 커 보일 때 매수를 추천하라'였다. 미래에 실제로 이익이 늘어나면 가장 좋고 설령 증가하지 않더라도 시장 참여자들이 그렇게 믿으면 경기 민감주는 주가가 오르는 경향이 있다는 설명이었다.

3부에서 살펴본 바와 같이 PER은 밸류에이션을 접하는 과정에서 제일 먼저 익숙해지는 잣대다. 'PER이 낮으면 이익에 비해 주가가 싸기 때문에 매력적인 주식이고 PER이 높으면 고평가됐다'라는 방식으로 접근한다. 이는 틀린 말이 아니며 시장에서 그 회사의 장기적인 수익 창출 능력을 경쟁 기업이나 과거의 그 기업이 냈던 수준에 비해 과소 평가하는 경우에는 절호의 매수 기회가 되기도 한다. 다시 한번 강조하지만, PER을 계산할 때는 반드시 미래의 이익을 추정하거나 예상해야 한다. 전년도에 실적이 좋아서 PER이 낮아졌더라도 장래에는 여러 가지 이유로 인해 이익이 줄어든다면 낮은 PER이 주식 매수의 이유가 돼서는 곤란하다.

기업의 실적이 경제 상황과 무관하게 안정적인 필수 소비재나 헬스케어와 같은 업종은 애널리스트의 추정치를 그대로 받아들이고 PER을 구한 다음 투자 결정을 해도 충분하다. 문제는 회사가 내는 이익이 경제 주기에 많은 영향을 받는 경기 민감주에서 발생한다. 경기가 확장되는 국면에서 경기 민감주의 실적은 빠르게 개선된다. 시장은 실제로 회사가 좋아지는지 확인하고 싶어한다. 주가의 상승폭이 이익 증가를 따라가지 못하면서 기업의 PER이 낮아지는 구간이 나타난다.

실적이 지속적으로 향상되는 와중에 PER이 매력적이라는 사실을 파악했다면 투자에 나서도 상관없다. 보통은 이익이 고점을 치면서 언론에 업종과 종목이 회자되기 시작할 때 투자자들의 관심을 끄는 경우가 많다. PER이 낮고 전망이 좋다고 해서 주식을 매수했는데 주가가 빠져서 이상하다고 느끼는 사람들을 많이 봤다. 시장은 경기 민감주가 미래에 감익될 것이라는 사실을 반영하면서 주식 가격을 빼고 있는데, 현재의 이익에 빠져서 싸다고 판단하면 곤란하다. 저PER이 앞으로는 실적이 둔화된다는 의미로 받아들여질 수도 있기 때문이다.

주요 사례: 철강, 화학, 조선 및 메모리 반도체

경기 민감주가 PER이 낮을 때 매력적이라고 느끼고 주식을 사면 확률적으로 수익률이 우수하지 못할 수도 있다는 근거를 역사적 관점에서 찾아봤다. 경기 민감주에 투자할 때 PER이 높다고 무조건 매수해야 한다는 것도 말이 안 된다. 하지만 이와 반대로 PER이 높다고 해서 절대 건드려서는 안 된다는 의견도 틀렸다는 것을 다시 한번 강조하고 싶다. 대표적인 사이클 산업인 철강, 화학, 조선 및 메모리 반도체에서 주요한 예를 찾아봤다.

철강 S&P500에 포함된 유일한 철강 회사인 뉴코는 전기로를 통해 제품을 생산한다. 2004년부터 2007년까지의 산업재 주도 강세장에서 뉴코의 주가는 2배 이상 폭등했다. 같은 기간의 주당 순이익도 3.54달러에서 4.94달러까지 늘어났지만, 주가 상승률은 따라잡지 못했다. 이것이 바로 PER이 2004년 7.5배에서 2007년 12배까지 올라간 이유이다.[2] 2008년 EPS는 6.2달러로 증가했지만, 주가는 하락해 PER이 7.7배로 떨어졌다. PER이 1년 만에 40% 내려갔으니 절호의 매수 기회였을까?

2008년 종가로 산 투자자가 수익 영역까지 진입하는 데 8년이 걸렸다. 2015년 주식의 단가는 40.3달러로, 2008년 종가에 비해 여전히 15% 아래에 있었고 PER은 36.3배로 과거에 비해 월등히 높았다. 2017년 뉴코는 63.6달러까지 올랐고 PER은 15.5배로 하락했다. 2020년 코로나19 위기 기간에도 PER은 22.5배까지 급상승했는데, 비싸다고 이 종목을 외면했다면 2021년의 100% 상승을 향유할 수 없었을 것이다.

화학 롯데케미칼은 전기차 배터리 부문을 포함하고 있던 LG화학을 제외하고 한국에 상장된 가장 큰 순수 화학 기업 중 하나다. 롯데케미칼의 2020년 PER은 59.7배였고 주가는 전년 대비 22% 하락한 상태였다. 59.7배는 과거 20년 평균 11배의 5배가 넘을 정도로 높았다. 주가는 2021년 말까지 31% 상승했고 PER은 5.5배로 급락했다. 2022년 5월 말 기준 롯데케미칼은 2021년 말 대비 20% 이상 하락했다. 이는 단순히 PER만으로 경기 민감주의 투자 매력도를 결정하는 행위의 위험성을 잘 보여 준다.

조선 현대중공업이 대표적인 조선 업체인데도 지주 회사로 바꾸는 등의 지배 구조 변경으로 주가의 시계열이 길지 않다. 이것이 바로 현대 미포 조선을 선정해 설명하는 이유이다. 2019년에 전년 대비 20% 이상의 주식 가격 하락을 겪었는데, PER은 2018년 30.9배에서 34.5배로 오히려 상승했다. 2020~2021년에는 연속으로 적자를 냈다. 주가는 2019년 이후 2년 동안 50% 이상 올랐다. 2008년에는 주가가 3분의 1로 폭락하면서 PER이 5배로 2007년의 반이 됐다. 2008년에 바닥을 찍었을 것 같지만, 2009년에 주식 가격은 추가로 15% 하락했다.

메모리 반도체 제4차 산업혁명의 물결이 세상을 뒤덮으면서 비메모리 반도체 업종의 경기 민감도는 많이 완화됐다. 사용처가 많아지고 공급을 쉽게 늘리지 못하게 됐기 때문이다. 메모리 반도체는 여전히 경기에 민감하다는 의견이 우세하다. 주가를 보면 그렇게 봐도 무방하다. 세계 3위의 메모리 반도체 회사인 마이크론은 2008~2009년 2년 연속으로 적자를 내고 2010년에 확실한 턴어라운드를 보여 주면서 PER이 6배로 낮았다. 적자 기간 동안 4배 가까이 올랐던 주가는 흑자를 냈는데도 2011~2012년 약세를 시현했다. 2020년 PER은 19배로 역사적으로 가장 높은 수준이었는데, 주가는 2021년에 24% 올라 강세를 보였다.

경기 방어주는
SWAN 전략으로

4부에서 성장 산업에 대한 고정 관념을 가져서는 안 된다고 이야기했다. 특정 산업의 우세가 오랜 기간 이어지면서 성장하는 기업에 대한 고착화된 생각이 생겼다. '제4차 산업 혁명' 개념이 제시되고 난 후 주식 시장을 주도하는 업종은 정보 기술 관련 기업으로 전환됐다. 비대면 경제 활동을 강요한 코로나19로 잘 나가는 회사와 나머지의 간극은 더 커졌다. 그럼에도 불구하고 안정적인 사업을 통해 현금을 창출하는 기업을 발굴하는 전통적인 투자 방식을 통해 주가 변화에 예민하게 반응하지 않으면서 주식을 장기적으로 보유해 중위험, 중수익을 주는 기업에 대한 관심도 기울여야 한다. 필자는 SWAN Sleep Well at Night 포트폴리오를 통해 이를 달성할 수 있다고 믿는다.

SWAN이라는 이름과 개념은 필립 피셔가 제안한 투자 철학을 활용했다. 필립 피셔는 저평가 기업을 재무제표로 파악했던 벤저민 그레이엄에 비해 13년 늦게 태어났다. 『위대한 기업에 투자하라 Common Stocks and Uncommon Profits』(1958)와 『보수적 투자자는 마음이 편하다 Conservative Investors Sleep Well』(1975)를 통해 정성 분석의 중요성을 설파했다. 다음 세대를 대표하는 1930년생 워렌 버핏은 2가지 방식을 결합해 최고의 투자자 중 한 사람이 됐다. 경제적 해자 Economic Moat[5]가 있어 안정적인 사업 구조와 강력한 브랜드를 갖고 생산이 효율적이어서 수익성이 우수하면, SWAN 포트폴리오에 포함될 수 있다. 기업의 문화가 건전해 회계가 투명하고 경영진이 주주 가치를 중시해야 한다.

SWAN이란?

안정적인 사업 구조: 경제적 해자

경쟁 없는 산업은 찾아보기 어렵다. 구조적으로 경쟁이 약한 영역만 있을 뿐이다. 경쟁이 치열하지 않은 곳에서 사업을 영위한다고 해도 수익성을 유지하면서 오랜 기간 이익을 늘려간 기업은 경제적

---

5 워렌 버핏이 고안한 용어로, 특정한 회사를 경쟁사들로부터 보호하는 독점적인 경쟁력을 의미한다.

해자가 있어 안정성이 높다고 받아들여진다. 이와 반대로 영위하는 사업과 회사 자체의 특징을 파악해 경제적 해자가 있는지 여부를 파악할 수도 있다. 가장 많이 활용되는 방법은 하버드 대학교 교수인 마이클 포터Michael Porter[6]가 1979년 「하버드비즈니스리뷰HBR, Harvard Business Review」를 통해 주장한 5가지 요인Five Forces[3]분석이다. 동일 업종 기업 간의 경쟁 강도는 산업의 매력도를 평가하는 기본이 된다. 집중도가 높고 초과 설비 규모가 적으며,[7] 퇴거 장벽이 낮을수록 산업의 경쟁이 약하다고 평가한다. 경쟁 강도를 결정하는 외부 요인으로는 신규 참여자, 공급자, 구매자의 협상력 그리고 대체품/서비스의 위협이라는 4가지가 언급돼 있다.

새로운 기업이 얼마나 쉽게 뛰어들 뛰어들 수 있는가Threat of Entry? 잠재적 참여자의 진입을 막아 주는 장벽Barriers to Entry에는 6가지 원천이 있다.

1. 규모의 경제Economies of Scale: 대량 생산을 통해 비용을 충분히 낮춰야 경쟁이 가능한 업종이라면 진입 장벽이 높다. 규모의 경제는 생산에 한정되지 않고 연구 개발, 마케팅, 유통 및 자금 조달 등 전 영역에 영향을 미친다.

---

6   1947년생으로, 프린스턴 대학교에서 항공기계공학으로 학사를 취득하고 하버드 대학교에서 경영학 석사 및 경제학 박사 학위를 받았다. 26세에 하버드 대학교 교수가 됐으며 35세에 정년을 보장받는 교수가 됐다. 5요인 분석 외에 가치 사슬 이론으로도 유명하다.
7   성장하는 업종이라면 낮은 설비 증가율

2. 제품 차별화Product Differentiation: 오랜 기간 동안 확립돼 신뢰성
   이 높은 브랜드는 경쟁 기업을 물리치는 중요한 요인이다. 새
   롭게 뛰어드는 회사는 혁신적인 제품으로 시장에 진입하지
   않는 한 충성도가 높은 고객을 뺏어오기 위해 막대한 비용을
   써야 한다. 돈을 들인다고 고객이 넘어온다는 보장도 없다

3. 자본 필요성Capital Requirements: 사업을 시작하기 위한 투자 규모
   가 클수록 진입하기 어렵다. 회복이 불가능한 매몰 비용으로
   간주되는 광고비나 연구 개발비 비중이 크면 더욱 힘들다.

4. 비용 우위Cost Advantages: 기업의 규모와 관계없이 시행착오를
   통해 축적된 암묵지가 보이지 않는 손실을 줄인다.

5. 유통망 접근성Access to Distribution Channels: 모바일을 통해 제품 및
   서비스 제공이 가능해진 최근에는 상대적으로 중요성이 떨어
   진다.

6. 정부 규제Government Policy: 특허 또는 명시된 법에 의해 신규 진
   입자를 막아 주는 산업은 진입 장벽이 높다.

공급자 대비 기업의 협상력이 우위에 있는가? 공급자 수가 적고 원
료 및 중간재의 품질이 공급하는 회사에 따라 차이가 크면 공
급자의 협상력이 강하다. 공급자 간의 유대가 강해 판매 경쟁을

하지 않거나 기업이 공급자의 주요 고객이 아닌 경우도 이와 마찬가지이다.

구매자 대비 기업의 협상력이 우위에 있는가? 구매자가 많은 양을 한 번에 매입하고 사는 쪽의 숫자마저 적으면 기업의 협상력은 떨어진다. 규격화된 제품을 매입하고 구매자의 최종 지출에서 차지하는 비중이 크면 구매자는 신중하게 대체재를 찾을 것이기 때문에 기업의 협상력은 약화된다.

대체품 및 서비스에 쉽게 접근할 수 있는가? 수월하게 옮겨갈 수 있는 제품이나 서비스를 공급하면 단가 인상에 한계가 있다. 경기가 좋지 않은 시기의 악영향은 더욱 크다. 경제가 침체되면 경쟁은 가일층 심화되며 손실을 내는 때가 많다.

같은 산업 안에서의 경쟁 상황을 알아보는 데는 허핀달-허시만 지수HHI, Herfindal-Hirschman Index를 주로 사용한다. 허핀달-허시만 지수는 시장 참여 기업의 점유율을 제곱한 후 더해서 구한다. 미국에서 합병 과정을 심사할 때 허핀달－허시만 지수가 1,800을 초과하면 고도로 집중된 시장, 1,000~1,800 사이에 있으면 집중된 시장, 1,000 미만이면 집중적이지 않은 시장으로 간주한다고 알려져 있다. 우리나라에서는 허핀달－허시만 지수가 1,200 미만이라면 시장 집중도가 낮아 경쟁 제한성이 없다고 추정한다.[4] GICS 1단계 기준 11개 업종의 기업 매출을 기준으로 계산하면, 필수 소비재, 금융,

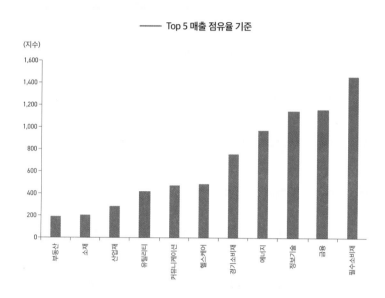

자료: Factset

정보 기술의 집중도가 높았다. 경쟁이 치열하다고 느껴지는 정보 기술의 수치가 높은 것은 애플과 마이크로소프트가 S&P500을 기준으로 산업 내 비중이 높기 때문이다. 2022년 시장의 변동성이 확대되는 과정에서 점점 더 많은 투자자가 대형 정보 기술 기업이 필수 소비재와 유사한 특징이 있다고 설명하는 이유를 여기서 찾을 수 있다.

매출 성장률이 높게, 오랜 기간 지속되면 기업의 사업이 경제적 해자를 갖고 있다고 인정할 수 있다. 경기 변화에 따라 외형의 단기적인 움직임이 클 수 있기 때문에 10년 주기의 연평균 매출액 증가율을 통해 업종별 경제적 해자의 정도를 판단하는 것이 가능하다. 2007년 이후 10년씩 4개의 구간으로 나눠 연평균 성장률을 계산해보면 모든 구간의 매출 증가율 평균이 가장 높았던 업종은 헬스케어였다.[5] 최저 7.8%에서 최고 8.4%를 기록했다. 경기 소비재와 정보 기술이 각각 2, 3위를 기록했다. 경기 소비재는 3.3~8.7%, 정보 기술은 4.1~5.8%의 범위에서 움직였다. 가장 부진했던 업종은 에너지로, 모든 구간에서 연평균으로 매출이 감소했다. 매출이 확대되는 속도의 표준편차가 작으면 경제가 영업에 미치는 영향이 제한적인 업종이라고 간주해도 무방하다. 매출이 가장 많이 늘었던 헬스케어는 변동성도 가장 낮아 실적의 가시성이 높게 나타났다. 필수 소비재는 성장률 순위는 중간이었지만, 표준편차는 두 번째로 작았다. 커뮤니케이션과 에너지의 매출 성장률 변화폭이 컸다. 경기 소비재는 두 번째로 외형이 크게 확장됐던 반면, 변동성은 컸다.

우월한 수익성과 효율적인 생산

이익률이 높고 변동성이 낮아 가시성이 양호하면 매출이나 사업 구조와는 다른 관점에서 경제적 해자가 있는 산업이다. 수익성이 좋고 미래의 이익을 추정하기 쉬우면 자기자본 비용이 낮아져 PER과 같은 밸류에이션 지표가 올라간다. 주가를 결정하는 두 가지 요인인 주당 순이익과 PER 추정치가 신뢰할 만하면 기업 가치를 믿을 수 있다. 기업이 높은 이익률을 안정적으로 유지하기 위해서는 인플레이션 시기에 비용 증가를 뛰어넘는 가격 인상을 해야 하고,

매출 증가율의 표준편차

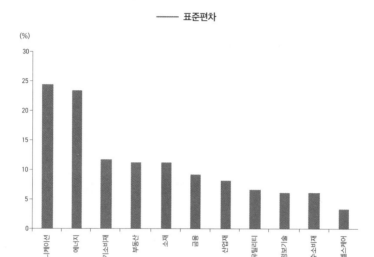

자료: Factset

디플레이션이 오면 제품 또는 서비스의 단가가 버텨 줘야 하며, 생산이 효율적이어서 설비 투자의 필요성이 작아야 한다.

변동성이 낮은 상태에서 높은 수익성을 시현하는 업종을 찾는 방법으로 순이익률을 표준편차로 나눈 비율을 이용할 수 있다. 과거 15년 수치로 계산해 보면 헬스케어가 1위를 차지했는데, 연평균 순이익률은 10.1%로 5위였지만, 표준편차가 낮았다. 비교 기간에 순이익률이 9.7~11%의 좁은 범위에서 움직일 정도로 작은 변동성을 보였다. 헬스케어 다음으로는 필수 소비재가 우수한 성과를 보였다. 표준편차가 헬스케어 다음으로 작았다. 순이익률의 최댓값과 최솟값의 차이가 1.8%p에 불과했다. 커뮤니케이션과 에너지가 하위권에 위치했는데, 커뮤니케이션은 변동성이 컸고 에너지는 수익성이 저조했다.

매출이 일정할 때 이익률의 변동성이 낮으면 주당 순이익의 가치가 커진다. 예측 가능한 PER을 갖게 되면 주식 가격은 견조할 가능성이 높다. 업종 평균 PER의 표준편차는 헬스케어가 가장 낮았다. 2008년 금융 위기와 2020년 코로나19 기간에 실적이 악화되지 않아서 PER의 변화폭이 작았다. PER이 10~20배의 범위에서 움직일 정도로 안정적이었다. 커뮤니케이션과 에너지의 PER 변동성이 컸다. 적자와 흑자를 넘나들면서 PER의 기호 전환이 잦았다. 표준편차가 클 수밖에 없다. 이것이 바로 이익률이 양호하게 유지돼야 PER이 안정적이라는 의견의 근거라고 할 수 있다. PER에 대한 의구심이 생기면 다른 업종에 비해 높은 배수를 적용할 수 없다. 경제적 해자는 회사의 시가총액에 직접적 영향을 끼치는 경로이다.

높은 수익성과 낮은 변동성을 동시에 오랜 시간 동안 유지할 수 있을 것인지를 살펴보려면 설비 투자의 효율성을 고려해야 한다. 꾸준하게 성장하기 위해 큰 규모의 설비 투자가 필요한 경우라면 좋은 이익률을 지속하기 어렵다. 감가상각비는 오랜 기간 동안 쌓인 고정 자산(저량Stock)을 바탕으로 계산되는 비용(유량Flow)이다. 따라서 투자가 급격하게 늘어나지 않는 한 변화가 크지 않다. 이것이 바로 설비 투자 규모에 따라 감가상각비 대비 설비 투자 비율이 결정되는 이유이다. 장기간 설비 투자가 감가상각비를 초과하면

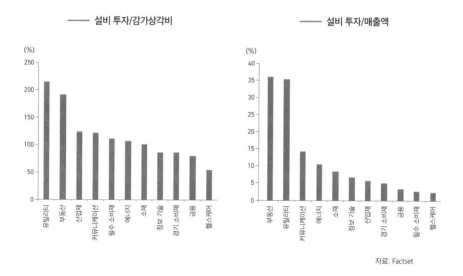

미국 업종별 설비 투자 분석: 헬스케어는 설비 투자가 감가상각보다 작고 필요성도 미미

─── 설비 투자/감가상각비

─── 설비 투자/매출액

자료: Factset

자금 조달 부담이 커져 이익률이 불안정해진다. 헬스케어는 감가상각비 절반 수준의 설비 투자로도 지난 15년간 경제적 해자를 증명해 왔다. 매출액 대비 설비 투자 비중이 높아도 효율이 떨어지는 것은 마찬가지다. 외형 증가를 위해 설비 투자를 꾸준히 늘려야 한다면 기업 규모 확대에 따른 능률 개선을 누리지 못하게 된다.

헬스케어와 필수 소비재는 매출액 대비 설비 투자 비율이 5% 미만으로 낮아 대부분의 영업 활동 현금흐름이 잉여 현금흐름으로 전환된다. 주주에게 돌려 줄 수 있는 현금 여력이 크다. 헬스케어와 필수 소비재는 매출액이 설비 투자보다 빠르게 늘어났다. 고정비 절감 효과가 커서 생산이 효율적이다.

강한 브랜드와 연구 개발은 기업의 영속성과 연결

매출액이 안정적으로 늘고 이익률이 유지되면 순이익 증가의 가시성이 높을 수밖에 없다. 여기에 브랜드까지 탁월하면 진입 장벽이 높고 협상력이 커지며 대체품의 위협도 약화된다. 경제적 해자가 강화되는 것이다. 생활하면서 어떤 회사의 브랜드가 강한지 느낄 수 있지만, 개인이 정량화하기는 어렵다. 경쟁력으로 연결되는 탁월한 브랜드를 확인하려면 평가 기관의 순위를 참고할 필요가 있다.

인터브랜드Interbrand[8], 포브스Forbes,[9] 브랜드 파이낸스Brand Finance[10]의 목록에 모두 들어 있는 기업을 대상으로 조사했다. 각 기관 순위 평균의 역수로 줄을 세웠다. 1위는 애플이 차지했다. 외국산 스마트폰의 무덤인 중국과 일본에서 유일하게 의미 있는 점유율을 가질 정도로 브랜드의 힘이 강력하다. 이것이 다른 스마트폰 기업에 비해 월등히 높은 이익률을 유지하는 이유이다. 그 뒤를 이어 5위 안에 마이크로소프트, 구글, 코카콜라, 아마존이 위치했다. 30위까지 포함된 회사를 보면 주식 시장이 관심을 갖는 정도와의 괴리가 발견된다. 제품과 서비스의 품질에 대해 축적된 명성이 반영됐다. 이러한 점도 SWAN 유형 투자의 장기적인 수익률이 양호할 것이라는 믿음을 정성적으로 강화한다.

---

8 1974년에 설립된 뉴욕에 본사를 둔 브랜드 컨설팅 회사로, 과거 17년 동안 세계에서 가치 있는 브랜드를 선정하는 베스트 글로벌 브랜드를 발표해 왔다.

9 1917년에 창간된 미국의 출판 및 미디어 기업으로, 잡지는 2주에 한 번 발행되며 매년 브랜드 가치 100위를 발표한다.

10 1996년에 설립된 영국의 브랜드 컨설팅 회사로, 미국 외 기관의 의견을 반영하는 차원에서 포함시켰다.

	종목	업종		종목	업종		종목	업종
1	Apple	정보 기술	11	Nike	경기 소비재	21	삼성	정보 기술
2	Microsoft	정보 기술	12	VISA	금융	22	eBay	커뮤니케이션
3	Google	커뮤니케이션	13	Intel	정보 기술	23	Johnson & Johnson	헬스케어
4	Coca-Cola	필수 소비재	14	General Electric	산업재	24	Morgan Stanley	금융
5	Amazon	경기 소비재	15	Walmart	필수 소비재	25	P&G	필수 소비재
6	Disney	경기 소비재	16	JP Morgan	금융	26	FedEx	산업재
7	Facebook	커뮤니케이션	17	Mastercard	금융	27	Kellogg's	필수 소비재
8	American Express	금융	18	Starbucks	경기 소비재	28	CITI	금융
9	McDonald's	경기 소비재	19	Ford	경기 소비재	29	HP	산업재
10	Pepsi	필수 소비재	20	Netflix	커뮤니케이션	30	Goldman Sachs	금융

업종별로는 금융이 7개로 가장 많았다. 카드 기업이 3개로 아메리칸 익스프레스, 비자, 마스터카드가 포함됐다. 네 곳의 대형 은행인 제이피 모건, 모건 스탠리, 시티, 골드만삭스가 순위권에 들었다. 경기 소비재가 6개로 그 뒤를 이었다. 아마존을 필두로 디즈니, 맥도날드, 나이키, 스타벅스, 포드가 순위에 올랐다. 다음으로는 필수 소비재, 정보 기술 순이다. 헬스케어에서는 존슨앤존슨이 유일하게 편입됐다. GICS 1단계 업종 중 목록에 포함되지 못한 업종은 소재, 에너지, 유틸리티, 부동산이다.

산업의 변화가 빨라 브랜드를 유지하기 위해 기업의 지출을 늘려야 한다면 브랜드 효과가 크다고 보기 어렵다. 기존에 확고하게 선두의 지위를 지켰다고 해도 정보 기술 및 커뮤니케이션 업종에서는 기술 및 환경의 진화에 대응하지 못해 어려움을 겪는 사례가 있다. 3부에서 확인한 인텔이 AMD에게 뒤지는 과정이 적절한 반면교사다. 정보 기술과 커뮤니케이션의 매출액 대비 R&D 비용이 높을 수밖에 없다는 예시다. 신약 개발이 필수인 헬스케어도 이와 마찬가지이지만, 정보 기술이나 커뮤니케이션에 비해서는 낮다. 금융과 필수 소비재는 연구 개발비 지출이 거의 필요 없다. 핀테크는 새롭게 떠오른 기업들이 선점하고 있으므로 기존 금융 기업은 정보 기술 관련 투자를 통한 효율 개선에 집중하고 있다. 필수 소비재는 기존 제품의 개량 정도에 연구 개발이 국한된다. 인간의 기본적인 욕구를 채우는 식품 및 생활 용품 등의 소비재와 관련된 혁신에는 한계가 있기 때문이다. 필수 소비재는 설비 투자와 연구 개발 필요성이 모두 낮아 실적이 증명하는 경제적 해자가 오랜 기간 유지될 가능성이 높다.

투명한 회계

회계를 믿을 수 없다면 앞에서 언급한 SWAN의 조건은 의미가 없다. 우수한 사업 구조 덕분에 매출액이 안정적으로 늘고 이익률이 높고 가시성이 좋아 실적이 꾸준히 성장하며 브랜드가 우월해 기업의 영속성까지 양호한 기업이 회계까지 투명하면 SWAN에 적합하다. 회계 투명도를 가이던스Guidance[11] 제공 여부와 달성 정도, 재무 상태표의 기타 순유동 부채 및 손익계산서의 기타 이익 규모 등으로 측정할 수 있다고 생각한다. 평소에는 가이던스를 주다가 위기가 왔을 때 주지 않는 회사라면 회계의 정합성이나 예측 가능성이 최상이라고 보기 어렵다. 경기 움직임이 실적에 영향을 미칠 수 있다는 의미를 내포하기 때문이다. 필자는 이번 기회에 GICS 1단계 11개 업종을 대상으로 가이던스 제시 비율과 코로나19 사태 이후에 중단한 기업의 비중을 조사해 봤다.

가이던스 제공 비율이 높은 업종은 유틸리티, 정보 기술, 헬스케어, 부동산 등이었다. 유틸리티와 부동산은 정해진 계약 또는 공식에 따라 이익이 결정된다는 특성이 작용했다. 가이던스를 잘 주지 않는 산업은 에너지, 금융이었다. 외생 변수가 실적에 반영된다는 점이 그 이유일 것이다.

금융에 속해 있는 하위 산업 중 금융 서비스의 가이던스 제시 비율이 높았다. 은행 중에서는 제이피모건을 제외하면 손익 관련 가이던스를 제공하는 회사는 드물다. 코로나19가 닥친 이후 가이던스를 주지 않은 기업의 비중이 높았던 업종은 경기 소비재, 산업재, 부동산 순이었다. 부동산은 평소에는 가이던스를 잘 제공하지만, 임차인의 임대료 연체 가능성을 반영해 가이던스 제시를 중단한 곳이 많았다. 규제를 받는 유틸리티를 제외하면 정보 기술과 헬스케어가 경제 위기에도 가이던스 제공을 멈추는 기업이 적었다. 정

---

11 분기, 연간 또는 그 이상의 기간에 대한 손익 및 기타 재무 지표에 대한 기업의 예상치를 말한다.

보 기술은 경기에 민감하다고 인식되지만, 대형화, 과점화가 되면서 필수 소비재와 유사한 성격을 갖게 됐다는 것을 다시 한번 보여준다. 헬스케어는 연구 개발에 대한 투자가 많은데도 건강 관련 지출의 탄력성이 낮아 실적 가시성이 높다는 점을 드러냈다.

필자는 재무제표를 작성할 때 표준화된 항목으로 나타낼 수 없는 회계 사항이 적다면 회계 투명도가 높다고 믿는다. 재무 상태표와 손익계산서에서 기타 순유동 부채와 영업 외 항목의 기타 이익의 비중을 계산했다. 일반적으로 애널리스트가 기업 실적 추정 모델을 만들 때, 모델의 일관성을 확인하기 위해 2가지 항등식을 활용한다. 자산은 부채와 자본의 합과 반드시 같아야 하며 현금의 증감분은 3가지 현금흐름[12]과 기타 환율 효과의 합과 일치해야 한다. 항등식을 맞추는 과정에서 앞에서 언급한 항목이 과거에 비해 튀는지 여부를 파악해 모델의 적합성을 판단하는 식이다. 기타 순유동 부채 비율은 부동산, 유틸리티, 에너지가 낮았다. 기타 이익 비중은 금융, 필수 소비재, 헬스케어가 양호했다. 순이익의 잉여 활동 현금흐름 전환 비율을 통해 현금흐름의 안정성을 파악할 수 있다. 전환 비율이 높으면 운전 자본과 비현금성 비용, 수익이 현금흐름에 긍정적으로 작용해 손익계산서상의 이익이 대개 영업 활동 현금으로 바뀌고 설비 투자 부담도 낮다는 의미이다. 커뮤니케이션, 헬스케어, 소재의 잉여 현금흐름, 순이익 비율이 좋았다.

---

12 영업 활동 현금흐름, 투자 활동 현금흐름, 재무 활동 현금흐름을 말한다.

경영진 및 문화

경제의 방향성, 정부의 정책 및 금리, 원자재 가격 등의 변수는 기업에 영향을 미친다. 하지만 성장에 대한 의지가 굳건하고 기업의 영속성에 대한 목표가 확실한 경영진이 회사를 책임지고 있다면 어려움을 헤쳐 나갈 수 있다고 생각한다. 일반 주주보다 기업의 대주주 또는 경영진의 이익을 우선으로 고려하는 대리인 문제를 방지하기 위해서라도 경영진의 자질이 중요하다.

필립 피셔는 투자 대상을 찾는 15가지 질문 중 5개를 경영진 관련 사항에 할애할 정도로 최고 경영진을 중요하게 언급하고 있다. 미국 투자자는 경영진을 기업 평가에서 가장 중요한 요인으로 고려하는 경우가 많다. 최고 경영진은 실적 발표회에 참석해 회사의 과거, 현재, 미래에 대해 투자자와 의사소통하고 기대에 부응하려고 노력한다. 분기 실적이 나올 때 경영진의 언급과 애널리스트와의 질문 및 대답을 통해 5가지 질문에 대한 답을 구하기 위해 노력할 필요가 있다.[13]

1) 경영진은 매출액을 추가로 늘릴 수 있는 신제품을 개발하고자 하는 의지가 있는가?
2) 경영진 간에 훌륭한 관계가 유지되고 있는가?
3) 두터운 경영진을 갖고 있는가?

---

13 투자 대상이 되는 미국의 기업들은 대부분 자기 회사의 홈페이지에 실적 발표 자료와 질의 응답을 올려놓는다.

4) 경영진은 평소에는 투자자와 자유롭게 대화하지만, 문제가 발생하면 사라지는가?

5) 의문의 여지가 없을 정도의 진실한 경영진을 갖고 있는가?

경영진의 능력과 진실성을 파악하는 방법은 직접 만나 보는 것이 가장 좋다. 현실적으로 어렵다는 점을 고려해 「하버드비즈니스리뷰」가 발표한 100대 CEO 순위를 통해 업종별 경영진의 우수성을 확인해 봤다. 100대 CEO 중 금융의 비중이 18%로 가장 높았고 산업재와 정보 기술이 그 뒤를 이었다. 정보 기술의 경영자는 상위권에 많이 포진했다. 엔비디아의 젠슨 황Jensen Huang[14]이 1위, 세일즈포스닷컴의 마크 베니오프Marc Benioff[15]가 2위, 텍사스 인스트루먼트의 전문 경영인이었던 리차드 템플턴Richard Templeton이 4위, 어도비의 CEO 자리를 2007년부터 지키고 있는 샨타누 나라옌Shantanu Narayen이 6위, 마이크로소프트의 사티아 나델라Satya Nadella[16]가 9위에 오르는 등 10위권에 5명이 포함됐다. 헬스케어와 필수 소비재는 각각 9%, 8%를 차지해 중위권이었다. 하위권에는 에너지, 유틸리티, 부동산이 위치했다. 규제와 외생 변수의 영향이 상대적으로 커서 경영진의 중요도가 떨어진다는 의미로 받아들여진다.

---

14 엔비디아를 1993년에 창업했다. 대만 출신으로 오리건 주립대학교 전기공학 학사, 스탠퍼드 대학교 전기 공학 석사 학위를 취득했다.

15 오라클에서 13년 일한 후 1999년에 세일즈포스닷컴을 설립했다. 2018년에 저명한 잡지 「타임」을 인수하는 등 인문학에도 관심이 많다.

16 2014년부터 CEO 역할을 수행하고 있다. 스티브 발머Steve Ballmer의 후임으로, 클라우드로의 전환을 추진해 마이크로소프트 사업의 성격을 바꿈으로써 성장성을 되찾게 했다.

대주주를 위해 소액 주주의 이익을 훼손하는 가장 쉬운 방법은 배당이나 자사주 매입을 하지 않고 순이익을 사내에 유보하는 것이다. 배당이나 자사주는 지분율에 따라 혜택이 공평하게 돌아가기 때문에 일반 주주의 총 주주 환원율을 배당과 자사주 매입 금액을 더하고 이를 시가총액으로 나눠 계산한다. 내부 유보는 성장성이 특출한 초기 기업이 아니라면 경영권을 행사하는 대주주에게 유리하다. 경영진이 장기간에 걸쳐 안정적으로 배당을 지급하고 자사주를 매입했다면 소액 주주의 이익을 고려해 준다고 판단할 수 있다. S&P500 배당 귀족 지수S&P500 Dividend Aristocrats Index는 25년 연속으로 배당이 증가했고 시가총액이 30억 달러 이상이며 직전 3개월 거래 대금이 500만 달러 이상인 기업을 편입한다. 배당 귀족 지수의 업종별 배분을 살펴보면 산업재, 필수 소비재, 소재, 헬스케어가 높은 비중을 차지한다. 지난 20년간의 배당 및 자사주 수익률의 표준편차는 헬스케어, 유틸리티, 필수 소비재가 낮다. 공통적으로 배당의 변동성이 작은데, 기업이 어려워지면 배당보다 자사주 매입을 먼저 중단하는 성향이 반영됐다.

주가 차익보다는 안정적인 현금 유입을 위해 투자하는 경우가 대부분인 부동산과 유틸리티의 배당 수익률이 가장 높았다. 필수 소비재와 에너지가 그 뒤를 이었다. 정보 기술과 경기 소비재의 배당 수익률이 낮았다. 두 업종은 배당보다는 자사주를 매입해 주주에게 벌어들인 돈을 돌려 줬다. 대형 정보 기술이나 경기 소비재 기업들이 성숙기로 진입해 투하 자본 수익률이 높은 신사업을 찾기 어려워지면서 쌓여 있는 현금을 주주에게 나눠 주기 시작했다. 배

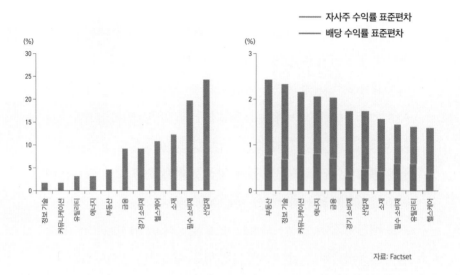

배당 귀족 지수 내 업종별 비중과 배당 및 자사주 수익률 표준편차

자료: Factset

당과 자사주를 합친 총 주주 환원율을 기준으로 금융이 1위를 차지
했다. 필수 소비재는 4위, 헬스케어는 9위에 올랐다. 최하위를 차지
한 커뮤니케이션의 총 주주 환원율도 4%가 넘었다. 2부에서 확인
한 역사·문화적 전통에 따른 미국 기업의 소액 주주에 대한 배려를
알 수 있는 증표다.

SWAN 포트폴리오의 예

밤에 잠을 편하게 잘 수 있는 포트폴리오를 구성하는 방법은 다

양하다. 특정 업종과 종목을 잡아 최대한 연구한 후 확신을 갖고 주식을 사면 주가가 빠져도 마음이 편하다. 최대한 다양한 산업에 포함된 기업을 나눠 보유해 변동성을 줄이는 방안도 있다. 공부가 된 상태라면 어떤 방식도 좋다. 여기서 내가 보여 주는 포트폴리오는 하나의 사례로만 받아들였으면 한다. 반드시 정답이라고 할 수 없고 투자자의 성향에 따라 맞지 않을지도 모르기 때문이다.

미국 기업은 대부분 분기마다 배당금을 지급하기 때문에 배당의 가시성과 신뢰성이 높은 기업 12개를 고른다면 매주 현금을 받을 수 있다. 업종별 배분까지 감안하면 안정성은 더욱 올라간다. SWAN 포트폴리오에 포함된 12개의 기업은 필수 소비재의 킴벌리클라크, 필립모리스, 프로터앤갬블, 부동산의 더블유피케리, 금융의 제이피모건, 커뮤니케이션의 에이티앤티, 헬스케어의 애브비, 화이자, 존슨앤존슨, 산업재의 캐터필러, 록히드마틴, 소재의 린데이다. SWAN 포트폴리오의 베타는 0.7 미만으로 시장에 비해 움직임이 적다.[6] 평균 시가총액은 2,000억 달러로 S&P500의 6,500억 달러에 비해 작아 중·대형주의 비중이 높은 편이다. 배당 수익률은 3.8%로, S&P500 수치 1.3%보다 높다. 배당과 자사주 매입을 더한 총 주주 환원율은 5.5%로, 영업으로 창출하는 잉여 현금흐름으로 감당할 수 있다. 미국 시장 투자자의 분산 효과를 위해 S&P500에서 비중이 가장 높은 정보 기술은 포함하지 않았다. 지난 40년간의 주가와 총 주주 환원을 모두 감안해 분석하면, SWAN 포트폴리오의 장기 보유에 따른 수익률이 견조하다는 점을 확인했다. 10년 기준으로 최저 5%의 수익률을 기록했다. S&P500이나 역사적 평균과 비교한 밸류에이션도 부담 없는 수준이다.

미국 주식 투자로 매주 현금 수령

우리나라에서는 연말이 다가오면 배당주에 대한 관심이 높아진다. 연간 배당이 일반적이어서 11월에 배당을 많이 주는 종목을 사면 짧은 보유 기간으로 높은 실질 배당 수익률을 달성할 수 있기 때문이다. 해외 주식을 보는 투자자들도 이와 비슷한 질문을 하는 경우가 가끔 있다. 한국과 유사한 비미국 선진국이라면 가능한 접근이다. 미국 기업에는 해당 사항이 없다. 미국에 상장된 회사들은 대부분 분기별로 배당을 한다. 종목마다 결산기가 달라 배당 지급일이 제각각이다. 적절하게 분산해 기업을 매수하면 주식 투자로도 주간의 현금흐름을 창출할 수 있다. SWAN 포트폴리오를 보유하면 주간 배당이 지급된다. 분기 배당을 실시하는 12가지 종목을 편입한 포트폴리오의 배당 지급 횟수는 48번이므로 주간으로 배당금을 받을 수 있는 것이다. 일주일에 한 번 배당이 유입되기 때문에 분기 또는 연간 한 번만 수취하는 경우에 비해 투자 유연성이 극대화된다. 배당금을 받아 SWAN 포트폴리오에 재투자해도 되고 콜 옵션 Call Option[17]을 산다는 기분으로 꿈을 먹고 자라는 주식에 돈을 넣어도 된다. 어느 쪽이든 주식 투자의 복리 효과를 누리게 된다.

---

17 기초 자산을 만기에 행사 가격으로 사고팔 수 있는 권리를 '옵션'이라고 한다. 이 중 사는 권리를 '콜옵션'이라고 하는데, 콜옵션 매수자는 자산의 가격이 오르면 원래 예정됐던 낮은 가격으로 매입할 수 있기 때문에 이익을 본다. 가격이 하락하더라도 이미 지불한 가격만 포기하면 하방은 제한되기 때문에 '콜옵션'이라는 용어를 사용했다.

1월에 배당을 주는 기업은 킴벌리클라크(생활 용품, 필수 소비재), 필립모리스(담배, 필수 소비재), 더블유피케리(부동산), 제이피모건(은행, 금융)이다. 네 회사 모두 12월 결산 법인이지만, 배당 지급 주는 다르다. 킴벌리클라크는 첫 번째 주, 필립모리스는 두 번째 주, 더블유피케리는 세 번째 주, 제이피모건은 네 번째 주에 현금이 나온다. 2월에 배당을 주는 기업은 에이티앤티(통신, 커뮤니케이션), 애브비(헬스케어), 프록터앤갬블(생활 용품, 필수 소비재), 캐터필러(건설 기계, 산업재)이다. 6월에 결산하는 프록터앤갬블을 제외하고 나머지 회사는 12월에 회계를 마감한다. 에이티앤티가 첫 번째 주, 애브비가 두 번째 주, 프록터앤갬블은 세 번째 주, 캐터필러는 네 번째 주에 배당금을 지급한다. 3월에 배당을 주는 기업은 화이자(헬스케어), 존슨앤존슨(헬스케어), 린데(산업용 가스, 소재), 록히드마틴(방산, 산업재)이다. 네 회사 모두 12월에 결산한다. 화이자가 첫 번째 주, 존슨앤존슨은 두 번째 주, 린데는 세 번째 주, 록히드마틴은 네 번째 주에 배당을 준다. 2~4분기에는 1분기와 같은 순서로 매주 현금이 창출되는 구조다.

동일 비중으로 12개 종목을 편입한 SWAN 포트폴리오의 배당 수익률은 3.8%다. 자사주 수익률 1.7%를 감안한 총 주주 환원은 5.5%로 높다. 배당 수익률이 가장 높은 기업은 에이티앤티로 8.0%이고, 제일 낮은 회사는 린데로 1.5%이다. 제이피모건이 시가총액 대비 4.4%의 자사주를 매입해 맨 위에 있고 더블유피케리는 자사주를 사지 않는다. 더블유피케리는 부동산 기업으로 벌어들이는 돈의 대부분을 배당해야 세제 혜택이 있기 때문에 자사주 미매입이 자연스럽다. 투자 원금을 10만 달러라고 가정하면 최소 28달러(11, 24, 38, 51번째 주, 린데)에서 최대 171달러(5, 18, 31, 44번째 주, 에이티 앤티)까지 매주 계좌에 배당금이 꽂힌다. 연간 총배당금은 3,745달 러이다. 실제로 수취하는 현금이 이론적 배당에 미치지 못하는 이 유는 최소 매입 단위가 한 주이므로 10만 달러를 모두 사용해 주식 을 살 수 없기 때문이다. SWAN 포트폴리오와 S&P500을 비교해 보면 SWAN 포트폴리오의 배당이 얼마나 매력적인지 알 수 있다.

배당 수익률 자체도 높지만, 주간으로 받는 현금을 적시에 투자 할 수 있다는 점도 누적되는 배당금의 규모를 제고한다. 무위험 이 자율 1%로 매주 받는 배당을 재투자한다고 가정하면 연간 배당률 은 4%가 넘는다. 단순 배당 수익에 비해 0.3%p 높다. S&P500의 배 당을 분기별로 투자하면 배당 수익률이 0.1%p 올라가는 데 그친 다. 보유한 주식에서 발생하는 배당으로 성장 기업을 사서 재투자 수익률을 고양할 수도 있다.

10만 달러를 갖고 SWAN 포트폴리오의 배당으로 미국 정보 기 술 ETF인 XLK를 사는 경우와 S&P500에서 나오는 돈으로 매수 하는 사례를 비교했다. SWAN 포트폴리오에서 추가되는 수익은 239달러로, 포트폴리오 전체 수익률을 0.24% 향상시켰다. S&P500 의 배당금으로 XLK를 편입했을 때 증가하는 금액은 59달러로, SWAN 포트폴리오의 25% 수준에 그친다. 주간으로 먼저 투자한 현금의 효과다. 장기적으로 누적되면 차이가 더 크게 벌어진다.

업종 배분 감안한 포트폴리오와 장기 기대 수익률

배당의 수익률 수준과 안정성을 고려해 SWAN 포트폴리오 종목을 선정했기 때문에 업종 비율이 S&P500과 상이하다. S&P500에서 높은 비중을 차지하는 것은 정보 기술로, 28%이다. SWAN 포트폴리오에는 정보 기술은 없고 헬스케어의 비중이 35%로 가장 높다. 존슨앤존슨, 화이자 그리고 애브비가 포함된다. 두 번째로 높은 필수 소비재는 23%인데, S&P500은 6%이다. SWAN 포트폴리오에 들어 있는 필수 소비재 기업은 킴벌리클라크, 필립모리스 및 프록터앤갬블이다. 정보 기술을 제외하고 SWAN 포트폴리오에 편입되지 않은 업종은 경기 소비재, 에너지, 유틸리티이다.

경기 소비재 현금 창출력에 비해 밸류에이션이 높아 배당 여력이 크지 않다는 점을 고려했다. S&P500의 경기 소비재 비율은 12% 수준이다. 경기 소비재에서 가장 시가총액이 큰 종목은 아마존이고, 테슬라가 포함된다.

에너지 배당 수익률은 높은 편이지만, 유가에 따라 잉여 현금흐름으로 배당금을 감당하지 못하는 경우가 종종 있었다. 에너지 회사의 신용 등급이 전통적으로 높은 편이고 차입도 쉬운 편이라 외부에서 돈을 빌려 배당을 지급할 때도 있다. 기업의 체력만으로 배당을 주는 능력의 안정성이 떨어진다고 판단했다.

유틸리티는 규제 및 지역이라는 해자를 갖고 있지만, 이익이 발전 기저[18]에 마진을 곱해 계산되기 때문에 설비 투자 부담이 지속적으로 발생한다. 환경에 대한 우려도 커지면서 신재생에 대한 자금 투입도 증가하는 경향이 있다. 효율적으로 돈을 벌어 주주에게 대부분 돌려 준다는 SWAN 포트폴리오의 핵심적인 기준에 적합하지 않다.

제시된 SWAN 포트폴리오를 갖고 있으면 기대할 수 있는 수익률을 역사적 관점, 주식 요구 수익률, 배당을 활용해 계산해 봤다. 1984년 이후 분기 주가와 배당을 기준으로 총수익률을 산출하면 10년 수익률이 5년, 3년보다 높았다. 2021년 기준으로 지난 3년 누적 연평균 수익률은 12%, 5년은 14%, 10년은 19%를 나타냈다. 우수한 결과가 모두 장기 보유의 혜택은 아니었다.

인플레이션을 해결하기 위해 폴 볼커가 급격하게 올렸던 금리가 1980년대부터 하락하면서 채권 가격은 2021년까지 꾸준하게 올랐다. 자산 분배 관점에서 경쟁 대상이 되는 무위험 이자율이 하락했기 때문에 1990년대, 2000년대, 2010년대로 넘어오면서 기간 수익률이 하락할 수밖에 없었다. 그럼에도 불구하고 1983년 이후의 누적 연평균 수익률이 15%를 넘는다는 점은 고무적이다. 수익률의 표준편차가 더 컸던 S&P500[19]은 15%에 미치지 못했고 미국 국채 3년 금리가 0~3% 수준에 있었던 것을 고려하면 SWAN 포트폴리

---

18 '요금 기저'라고도 한다. 전기를 생산하기 위해 필요한 설비 규모로 이해하면 쉽다.
19 SWAN 포트폴리오의 베타가 1보다 작았다는 의미이다.

오는 괜찮은 수익을 제공했다.

PER의 역수로 정의되는 주식 요구 수익률과 배당을 통해 도출한 SWAN 포트폴리오의 기대 수익률은 10%를 넘는다. 14배 내외의 PER을 의미하는 7%의 주식 요구 수익률과 3% 후반의 배당 수익률로 구성된다. S&P500의 요구 수익률이 5%(20배 PER), 배당 수익률이 1.3%로 기대 수익률은 6% 선이고 미국 국채 10년 및 30년 금리가 3% 내외인 점을 감안하면 SWAN 포트폴리오의 장기 수익률은 잠들 때 불안하지 않게 할 가능성이 크다.

킴벌리클라크(KMB, Kimberly-Clark Corp.):
세계 최대의 생활 용품 회사 중 하나

- 1872년에 설립된 세계적인 생활 용품 제조 기업: 하기스. 크리넥스 등의 유명 브랜드 보유
- 기저귀, 휴지 및 종이 타월을 제조하는 퍼스널케어 부문, 가정용 제품이 위주인 컨슈머티슈, 상업용 물티슈를 담당하는 K-C프로페셔널로 구성
- 약 175개국에서 사업을 영위하며 북미 매출 비중이 55% 선

Factset 투자 의견(B/H/S): 1/13/5
Factset 목표가: 132.6달러
상승 여력: -4.5%

시가총액: 47억 달러
발행 주식수(천주): 336,925
52주 최고가·최저가: 145.79/117/32
90일 평균 거래량: 2,071,232

2022년 5월 기준

재무 정보 (백만 달러, 달러)	2019	2020	2021	2022E	2023E
매출액	18,450	19,140	19,440	20,246	20,752
영업 이익	2,991	3,582	2,836	2,735	3,197
EBITDA	4,198	4,378	3,602	3,552	4,001
지배 주주 순이익	2,381	2,651	2,095	1,957	2,320
EPS	6.9	7.7	6.2	5.8	6.9
순차입금	7,305	8,061	8,304	8,307	8,289
PER	20.0	17.4	23.1	23.9	20.3
PBR	NM	73.1	93.4	47.2	37.2
EV/EBITDA	13.2	12.6	16.0	15.7	14.0
배당 수익률(%)	3.0	3.2	3.2	3.3	3.4
ROE(%)	NM	419.5	403.9	197.3	183.5

필립모리스(PM, Philip Morris International):
말보로로 유명한 담배 회사의 비미국 부문

- 말보로, 팔리아멘트 등의 궐련 담배와 전자 담배 브랜드 아이코스 보유
- 기존 사업 출하량은 지속적으로 축소되고 있지만, 가격 인상으로 만회
- 전자 담배 판매 국가는 확장되는 추세

Factset 투자 의견(B/H/S): 10/9/0
Factset 목표가: 110.2달러
상승 여력: 10.2%

시가총액: 1,550억 달러
발행 주식수(천주): 1,550,082
52주 최고가·최저가: 112.48/85.64
90일 평균 거래량: 6,626,222

2022년 5월 기준

재무 정보 (백만 달러, 달러)	2019	2020	2021	2022E	2023E
매출액	29,805	28,694	31,405	29,633	31,344
영업 이익	11,760	11,698	13,488	12,540	13,599
EBITDA	12,673	12,651	12,673	12,673	12,673
지배 주주 순이익	8,076	8,055	9,292	8,705	9,556
EPS	5.2	5.2	6.1	5.6	6.2
순차입금	24,184	23,851	23,310	24,439	25,269
PER	16.4	16.0	15.6	17.9	16.1
PBR (마이너스 자본)	NM	NM	NM	NM	NM
EV/EBITDA	12.6	12.3	12.0	13.5	12.5
배당 수익률(%)	5.4	5.7	5.2	5.1	5.3
ROA(%)	18.8	18.0	20.9	21.3	23.2

더블유피캐리(WPC, W. P. Carey Inc.): 상업용 부동산을 주로 편입하는 리츠

· 장기 판매 임대 서비스를 제공하는 리츠 기업: 오피스, 유통 및 산업용 시설 등의 상업용 부동산을 관리 및 임대
· 본사는 뉴욕이며 세계 21개국에 1,200개 이상의 부동산 소유
· 60% 이상의 자산은 미국과 유럽에 위치

Factset 투자 의견(B/H/S): 6/3/0
Factset 목표가: 88.3달러
상승 여력: 9.4%

시가총액: 155억 달러
발행 주식수(천주): 191,500
52주 최고가·최저가: 86.48/71.72
90일 평균 거래량: 933,537

2022년 5월 기준

재무 정보 (백만 달러, 달러)	2019	2020	2021	2022E	2023E
매출액	1,233	1,209	1,332	1,387	1,554
영업 이익	541	587	639	619	701
EBITDA	1,027	1,049	1,114	1,293	1,481
지배 주주 순이익	305	455	410	411	457
EPS	1.8	2.8	2.4	2.1	2.2
순차입금	6,298	6,951	6,833	8,093	8,555
P/FFO	17.4	14.2	16.7	16.2	15.7
PBR	2.0	1.8	2.1	1.9	2.0
EV/EBITDA	19.4	18.2	19.7	17.6	15.6
배당 수익률(%)	5.2	5.9	5.1	5.3	5.3
ROE(%)	4.4	7.2	5.9	5.1	5.5

에이티앤티(T, AT&T Inc.):
미국 최대의 통신사

· 통신, 미디어 및 기술 서비스를 제공하는 선두권 업체 중 하나
· 1.8억 명 이상의 유무선 가입자를 보유하고 있는 미국 최대의 유무선 사업자로, U 버스 브랜드를 통해 디지털 TV/인터넷 서비스를, 디렉 TV를 통해 위성 TV를 송출
· 워너미디어를 인수하면서 OTT 사업으로도 진출하는 중

Factset 투자 의견(B/H/S): 11/15/2
Factset 목표가: 22.6달러
상승 여력: 19.6%

시가총액: 1,370억 달러
발행 주식수(천주): 7,263,643
52주 최고가·최저가: 25.59/16.63
90일 평균 거래량: 52,141,840

2022년 5월 기준

재무 정보 (백만 달러, 달러)	2019	2020	2021	2022E	2023E
매출액	181,265	171,760	168,864	127,558	121,959
영업 이익	27,955	6,405	23,347	22,930	24,381
EBITDA	59,287	54,546	51,469	42,587	43,743
지배 주주 순이익	14,975	-3.821	19,900	17,335	17,540
EPS	2.7	2.4	2.6	2.5	2.5
순차입금	151,017	147,505	157,379	127,662	120,170
PER	10.9	9.0	7.2	7.5	7.5
PBR	1.5	1.2	1.1	0.7	0.7
EV/EBITDA	8.1	7.3	7.3	7.9	7.7
배당 수익률(%)	5.2	7.2	8.5	6.7	5.9
ROE(%)	13.5	13.4	14.6	9.7	9.3

애브비(ABBV, Abbvie):
휴미라로 유명한 대형 바이오 기업

· 자가 면역 질환 치료제로 가장 많이 팔리는 휴미라를 개발한 바이오 회사
· 휴미라가 매출의 40%, 림프종 치료제 임브루비카가 10% 그리고 보톡스가 5% 차지
· 2019년 앨러간을 인수해 보톡스, 필러로 진출

Factset 투자 의견(B/H/S): 18/6/1
Factset 목표가: 165.6달러
상승 여력: 12.8%

시가총액: 2,594억 달러
발행 주식수(천주): 1,766,284
52주 최고가·최저가: 175.91/105.56
90일 평균 거래량: 8,034,720

2022년 5월 기준

재무 정보 (백만 달러, 달러)	2019	2020	2021	2022E	2023E
매출액	118,692	122,988	121,704	125,285	134,144
영업 이익	50,130	52,887	50,306	47,055	53,228
EBITDA	34,642	29,100	46,503	32,593	35,999
지배 주주 순이익	76.0	81.8	88.1	91.7	97.5
EPS	10.7	8.9	15.4	11.1	12.6
순차입금	3.4	3.6	3.8	4.2	4.4
PER	9.9	10.1	10.7	10.4	12.1
PBR	NM	10.0	15.6	11.3	9.8
EV/EBITDA	9.5	10.7	10.6	9.7	11.1
배당 수익률(%)	4.8	4.4	3.8	3.9	4.1
ROE(%)	NM	98.9	145.9	108.9	81.4

프록터앤갬블(PG, Procter&Gamble): 브랜드 마케팅의 선구자

· 1837년에 설립된 생활 용품 기업: 65년간 배당을 지속적으로 늘렸고 2020년에도 자사주 매입
· 1890년 법인화 이후 최고 경영자가 12명으로 평균 재임 기간이 11년으로 길어 안정적인 경영진 유지
· 질레트, 오랄비 및 페브리즈 등 어디선가 봤을 법한 다양한 산하 브랜드

Factset 투자 의견(B/H/S): 14/10/1
Factset 목표가: 170.3달러
상승 여력: 6.1%

시가총액: 3,852억 달러
발행 주식수(천주): 2,399,297
52주 최고가·최저가: 165.35/131.31
90일 평균 거래량: 7,757,665

2022년 5월 기준

재무 정보 (백만 달러, 달러)	2019	2020	2021	2022E	2023E
매출액	67,684	70,950	76,118	80,156	83,179
영업 이익	14,236	16,143	17,986	18,051	19,162
EBITDA	17,060	19,156	20,721	20,916	22,212
지배 주주 순이익	11,877	13,442	14,733	14,850	15,693
EPS	4.5	5.1	5.7	5.9	6.3
순차입금	3.4	3.6	3.8	4.2	4.4
PER	24.3	23.4	23.8	27.5	25.6
PBR	5.8	6.3	7.2	8.4	8.5
EV/EBITDA	17.6	17.5	18.1	20.8	19.6
배당 수익률(%)	2.6	2.5	2.4	2.2	2.3
ROE(%)	23.9	27.2	30.3	30.5	33.0

캐터필러(CAT, Caterpillar Inc.):
미국 최대 건설 기계 회사

· 1925년에 일리노리에서 설립된 건설·광산용 장비, 가스 엔진 및 공업용 터빈 등 제조업체
· 불도저를 비롯한 다양한 종류의 중장비를 생산하며 철도 및 군용 차량도 제품에 포함
· 에너지 및 운송 사업부가 40%, 건설 사업부가 35%를 차지하며 해외 비중은 55%

Factset 투자 의견(B/H/S): 14/11/3 시가총액: 1,128억 달러
Factset 목표가: 240.6달러 발행 주식수(천주): 535,888
상승 여력: 14.3% 52주 최고가·최저가: 246.69/179.67
90일 평균 거래량: 3,825,974

2022년 5월 기준

재무 정보 (백만 달러, 달러)	2019	2020	2021	2022E	2023E
매출액	53,800	41,748	50,971	56,454	61,357
영업 이익	7,970	4,553	6,847	8,099	9,639
EBITDA	10,867	6,557	9,052	10,060	11,689
지배 주주 순이익	6,093	2,998	6,489	6,449	7,379
EPS	11.1	6.6	10.8	12.4	14.5
순차입금	1,900	2,107	1,398	1,992	1,119
PER	13.4	27.7	19.1	17.0	14.5
PBR	5.6	6.5	6.8	6.6	5.7
EV/EBITDA	10.5	19.6	15.8	14.5	12.5
배당 수익률(%)	2.6	2.3	2.1	2.2	2.3
ROE(%)	42.0	23.3	35.8	38.5	39.2

화이자(PFE, Pfizer Inc.):
코로나19 백신 및 치료제를 개발한 전통의 제약사

- 미국 맨해튼에 본사를 둔 다국적 제약 및 생명공학 기업: 면역학, 종양학, 심장학, 내분비학 및 신경학에 기반한 의약품과 백신 개발
- 10억 달러 이상의 연간 매출을 올렸던 적이 있는 다양한 블록버스터 제품 보유(비아그라, 졸로프트, 리피터 등)
- 매출의 50%를 미국에서 창출하며 중국과 일본 시장에도 적극적으로 참여

Factset 투자 의견(B/H/S): 10/13/0
Factset 목표가: 59.3달러
상승 여력: 22.6%

시가총액: 2,771억 달러
발행 주식수(천주): 5,647,774
52주 최고가·최저가: 61.71/37.96
90일 평균 거래량: 29,735.882

2022년 5월 기준

재무 정보 (백만 달러, 달러)	2019	2020	2021	2022E	2023E
매출액	51,750	41,908	81,288	105,922	82,056
영업 이익	19,691	13,141	27,547	46,384	34,921
EBITDA	23,610	16,114	29,527	50,194	37,934
지배 주주 순이익	16,733	12,506	25,236	40,999	31,207
EPS	3.0	2.2	4.4	7.1	5.5
순차입금	31,445	31,938	17,713	-5,711	-23,458
PER	12.6	16.6	13.4	6.8	8.9
PBR	3.3	3.2	4.4	2.6	2.3
EV/EBITDA	11.3	14.7	11.8	5.7	7.6
배당 수익률(%)	3.9	4.1	2.6	3.4	3.5
ROE(%)	26.0	19.2	33.3	38.7	25.7

존슨앤존슨(JNJ, Johnson&Johnson):
미국에 2개 뿐인 AAA 신용 등급 기업

· 1886년에 설립된 헬스케어 기업: 미국 최대의 의료 관련 회사
· 피부 미용, 안과 용품을 포함하는 소비자 부문, 제약 부문, 의료 기기 부문 등의 3가지 사업 영위
· 본사는 뉴저지에 위치하고 57개국에 250여 개에 이르는 지사와 자회사가 있으며 175개국에서 제품 판매

Factset 투자 의견(B/H/S): 8/10/1
Factset 목표가: 190.4달러
상승 여력: 6.6%

시가총액: 4,745억 달러
발행 주식수(천주): 2,629,615
52주 최고가·최저가: 186.69/155.72
90일 평균 거래량: 8,062,824

2022년 5월 기준

재무 정보 (백만 달러, 달러)	2019	2020	2021	2022E	2023E
매출액	82,059	82,584	93,775	96,206	100,242
영업 이익	25,640	24,798	29,528	30,906	33,077
EBITDA	28,086	27,411	32,344	35,153	37,310
지배 주주 순이익	23,310	21,433	26,195	27,232	28,758
EPS	8.7	8.0	9.8	10.3	10.9
순차입금	9,192	5,897	503	-5,894	-19,803
PER	16.8	19.6	17.5	17.4	16.4
PBR	6.5	6.5	6.3	5.8	4.6
EV/EBITDA	14.3	15.7	14.2	13.7	12.9
배당 수익률(%)	2.6	2.5	2.4	2.5	2.6
ROE(%)	38.9	33.3	36.2	33.5	28.2

린데(LIN, Linde plc):
산업용 가스의 선두 주자

· 독일에서 설립된 다국적 화학 기업으로, 미국에도 상장
· 매출과 시장 점유율 기준 세계 최대 산업용 가스 회사
· 의료, 석유 정제, 탄산, 광섬유, 제강, 항공우주, 전자 및 수처리 등 다양한 영역에서 사업
  영위

Factset 투자 의견(B/H/S): 24/6/0 **시가총액:** 1,584억 달러
Factset 목표가: 361.2달러 **발행 주식수(천주):** 507,744,577
상승 여력: 15.3% **52주 최고가·최저가:** 352.18/267.51
  90일 평균 거래량: 2,356,887

2022년 5월 기준

재무정보 (백만 달러, 달러)	2019	2020	2021	2022E	2023E
매출액	28,163	27,243	30,793	33,538	35,670
영업 이익	5,272	5,797	7,176	7,626	8,423
EBITDA	8,178	8,645	10,179	10,861	11,638
지배 주주 순이익	4,003	4,371	5,579	6,029	6,548
EPS	7.3	8.2	10.7	11.9	13.2
순차입금	11,256	12,400	11,384	12,562	13,176
PER	29.0	32.0	32.4	26.4	23.7
PBR	2.4	2.9	3.7	3.4	3.6
EV/EBITDA	16.0	18.0	19.1	16.2	15.1
배당 수익률(%)	1.6	1.5	1.2	1.5	1.5
ROE(%)	8.2	9.2	12.5	14.8	16.2

록히드마틴(LMT, Lockheed Martin Corp.): 항공 우주에 특화된 방산 기업

· 1926년에 설립된 세계적인 방위 산업 기업
· 군용 및 항공기를 판매하며 미국 국방부가 매출의 65%를 차지하는 주요 고객
· F-35 전투기로 유명

Factset 투자 의견(B/H/S): 9/13/0
Factset 목표가: 485.9달러
상승 여력: 12.8%

시가총액: 1,150억 달러
발행 주식수(천주): 266,107
52주 최고가·최저가: 479.99/324.23
90일 평균 거래량: 2,389,981

2022년 5월 기준

재무 정보 (백만 달러, 달러)	2019	2020	2021	2022E	2023E
매출액	59,812	65,398	67,044	66,042	67,920
영업 이익	8,545	8,644	9,123	8,562	8,923
EBITDA	9,734	9,934	10,487	9,902	10,288
지배 주주 순이익	6,230	6,888	6,315	7,175	7,437
EPS	22.0	24.5	22.8	26.9	28.5
순차입금	11,140	9,009	8,072	8,967	9,123
PER	17.7	14.5	15.6	16.0	15.1
PBR	34.7	16.5	8.9	10.3	9.5
EV/EBITDA	12.6	11.1	10.4	12.9	12.5
배당 수익률(%)	2.3	2.8	3.0	2.6	2.9
ROE(%)	195.4	114.1	56.8	64.4	62.7

실전사례:
은행

필자는 지금 근무하고 있는 회사에 2020년 9월부터 출근했다. 증시는 2월 19일 고점에서 한 달간 주가가 급락한 이후, 코로나19가 야기한 언택트 경제 수혜주 위주로 시장이 급격하게 반등한 후 정체에 빠진 상태였다. 주가가 다 왔다는 의견, 잠깐 쉬고 다시 간다는 생각 등 시장 참여자들의 판단은 정말 다양했지만, 결국 논의 초점은 신산업에 집중돼 있었다. 2년 만의 애널리스트 복귀작을 남들이 다하는 주제로 하고 싶지는 않았다. 새로운 산업은 성장주, 지루한 옛날 산업은 가치주라는 고정 관념을 깨고 싶었다. 다양한 고민을 하는 과정에서 눈에 들어온 업종이 '미국 은행'이었다. 이익이 증가하면 성장주라는 생각을 실제로 적용해 볼 수 있는 절호의 기회라고 생각했다. 다음 내용은 시기적으로 지금하고 딱 맞아떨어지지는 않지만, 2020년 10월에는 그럭저럭 맞는 추천이었다는 점에서 다행이라고 생각하고 있다.

성장주로의 귀환

필자는 리포트를 준비하면서 2021년 미국 은행의 이익이 급증할 가능성이 높다고 내다봤다. 실적이 좋아지면 성장주이며 미국 은행이 성장주로 인식되면 주가가 오르는 과정을 밟을 것이라고 기대했다. 물가 상승에 대한 기대가 컸고 올라가는 물가는 장단기 금리차 확대로 이어지기 때문에 미국 은행의 순이자 마진NIM, Net Interest Margin[20]이 회복될 것으로 예상했다. 정보 기술의 발달로 효율이 향상돼 비이자 수익성이 지속적으로 개선되고 있는 모습도 확인했다. 은행들은 리먼 브라더스 파산으로 금융 기관들이 집단적으로 부실해진 2008~2009년과 달리, 대손 비용을 선제적으로 쌓고 있다는 점도 매력적으로 다가왔다. 경제가 예상보다 빠르게 회복되면 충당금도 기대보다 먼저 환입될[21]수 있기 때문이다. 당시의 PBR이 역사적 평균에 비해 낮았고 배당 수익률도 우수했던 점도 구미를

---

20 금융 회사가 자산을 운용해 벌어들인 수익 중 자금 조달 비용을 뺀 것을 순이자 수익이라고 하는데, 순이자 마진은 자산의 단위당 순이자 수익을 얼마나 냈는지를 표시하는 이익률의 개념이다.
21 대출의 건전성이 우려되면 예상 손실을 미리 충당금으로 전입하는데, 은행이 생각했던 것보다 경기가 양호해 원리금 회수가 잘되면 이전에 잡아 둔 충당금을 다시 이익으로 잡는 과정을 말한다.

당겼다.

금융 산업은 2008~2009년 미국 위기의 진원지였다. 부동산 거품이 붕괴돼 은행의 건전성이 악화됐다. 미국 정부는 공적 자금을 투입했다. 주가 반등에 대한 기대도 미미했다. 그럼에도 불구하고 S&P500이 2009년 1분기에 바닥을 찍고 60% 오를 동안 미국 금융 업종은 업종이 150% 오를 정도로 강했다는 사실을 고려했다. 침체 이후 회복은 필연이고 실적이 개선될 수밖에 없다는 기대가 투영됐다. 코로나19 이후의 모습도 유사할 가능성이 높다는 생각이 들었다. 순이자 수익, 비이자 수익, 충당금 환입 추이 모두 긍정적으로 전망했다. 은행과 가계의 건전성은 금융 위기 당시에 비해 월등히 양호했기 때문에 이익이 크게 늘어날 미국 은행에 관심을 가질 때라고 판단했다. 산업 내 1등 기업인 제이피모건의 수익률이 당시에 S&P500을 상회하고 있어 주가 흐름도 괜찮다고 생각했다.

개별 종목으로 제이피모건, 뱅크오브아메리카, 시티 3가지 종목을 분석했고 그중 상업은행 부문과 투자 은행 부문이 잘 어우러지고 위험 관리가 철저한 제이피모건을 최선호주로 지목했다. ETF로 투자하는 독자들을 위해 관련 ETF도 소개한다.

스테이트 스트리트 글로벌 어드바이저SSGA, State Street Global Advisor 의 Financial Select Sector SPDR(종목 코드: XLF)과 SPDR S&P Bank ETF(종목 코드: KBE)가 있다. XLF는 S&P500의 금융 회사를 시가총액 비중으로, KBE는 은행을 동일 비중으로 편입해 운용한다.

은행의 이익은 순이자 수익, 비이자 수익이 커지고 일반 관리비와 대손 비용이 줄면 증가한다. 대출이 늘고 순이자 마진이 확대되면 순이자 수익이 늘어난다. 비이자 수익은 증시가 폭락하지 않는 한 안정적이다. 정보 기술 투자로 효율이 좋아지면 영업 수익 대비 일반 관리비 비율이 떨어진다. 경제 정상화는 충당금 환입으로 이어진다. 주변 환경을 고려할 때 미국 은행의 실적이 시장 기대에 비해 잘 나올 수 있는 요건을 갖춰가고 있다고 생각했다.

코로나19로 인한 위난 상황에 가계는 저축을 늘렸고 대출을 꺼렸다. 떨어진 예금 대비 대출 비율[22]이 정상화되면 대출이 늘어나는 기회가 있다고 판단했다. 물가 상승에 대한 기대와 함께 장기 금리도 오를 수 있다고 예상했다. 경기가 확실하게 회복되는 2021년 이전에는 단기 금리가 낮게 유지된다고 봤기 때문에 순이자 마진도 우호적으로 변할 것으로 예측했다. 업종의 효율도 개선되는 중이었다. 미국 은행들은 영업 수익 대비 정보 기술 지출을 늘리면서 구조 조정을 동시에 진행했다. 이것이 바로 인력·지점당 이익이 지속적으로 상승하고 있는 이유이다. 가계 및 기업의 상환 능력 악화를 가정해 선제적으로 쌓고 있는 충당금은 과거 사례를 분석해 보면 경기 순환에 따라 환입되는 경향이 있어 왔다.

미국 은행의 재무 구조는 2008~2009년과 비교가 안 될 정도로 강건하다. 2020년 6월에 연방준비제도의 스트레스 테스트Stress Test[23]결과가 발표됐다. 전염병에 따른 추가 부담을 감안하더라도 미국 은행의 보통주 자본 비율은 9.5%를 유지한다는 사실을 확인하

---

22 은행이 보유하고 있는 예금에 대한 대출금의 비율을 말한다.
23 금융 기관의 재무 건전성을 평가하는 방법을 말한다. 예외적으로 일어날 수 있는 다양한 시나리오를 가정해 위기 상황에 처했을 때 해당 금융 기관의 재무 건전성을 파악하는 과정이다.

고 은행의 매력을 더 강하게 느꼈다. 최저 요구 자본 비율 4.5%의 2배가 넘었다. 코로나19의 반복적인 창궐을 감안하더라도 7.7%로 예측됐다. 시험 대상인 33개 은행 전부 기준을 상회했다. 가계 저축률이 급등하고 대출 수요는 미미해 예금 대비 대출 비율도 낮아진 상태이다. 경기 부진으로 실업률이 오르면 소득 감소 → 저축 축소 → 연체율 상승으로 이어지기 마련이다. 코로나19 이후에는 소득 유지 → 저축 증가 → 연체율 안정이 나타났다는 점이 달랐다. 경제 침체의 원인이 전염병이라 정부가 부양책에 적극적이고 가계 부채 축소가 진행됐기 때문에 가능했다.

2021년을 대비하는 과정에서 2020년 4분기가 미국 은행에 진입하기 좋은 시기라는 생각이 들었다. 이익 성장이 가시화되고 자기 자본 수익률이 회복된다는 점을 고려하면 미국 은행의 밸류에이션이 매력적인 상태였다. 역사적 평균 PER, PBR 아래에서 거래되고 있었다. 유럽 은행과 달리, 배당도 유지하고 있어 주주 환원에 대한 경영진의 의지도 견조했다. 연방준비제도의 명시적 금지로 자사주 매입이 중단됐던 상태였지만, 경제가 정상화되면 주요 은행이 자기 주식 매입을 재개할 여지가 충분하다고 봤다. 다른 업종에 비해서도 미국 금융은 상대적으로 매력이 높았다. 상장 기업은 한정적인 투자자를 두고 경쟁하기 때문에 타 회사 대비 비교 우위가 있어야 주가가 오를 수 있다. 미국 은행은 주당 순이익 증가율과 PER의 추세선 대비 가장 밑에 위치하고 있었기 때문에 투자자들의 관심이 집중될 시기가 머지않아 보였다. 금융의 PER은 제일 낮았던 반면, EPS 성장률은 중간 수준이었다. ROE 변동성이 큰 상황에서는

PER도 충분히 참고할 수 있다고 판단했다.

미국 은행 기업의 이익이 늘어난다고 예상했던 3가지 이유는 다음과 같다.

첫째 건전한 재무 상태에 따른 예상보다 빠른 충당금 환입, 둘째 정보 기술의 활용에 따른 효율 극대화, 셋째 순이자 수익 증가였다. 이어지는 내용에서 어떤 근거로 그렇게 생각했는지 정리했다. 운 좋게도 생각했던 방향과 유사하게 2021년에 미국 은행이 2004~2007년 미국 산업재, 2010년 국내 차화정의 사례를 어느 정도 재현했다. 2020년 상반기에 쌓았던 대출 관련 충당금을 미국의 대형 금융 기관들이 4분기부터 바로 환입하면서 실적 개선에 대한 신뢰가 쌓인 덕분이었다. 순이자 수익의 증가는 나타나지 않았지만, 당시 이익 증가의 첫 단계를 실제 시장에서 확인하면서 투자자들이 미국 은행주를 성장 기업으로 인식해 준 것이다.

미국 은행 실적 개선됐던 이유

대손 충당금 환입

2020년 6월 연방준비제도는 33개 은행에 대한 스트레스테스트 결과를 발표했다. 이를 4가지 시나리오로 분석했다. 매년 수행하는 일반적인 가정과 코로나19로 가중된 3가지 추가적인 위험이 반영됐다. 연례적인 위기 상황에서 미국 은행의 보통주 자본 비율은 9.9%로 낮아진다. 최저 요구 자본 비율 4.5%의 2배 이상의 수치이다.

건전성에는 문제가 없다는 진단이었다. 연방준비제도는 전염병으로 실업률이 19.5%까지 오른 후 급격하게 떨어지는 V자 경기 가정에서는 보통주 자본 비율이 9.5%를 기록한다고 예측했다. GDP는 고점 대비 10% 축소된다. 실업률이 15.6%로 완만하게 오르지만 개선도 더딘 U자 경제 회복하에서는 보통주 자본 비율이 8.1%까지 하락할 수 있다고 추정됐다. 국내 총생산은 14% 줄어드는 그림이다. 연방준비제도는 실업률 고점 16%, GDP 12% 후퇴의 W자 시나리오가 은행 건전성에 가장 나쁜 영향을 미친다고 내다봤다.

2020년 4분기에 경제가 위기 이전 수준까지 회복되지만, 2021년 코로나19가 다시 유행해 은행의 부담이 커지는 경우이다. 보통주 자본 비율이 7.7%까지 내려간다고 전망했다. 연방준비제도는 코로나19로 인한 3가지 부정적 경제 여건에도 미국 은행은 최저 요구 자본 비율 대비 +3%p 이상 높은 보통주 자본 비율을 유지할 수 있다고 예상했다.

경제에 문제가 생기면 실업률이 오른다. 코로나19는 2020년 3월부터 창궐했다. 3.5%였던 실업률은 2개월 후인 5월에 14.7%로 4배 이상 뛰었다. 미국 정부는 재정을 풀어 소득 손실분을 메워 줬다. 위기 때 나타났던 가처분 소득의 하락이 나타나지 않았다. 2008년 1분기부터 2009년 3분기까지 정의된 직전의 경기 침체 기간에는 가처분 소득 증가율이 평균 0.3%에 그쳤다. 2020년 2분기의 가처분 소득은 8.4% 늘었다. 선제적이고 강력한 부양책이 주효했다. 미국 국민은 정부로부터의 이전 소득 증가를 일시적으로 보고 소비하는 대신 저축했다.

2019년 4분기 7.2%였던 저축률은 2020년 1분기 12.9%, 2분기 18.7%로 급등했다. 7.2%의 저축률 자체도 2008년 위기가 오기 전의 3.5% 대비 2배에 이를 정도로 높았다. 2008~2009년의 경제 후퇴 기간에는 저축률이 5.6%로 2.1%p 상승하는 데 그쳤다.

실업률이 올라 소득이 줄어들고 저축이 줄어드는 불황형 자금 흐름이 나타나지 않아 연체율도 낮게 유지되고 있었다. 코로나19 이전의 위기 기간에는 경기 침체에 돌입하기 전에 차주들이 대출을 갚지 못하기 시작했다. 2008년 1분기에 경제는 활력을 잃었지만, 연체율은 2006년 4분기부터 올랐다. 연체율이 바닥 대비 2배로 오른 상태에서 경기는 후퇴기에 접어들었다. 2020년은 달랐다. 2018년 4분기 연체율이 1.5%로 떨어졌고 코로나19 확산 와중에도 1.5%를 유지했다. 미국의 대형 은행은 2020년 3분기 실적 발표를 통해 부실 채권이 늘어나는 기미는 느끼지 못한다고 언급하기도 했다. 만약 연체율이 상승한다고 해도 예대율이 낮게 유지되고 있어 위험을 감당할 수 있다고 예측했다. 2008년 불황 전에 예대율은 저점에서 13%p 올랐다. 은행은 대출에 대해 공격적 태도를 가졌다. 이번 주기에는 6%p 상승에 그쳤다. 제이피모건은 2020년 기준으로 2조 달러의 예금을 갖고 있었는데, 대출은 1조 달러에 미치지 못했다. 제이미 다이먼 최고경영자는 제이피모건이 보유하고 있는 현금 및 현금성 자산이 1.3조 달러에 이른다고 말하기도 했다.

가계는 건전하고 원리금도 밀리지 않고 갚고 있다. 미국 은행은 이미 2008~2009년 수준의 대손 비용을 반영하고 있다. 2008~2009년 대손 비율은 1.14%p 상승했다. 누적 GDP 감소율은

16.7%였고 이후 3개 분기에 7.7%가 회복됐다. 2020년 2분기까지 충당금 비율은 1.04%p 올랐다. 미국 국내 총생산 축소율은 34.8%로 2008~2009년에 비해 컸다. 하지만 개선 속도가 훨씬 가팔랐다.

2020년 3분기부터 2021년 1분기까지 GDP는 38% 증가할 것으로 추정됐다. 코로나19 기간을 과거와 비교해 보면 미국의 은행은 기업 파산 속도에 비해 월등히 빠르게 충당금을 쌓고 있었다. 블룸버그Bloomberg[24] 파산 지수는 2020년 3월 98에서 9월 226까지 뛰었다. 대손 비용은 2,190억 달러였다. 2009년 8월 파산 지수는 677이었는데, 같은 시기 충당금은 1,870억 달러로 2020년에 비해 작았다. 자산 규모 증가를 감안하더라도 부실 채권에 대한 은행의 대비가 6개월 이상 빨랐다. 애널리스트들은 과거 사이클 수준의 속도와 정도에 따른 충당금 환입을 반영한 상태에 불과했다. 2008~2009년 금융 위기 이후 제이피모건은 47억 달러, 시티는 50억 달러, 뱅크오브아메리카는 63억 달러의 대손 비용을 환입했다. 역대 최고 순이익을 달성했던 2019년 실적의 15~30%에 이르렀다. 충당금 전입액 감소에 이어 환입이 가시화되면 주가가 탄력을 받을 수 있을 것으로 생각했다.

정보 기술로 비용 효율 극대화

미국 대형 은행의 비이자 수익은 투자 은행Investment Banking, 자기자본

---

24 뉴욕 시장까지 지냈던 마이클 블룸버그Michael Bloomberg가 1981년에 세운 경제 정보 제공 회사이다. 전용 단말기를 통해 이용 가능하며 경쟁 업체를 압도하는 시장 점유율을 보유하고 있다.

투자Principal Trading, 자산 관리Wealth Management, 수수료 및 카드Fees and Card 등으로 구성된다. 금융 시장의 상황에 따라 투자 은행, 자기자본투자 등이 영향을 받지만, 순이자 수익에 비해서는 오히려 낮은 변동성을 보인다. 대출 관련 비용이 경기에 민감하게 반영되기 때문이다. 제이피모건의 비이자 수익은 2019년 기준 51%를 차지했다.[25] 자산 관리 부문의 비중이 제일 높고 카드 및 기타 수수료가 다음에 위치한다. 증시에 좌우되는 자기자본 투자의 변화가 컸고 기타 수수료 수입의 안정성이 가장 좋았다. 투자 은행 부문은 예상과 달리 변동폭이 작았다. 장기간에 걸쳐 주요 거래가 진행되는 것이 원인으로 판단된다. 뱅크오브아메리카의 비이자 수익 비중은 2015년 52%에서 2019년 46%까지 하락했다. 시티는 39%에서 36%로 떨어졌다. 뱅크오브아메리카의 비이자 수익은 감소하지 않았다. 순이자 수익이 늘어 비중이 축소됐다. 시티는 보험료 수취 규모가 줄었는데, 그 이유는 트래블러스를 분사했기 때문이다.

정보 기술 발달로 인건비 부담이 낮아지면 효율이 좋아지면서 비이자 수익이 구조적으로 개선될 수 있다고 추론했다. 기업은 생산 능력을 늘려 경기 회복에 대비하기 마련이다. 은행은 사람을 뽑아 준비한다. 2000년대 초반 '닷컴버블' 다음의 확장기에 미국 은행 직원 수는 15% 증가했다.[7] 2008년 금융 위기를 겪는 과정은 달랐다. 강력한 구조 조정 이후 인력을 유지하는 수준에 그쳤다. 인원당 영업 수익은 2008~2009년 대비 2배가 넘게 폭증했다.

---

25 코로나19 이후 자산 가격이 급등하고 유동성이 확장되면서 비이자 수익의 비중이 증가했다.

정보 기술 투자를 늘려 고객의 요구에 대응했기에 가능했다. 제이피모건의 영업 수익 대비 정보 기술 투자는 2015년 6.6%에서 2019년 9%까지 확대됐다. 같은 기간 뱅크오브아메리카와 시티의 정보 기술 투자 비율은 각각 +1.9%p, +0.9%p 상승했다. 수익성을 개선하기 위해서는 효율적인 비용 집행이 중요하다는 것을 증명했다.

코로나19 위기 이전에 미국의 은행들은 비용을 선제적으로 관리하기 시작했다. 은행들은 2008~2009년의 역경을 이겨 내고 돈을 쓰기 시작했다. 직원을 고용하고 마케팅에 투자했다. 제이피모건, 뱅크오브아메리카, 시티 세 곳의 합산 영업 수익 대비 비용 비율이 2010년 58%에서 2014~2015년 61%까지 상승했다. 2015년에 중국으로부터 촉발된 불황에 대한 우려가 세계 경제를 덮쳤다. 미국 은행은 비용을 통제하기 시작했다. 경기 후퇴의 폭이 미미했는데도 2009년 수준까지 비용을 줄였다. 과거와 달리 어려워지기 전에 은행이 대비했기 때문에 미국 은행이 코로나19로 인한 난관을 헤쳐 나갈 수 있다고 믿었다. 코로나19가 견인한 언택트 문화의 확산이 고객의 대면 요구를 줄일 수 있다는 점도 비용에는 긍정적이라고 봤다.

미국 국민은 온라인·모바일 금융의 활용도가 낮은 편에 속한다. 역사적으로 정착된 지역 금융 기관 선호 영향이 크다. 은행 접근성이 뛰어난 한국에 비해서도 우월한 영업망을 갖고 있다. 미국의 은행 개수는 4,000개가 넘고 대형 은행의 지점 수는 1만 곳 내외에 육박한다. 한국 대형 시중 은행의 평균 점포 수가 900개 수준이고 은행의 숫자는 미국에 비해 월등히 적다.

코로나19로 인해 변화가 감지됐다. 전염병에 대한 공포는 은행을 이용하는 사람에게도 전파됐다. 반드시 은행에 가야 할 일이 아니면 온라인 또는 모바일을 통해 업무를 처리하려고 했다. 맥킨지의 조사에 따르면, 온라인 또는 모바일의 활용도를 높이겠다고 말한 사람은 16%였다. 중국의 61%에 비해 낮지만, 미국 은행의 비용구조에 긍정적인 신호라고 판단했다.

순이자 수익 증가

앞의 2개의 이익 증가 요인은 실제로 벌어졌고 2021년 상반기까지의 주가 상승 요인으로 작용했다. 성장주로 확실하게 자리잡게 할 마지막 실적 개선 이유로 예상했던 순이자 수익은 2021년까지 늘지 못했다. 2021년 하반기에 미국 은행업의 상대 주가가 약했던 원인이었다. 순이자 마진이 늘어나고 대출이 증가한다고 예상했지만, 실현되지 못했다. 순이자 수익이 확대된다고 꼽았던 근거가 나타나지 않은 것이다.

이번에는 왜 대출이 늘고 순이자 마진이 확장된다고 기대했는지를 설명하려고 한다. 어떤 관점에서 순이자 수익 증가가 실현되지 못했는지 생각해 보는 기회로 삼는다면 다른 가치주를 연구할 때 많은 도움이 될 것이다.

경기가 악화되면 가계의 소득이 감소해 예금을 찾아 쓰게 된다. 소비는 더 줄기 때문에 침체 기간에 저축률은 정체된다. 이번 위기는 달랐다. 특정 경제 주체의 책임이 아니라서 정부의 공격적 부양책이 가능했다. 돈을 받은 사람들은 은행으로 달려가 맡겼다.

2020년에 제이피모건의 예금은 30% 늘었다. 뱅크오브아메리카와 시티는 20% 증가했다. 위기 때는 연체율도 올라가기 마련이므로 은행은 대출에 적극적이지 않았다. 2019년 말 대비 시티의 대출은 줄었다. 뱅크오브아메리카의 수치는 전년 대비 차이가 미미했다. 제이피모건의 잔액은 3% 늘었다. 1990년 이후 네 번의 경기 침체기에 공통적으로 은행의 대출 태도는 긴축적으로 변했다. 1990년대 초반과 2000년에는 대출 태도 지표가 60%를 찍고 나서 완화적으로 변했다. 2008년에는 80%를 초과했다. 2008년에는 위기의 원인이 금융권에 있었기 때문에 대출을 꺼릴 수밖에 없었다. 금융기관의 건전성이 2008년에 비해 월등히 양호한 데 반해, 이번의 긴축 태도 지수는 1990년, 2000년의 수치를 이미 넘어섰다. 중소기업에 대한 대출 의지는 2008년 수준으로 약했다. 이것이 바로 코로나19 사태가 정상화되면 은행의 대출 태도는 유화적으로 변할 것으로 전망했던 이유이다. 역사적으로 보면, 은행들은 경기 침체에서 벗어나기 전에 대출에 대해 긍정적으로 바뀌었다. 위기가 정상화된 후 주요 은행들의 대출은 10% 이상 늘었다. 이번에는 과거와 비교해 자산 가격이 빠르게 정상화됐는데도 불구하고 코로나19로부터의 탈출을 의미하는 리오프닝이 2022년에나 나타나면서 2020~2021년 은행의 대출이 빠르게 늘지 못했다.

연방준비제도가 통화 정책을 결정할 때 기준으로 삼는 지표는 핵심 개인 소비 지출이다. 핵심 물가 상승률과는 에너지와 농산물을 제외했다는 점에서 같다. 하위 구성 품목의 가중치, 범위 및 공식은 다르다. 개인 소비 지출은 주거가 낮은데 물가 상승률은 자가의 내재 임대료를 포함하기 때문이다. 개인 소비 지출의 의료 비중은 크다. 가계의 의료비 지출에 정부 보조분이 더해진다. 2000년 연방준비제도는 개인 소비 지출이 대체재 효과까지 반영된 가중치 변화를 적용할 수 있기 때문에 개인 소비 지출이 물가 상승률에 비해 금리 설정에 적절하다고 언급한 적이 있다.

코로나19가 야기한 소비 위축으로 상품 가격이 급락한 후 반등했다. 낮은 기저 효과까지 감안하면 2021년부터 물가 상승률 및 개인 소비 지출 상승률이 극대화될 것으로 짐작했다. 2008~2009년 위기 이후 개인 소비 지출 및 물가는 바닥에서 3%p 넘게 올랐다. 2015년 중국발 불황 우려로 목도됐던 물가 하락은 경제 정상화 이후 2%p 이상의 지표 앙등으로 나타났다. 이번에도 물가 압력이 나타날 것이며 장기 금리를 밀어 올릴 수 있다고 생각했다.

핵심 물가 지표는 연방준비제도의 기준 금리를 좌우한다. 정책 금리가 정해지면 시장의 단기 금리도 결정된다. 2020년 9월 연방공개시장위원회가 발표한 점도표에 따르면, 기준 금리는 최소한 2021년까지는 낮은 수준을 유지할 가능성이 높았다. 핵심 물가 지표의 일시적 2% 초과도 용인되면서 2021년에 연방준비제도가 통화 정책을 바꿔야 할 정도의 핵심 물가 지표 상방 압력은 낮다고 판단했다.

의료비 지출 증가세는 둔화되고 있었고 집값 상승에도 임대료는 정체됐다. 채권의 수요와 공급에 따라 가격이 매겨지는 장기 금리는 올라가는 쪽으로 전망했다. 경기 침체를 극복하기 위한 확장적 재정 정책으로 국채 공급이 늘어날 것이며 경제가 회복되면 돈을 빌리려는 수요가 증가할 것으로 짐작했다. 소비가 정상화돼 일반 물가 지표가 상향 추세에 접어들면 투자자들이 요구하는 금리는 필연적으로 상승해 왔다. 단기 금리는 유지되고 장기 금리가 높아지면 은행의 순이자 마진이 개선될 수밖에 없다고 추론했다. 위기 이후에는 공히 순이자 마진의 확대가 나타났다. 1987년 '검은 월요일', 2000년 '닷컴버블', 2008년 '리먼 사태' 다음에 공통적으로 100bps 내외로 순이자 마진이 늘었다. 이것이 바로 금리가 오를 때 금융 업종의 주가가 시장 대비 강했던 이유이다. 실제로 2021년 상반기에 장기와 단기 채권 금리의 차이는 꾸준하게 확대됐는데도 증가했던 장단기 금리차가 순이자 마진 개선으로 이어지지 못했다. 대출 수요의 느린 회복과 여전히 보수적인 대출 태도가 맞물린 결과였다.

제이피모건(JPM, JPMorgan):
균형 잡힌 사업 구조를 갖는 미국 1위 은행

· 미국에서 가장 우량한 은행으로 평가받으며 순이자 수익과 비이자 수익이 5:5로 배분돼
  실적 안정성이 우수한 편
· 존 피어몬트 모건이 설립했고 2000년에 투자 은행 제이피모건과 상업은행 체이스가 합
  병해 지금의 법인이 탄생
· 2021년 말 기준으로 총 자산은 3.7조 달러, 총 예금은 2.5조 달러, 대출은 1.1조 달러

Factset 투자 의견(B/H/S): 14/12/2   **시가총액:** 3,743억 달러
Factset 목표가: 157.8달러   **발행 주식수(천주):** 2,952,809
상승 여력: 24.5%   **52주 최고가·최저가:** 172.96/123.11
                                          90일 평균 거래량: 15,970,632

2022년 5월 기준

재무 정보 (백만 달러, 달러)	2019	2020	2021	2022E	2023E
영업 수익	118,692	122,988	121,704	125,285	134,144
영업 이익	50,130	52,887	50,306	47,055	53,228
지배 주주 순이익	34,642	29,100	46,503	32,593	35,999
BPS	76.0	81.8	88.1	91.7	97.5
EPS	10.7	8.9	15.4	11.1	12.6
DPS	3.4	3.6	3.8	4.2	4.4
PER	13.0	14.3	10.3	11.5	10.1
PBR	1.8	1.6	1.8	1.4	1.3
배당 수익률(%)	2.4	2.8	2.4	3.3	3.5
ROE(%)	14.1	10.9	17.4	12.1	12.9
ROA(%)	1.3	0.9	1.2	0.8	0.9

뱅크오브아메리카(BAC, Bank of America):
미국 매출 비중이 상대적으로 높은 편

· 상업은행으로 출발했지만, 금융 위기 기간에 투자 은행인 메릴린치를 인수해 영역 확장
· 4곳 이상의 창업지가 있으며 1998년 최종적으로 통합 법인 출범
· 2021년 말 기준으로 총 자산은 3.2조 달러, 총 예금은 2.1조 달러, 대출은 1조 달러

Factset 투자 의견(B/H/S): 18/9/1　　　　**시가총액:** 3,009억 달러
Factset 목표가: 49.5달러　　　　　　　**발행 주식수(천주):** 8,069,801
상승 여력: 32.9%　　　　　　　　　　**52주 최고가·최저가:** 50.11/35.93
　　　　　　　　　　　　　　　　　　　 90일 평균 거래량: 54,155,560

2022년 5월 기준

재무 정보 (백만 달러, 달러)	2019	2020	2021	2022E	2023E
영업 수익	91,244	85,528	89,113	94,418	102,203
영업 이익	36.344	30,315	29,596	33,614	39,619
지배 주주 순이익	25,998	16,473	30,557	27,065	30,641
BPS	27.3	28.7	30.4	31.5	33.6
EPS	2.8	1.9	3.6	3.3	3.9
DPS	0.7	0.7	0.8	0.9	1.0
PER	12.8	16.2	12.5	11.2	9.6
PBR	1.3	1.1	1.5	1.2	1.1
배당 수익률(%)	1.9	2.4	1.8	2.4	2.8
ROE(%)	10.1	6.5	11.8	10.6	11.6
ROA(%)	1.1	0.6	1.0	0.8	0.9

시티그룹(C, Citigroup):
높았던 신흥국 비중 줄이는 중

- 1998년에 시티코프와 트래블러스 그룹이 합병해 탄생: 초기에는 각자 대표 체제로 운영
- 세계 은행 중 시가총액 1위에 오른 적도 있지만, 2008년 금융 위기를 겪으면서 기업 규모 축소
- 2021년 말 기준으로 총 자산은 2.3조 달러, 총 예금은 1.3조 달러, 대출은 0.7조 달러

Factset 투자 의견(B/H/S): 15/11/2
Factset 목표가: 65.9달러
상승 여력: 28.8%

시가총액: 1,013억 달러
발행주식수 (천주): 101,283,142
52주 최고가·최저가: 80.29/49.04
90일 평균 거래량: 27,502,988

2022년 5월 기준

재무 정보 (백만 달러, 달러)	2019	2020	2021	2022E	2023E
영업 수익	74,286	74,298	71,884	72,579	75,291
영업 이익	32,284	31,517	23,691	22,402	25,381
지배 주주 순이익	18,204	10,231	20,788	12,700	13,790
BPS	82.9	86.6	92.2	95.4	103.0
EPS	8.0	4.9	10.1	6.5	7.4
DPS	1.9	2.0	2.0	2.1	2.2
PER	9.9	12.7	6.0	7.8	6.9
PBR	1.0	0.7	0.7	0.5	0.5
배당 수익률(%)	2.4	3.3	3.4	4.1	4.3
ROE(%)	9.7	5.6	11.0	6.8	7.2
ROA(%)	0.9	0.5	0.9	0.6	0.6

U.S. stocks

에필로그

미국 주식
다음은
중국과 부동산

"돈은 끔찍한 주인이지만, 훌륭한 종이다."

"Money is a terrible master but an excellent servant."

— **필립 피셔** *Philip Fisher*

돈을 번
사람이 옳다

2016년 초 외국계 증권사에서 근무할 때 주력으로 삼고 있던 건설 업종에 대해 해외 고객의 관심이 극도로 약해지고 있었다. 투자자가 찾지 않는 기업을 맡고 있는 애널리스트는 존재 이유가 없어진다. 돌파구를 찾기 위해 많은 고민을 했다. 직원이 걱정하면 회사가 모를 리 없다. 4월에 아시아를 총괄하는 상사가 건설을 버리고 헬스케어를 시작해 보면 어떻겠느냐고 물었다. 수요가 많은 쪽을 해야 한다는 논리였다. 우리는 5월에 싱가포르에서 열리는 행사 때문에 만났다.

필자가 공학을 전공하기는 했지만, 헬스케어는 다른 영역이므로 자료를 쓰기 위해서는 어떤 방식으로 연구해야 하는지 궁금해했다.

필자는 3단계를 제시했고 3달의 시간을 달라고 했다. 먼저 헬스케어와 관련된 전문 서적과 논문을 읽어 이해하고 전시와 학회에 참석해 업계 동향을 파악하며 의사, 약사 및 교수와 담당하게 될 기업을 만나 마무리를 짓겠다고 했다. 승인을 얻어 여름에 리포트를 내고 분석을 개시했다.

사람마다 새로운 일을 맡아야 하거나 문제를 해결해야 할 때 접근하는 방식이 다르다. 필자는 스스로 공부하고 이해도를 높인 후 전문가에게 도움을 받는 편이다. 이와 반대로, 내용을 아는 주변인에게 묻는 것으로 시작하는 경우도 빈번하다. 이런 방식으로 접근하겠다면, 답을 주는 사람이 정말 그 분야에 정통하고 신뢰성이 높은지를 반드시 확인해야 한다. 초기에 잘못된 정보가 개념을 오염시키면 나중에 스스로 탐구하는 과정에 방해가 될 뿐이다. 물어보고자 하는 부분의 권위자인지, 아닌지는 학위와 경력을 확인하는 것에서 시작한다. 적절한 배경을 갖고 있다면 개별 연구 부문이 무엇이었고 알고 싶은 사실과 잘 맞는지도 검토한다. 세밀하게 들어가면 평판까지 고려하기도 한다. 이 정도면 어지간해서는 관련이 없는 인물에게 찾아가 어이없게 시간을 뺏기는 일은 벌어지지 않는다. 이가 아파 치과를 가거나, 회사에서 갑자기 떨어진 신규 사업을 추진할 때 전문가를 먼저 찾아가겠다면 반드시 지켜야 하는 과정이다.

어떤 자산이 됐든 투자를 하기로 마음먹었다면 학습에 대한 굳은 의지가 필요하다. 문헌으로 시작하는 필자의 방식을 따른다면, 올바른 책을 골라야 한다. 도서는 웬만큼 잘못 골라도 읽기만 하면 도움이 되며 양질의 추천 목록은 어디서든 쉽게 찾을 수 있다. 어느 정도 지식을 쌓아야 부족한 부분을 더 잘 알게 되고 누구에게 묻거나 어디서 찾아야 하는지를 쉽게 알게 된다.

이 방법은 지난한 과정이 되겠지만, 확실하다는 장점이 있다. 대부분은 지름길을 원하기 때문에 물어볼 사람을 찾는다. 이것이 바로 경제 관련 유튜브 전성 시대가 열린 이유이기도 하다. 온라인에는 자신이 주식, 부동산 및 코인을 통해 부를 늘리는 방법을 잘 알고 있으며 좋은 마음으로 대중과 나누고 싶다는 사람이 넘쳐난다. 선의를 갖고 노하우를 공유하는 사람도 많다. 그러나 방법론을 팔아 돈을 벌겠다는 의도가 빈번하게 눈에 보이기도 한다.

투자에 관해 올바른 조언을 듣고 싶다면 물어보고 싶은 자산을 통해 실제로 돈을 벌어 본 사람을 찾아가 보자. 듣다 보면 전달하는 방식이 세련되지 못하고 바로 따라 할 수 있을 것 같기도 하다. 운이 좋아 나보다 재산을 먼저 늘린 것처럼 보이기도 하고 특별한 지식이나 경험이 없어 보이기도 한다. 비트코인을 사서 100억 원을 벌었다고 가정해 보면 '나에게는 왜 비트코인이 쌀 때 이야기해 줬던 귀인이 없었을까?'를 한탄하면서 부자가 된 친구, 선배 그리고 후배에게 질시의 눈길을 보낸다. 나도 미리 알았다면 1억 원 넣어 100배의 수익을 얻었을 것이라고 굳게 믿는다. 그런데 정말 당시에 그런 이야기를 들려 준 지인이 있었다고 해서 100억 원을 벌 수 있었을까? 이는 인간의 본능을 3번이나 거슬러야 가능하다. 2013년에 코빗Korbit, 2014년에 빗썸Bithumb이 암호화폐 거래소로 설립되면서 한국에서도 암호화폐를 매매할 수 있게 됐다. 당시 비트코인의 가격은 100만 원 이하였다. 지금은 코빗의 대주주가 NXC[1]이고 빗썸의 매출이 1조 원을 상회하는 등 암호화폐 거래소의 안정성에 대한 우려는 미미하다. 그때는 입출금 지연에 관한 뉴스가 심심치 않게 나오고 정부의 관리도 없었다. 기업의 영속성에 대한 확신이 없는 상태에서 돈을 예치하는 용기가 있어야 100억 원까지 가는 첫걸음을 떼게 된다.

100만 원 정도를 투자해 비트코인 1개를 샀는데, 가격이 급격히 올라 2배가 됐다고 가정해 보자. 100% 수익률에 흥분해 팔지 않고 친우의 권유를 받아들인 내 선택이 맞았다고 믿으며 원금을 1억 원으로 늘릴 용기가 있는가? 초반의 수익에 연연하지 않고 자산 규모를 바꿀 정도로 많은 금액을 넣는 것이 두 번째로 거쳐야 하는 단계다. 가격이 급격히 오른 지금은 나도 할 수 있을 것 같지만, 결코 쉽지 않다고 확신한다. 초인적인 인내력이 있고 천부적으로 투자에 대한 감을 타고 나서 투자금을 1억 원으로 늘렸다면 마지막 유혹만이겨 내면 된다. 물론 이것이 가장 어렵다. 100만원이 200만 원이 된 것이 아니라 1억 원이 2억 원으로 뛰어올랐을 때 팔지 않고 버텨야 한다. 2억 원이 4억 원이 돼도 참아야 한다. 정말 어려운 일이다.

어떤 자산을 통하든 재산을 제대로 모은 사람이 있다면 질투하지 말고 주변에 이런 친구가 있다는 것을 행운이라고 여겨야 한다. 위의 비트코인 예라면, 비트코인을 처음에 어떻게 알게 됐고 그 후에 어느 정도 공부를 했는지 물어야 한다. 확신은 어느 정도였으며

---

1   넥슨의 지주 회사이다. 넥슨은 '바람의 나라'와 '카트라이더Kartrider'로 유명하며 일본에 상장됐다.

왜 샀는지 꼭 들어 둬야 한다. 매수한 후 금액을 늘리는 과정에서 가졌던 정신적 괴로움을 이긴 방법이나 경험에 대해서도 듣는다면 정말 피가 되고 살이 될 것이다.

지식에 관한 사항은 이성이 좌우한다. 실제로 해 본 경험이 별로 없어도 해박한 이론을 흡수해 도움을 받는다. 몸을 써서 하는 일은 그렇지 않다. 건강을 위해 운동을 하기로 했다고 가정해 보자. 기본이 되는 책도 꼭 봐야 하지만, 직접 해 보지 않으면 아무런 의미가 없다. 헬스나 골프 관련 도서는 서점에 많다. 그것을 모두 본다고 해서 몸이 좋아지거나 싱글[2]이 되지는 않는다.

헬스를 가르쳐 주는 강사가 몸이 멋있지 않으면 신뢰감이 떨어지기 마련이다. 투자도 이와 마찬가지다. 자기가 부자가 아니면서 부자가 되는 길을 가르치겠다는 것은 어불성설이다. 최고의 트레이더 중 하나인 제시 리버모어Jesse Livermore의 명언을 명심하기 바란다.

"주식 시장에는 한 쪽만 있다. 그것은 강세론이나 약세론이 아니라 옳은 쪽이다There is only one side to the stock market. It is not the bull side or the bear side, but the right side."

과정이 아니라 결과로 보여 준 고수를 존중해 주자.

---

2 골프에서 18홀에서 기준 타수 대비 9개 이하의 점수를 기록하면 '싱글 플레이어Single Player'라고 한다.

성취는 상대적인 것: 욕심이 눈을 흐린다

    바비 피셔Robert Fischer는 미국의 체스Chess 선수로, 1972~1975년 까지 세계 챔피언이었다. 1943년에 태어났고 6살 때 처음 체스를 배웠다고 한다. 1958년 15세의 나이로 그랜드마스터GM, Grandmaster[3] 칭호를 받았다. 1957~1967년까지 미국 체스 선수권에 8번 출전해 모두 우승했다. 1968년에 최종 은퇴했지만, 체스계를 휩쓸고 있던 소련 선수들을 누르기 위해 1970년에 복귀한다. 1971년 세계 선수 권 도전자 선출 대회에 출전했다. 8강전에서부터 소련 선수를 이기 면서 미국인들의 자존심을 세웠고 도전자 결정전에서 세계 챔피언

---

3   국제 체스 연맹에서 부여하는 체스 선수 최상위 칭호를 말한다.

티그란 페트로샨Tigran Petrosian을 이기고 선수권자인 소련의 보리스 스파스키Boris Spassky에게 도전할 자격을 얻게 된다. 1972년에 스파스키를 이기면서 세계 체스 연맹 주관 대회에서 비소련인 최초로 챔피언에 등극하게 된다. 이 과정은 영화로도 만들어지기도 했다.[4]

현재를 기준으로 보면 체스 시합에서의 승리가 무슨 의미가 있을까 싶다. 우리는 인공지능 딥블루와 카스파로프와의 1996년 시합이나 알파고와 이세돌의 2016년 경기는 기억해도 미국과 소련이 체스에서 피 튀기게 싸웠다는 역사는 잘 모른다. 영화화될 정도로 관심이 컸는데도 말이다.

미국과 소련은 한국 전쟁이 끝나고 자본주의와 공산주의 진영을 대표해 모든 면에서 총성 없는 전쟁을 벌이고 있었다. 1950년대 후반에는 소련이 먼저 유인 우주선을 발사했고 1960년대 초반에는 쿠바 미사일 위기가 있었으며 1969년에는 미국이 달에 우주인을 보내면서 체제 경쟁이 절정에 이르렀다. 두 강대국은 체스를 통해 자기 나라의 우수성을 입증하고 싶었다. 체스는 미국이 한 번도 소련을 이기지 못한 영역이었다. 처음으로 체스에서 미국인이 소련인을 이기면 지적 우위를 입증할 수 있다고 믿었다. 시대 상황과 대결 모습이 2명의 개인이 자리에 앉아 즐기는 게임의 중요성을 크게 끌어올린 셈이다. 똑같은 성과를 2022년에 이뤘다면 당시와 같은 관심을 받을 수는 없을 것이다.

한국에서 바둑이 차지했던 위치도 이와 유사했다. 1980년대 한

---

4 2014년, 세기의 매치Pawn Sacrifice

국 바둑계를 석권했던 조훈현 국수[5]는 바둑 올림픽이라고 일컬어지며 관심이 집중됐던 1988년 제1회 응씨배[6]에 단기필마로 출전할 수밖에 없었다. 세계 바둑계는 일본이 전통을 바탕으로 선두에 있었고 문화 대혁명 이후 공산당의 지원이 재개된 중국이 그 뒤를 따르는 형국이었다. 한국을 빼고 두 나라는 중일 슈퍼 대항전[7]을 개최하기도 했다. 국내 모든 기전을 한 해에 모두 우승하기도 했던 조훈현의 세계 순위에도 인색했다. 조훈현은 16강 전에서 대만의 왕밍완 9단을 이겼다. 후찌쓰배에서 자신에게 굴욕을 안겨 준 고바야기 고이치 9단[8]을 8강에서 만난다. 악전고투 끝에 역전승을 거둔 후 4강에서 린하이펑 9단[9]을 2:0으로 꺾고 결승에서 중국의 녜웨이핑 9단[10]을 만난다. 중일슈퍼대항전 1~3회 대회에서 일본 기사를 상대로 11번 연속으로 이겼던 녜웨이핑 9단은 중국의 국민 영웅으로 떠오른 상태였다. 바둑의 변방으로 무시당하던 한국의 1인자와 귀국할 때 고위 관리가 마중까지 나오는 바둑 대국의 최강자 사이의 대결은 언론의 집중적인 관심을 받았다. 1:2의 열세를 딛고 조훈현은 응씨배

---

5 한국 최초로 1982년에 9단이 된 프로 기사이다. 만 9세 7개월에 최연소 프로 기사가 됐고 한국 바둑 세계화의 선구자로 인정받는다.
6 대만의 부호 잉창치가 1988년 기준 40만 달러라는 거액의 우승 상금을 걸고 만든 바둑 세계 기전이다. 4년에 한 번 개최되며 가장 권위 있는 대회이다. 참고로 같은 해 US오픈 골프 대회 상금이 18만 달러였다. 2021년 기준 US오픈 골프 대회 우승자는 225만 달러를 받았다.
7 1984~1996년에 개최된 바둑 기전으로, 연승전 방식이었다.
8 실리를 지독히 챙기는 기풍으로 유명한 일본 기원 소속의 기사로, 바둑판의 가장자리에 두는 것을 마다하지 않아 '지하철 바둑'이라는 이야기를 들었다.
9 대만 국적의 일본 기원 소속 기사로, 두터움을 중시하고 끈질긴 기풍으로 '이중 허리'라는 별명을 얻었다.
10 중국 기원 소속 기사로, 일본에 밀리던 중국 바둑을 대등하게 이끌었다는 평가를 받는다. '철의 수문장'으로 불렸다.

1회를 차지했다. 바둑계를 통틀어 처음이자 마지막 카 퍼레이드Car Parade를 했고 김포공항에서부터 열렬한 환영을 받았다. 신문은 1면 머리 기사, 방송은 9시 뉴스로 조훈현을 찬양했다. 훈장도 받았고 제자 이창호의 확실한 세계 제패와 함께 바둑 열풍이 불게 되는 계기가 됐다. 한국 바둑의 강함이 옛날에 비해 떨어졌다고는 하지만, 여전히 최정상급 선수들이 즐비하다. 그럼에도 불구하고 이세돌 이후 한국에서 바둑이 제일 센 기사의 이름을 아는 사람은 드물다. 언론사가 주최하는 기전도 거의 사라졌다. 요즘 잘 나가는 신진서가 1등이 되기 위해 기울인 노력이 선배들에 비해 결코 작지 않았을 텐데 사회적·경제적 대우는 과거의 영광에 미치지 못한다.

성취는 언제나 상대적이다. 행복은 자신이 이룬 성과를 욕심으로 나눠 구한다고 하지 않았는가? 분모가 아무리 커도 분자가 무한대라면 분수 값은 0에 수렴한다. 자신이 100원을 벌면 150원을 번 사람에 비해 초라해 보일 수밖에 없다. 광고에 나오는 성공의 징표인 H 사의 G 자동차를 끌어도 고등학교 때 같은 반이었던 A가 B 사의 차를 몰고 다니면 그렇게 뿌듯하던 내 애마를 숨기고 싶어진다. 노력과 행운이 맞물려 150원을 벌고 B 사의 멋진 세단Sedan을 사면 행복한 감정이 올라가고 그 감정이 계속 유지될까? 며칠은 가겠지만 B 사의 상위 모델을 보면 허무함을 느끼는 지경이 될 것이다. 잘 모르긴 해도 우리가 보기에 부러울 것이 없을 듯한 재벌, 권력자, 연예인, 스포츠 스타 그리고 전문직에 종사해 큰 돈을 버는 사람들도 자신의 영역에서 비교 대상을 찾으며 우울감에 빠져 있는 경우가 종종 있을 것이다. 인간의 욕망은 바닷물과 같아서 채울

수록 더 커진다. 정말 어려운 일이지만, 투자를 통해 자기가 버는 돈이 생활 수준을 유지하는 데 도움이 되는 정도로 유지된다면 만족할 줄 아는 자세가 필요하다.

목표가 높으면 더 열심히 모든 일에 임하는 순기능이 있지만, 끝을 모르면 욕심이 탐욕이라는 괴물로 변해 판단력을 마비시킨다. 당대 지식인들은 오래전부터 인간의 욕심을 경계해 왔다. 창세기[11]에 보면 하느님과 대적하려는 인간이 바벨탑을 쌓아 하늘에 닿으려고 했는데, 창조주가 인류의 언어를 모두 다르게 해 벌을 줬다는 말이 나온다. 세상이 만들어지자마자 사람들이 욕심을 부렸다고 성경의 저자가 쓸 정도이므로 정말 유구한 전통을 갖고 있다는 것을 알 수 있다.

사모펀드 업계에서 일하는 지인 중 하나가 금과옥조로 여기는 말은 '사 주겠다는 놈 있으면 웬만하면 팔자'이다. 조금의 이익을 더 보기 위해 밀고 당기다 '소탐대실(小貪大失)'한다는 뜻이다. 당장의 이익에 눈이 멀면 바로 앞에 나타날 일에도 올바른 판단을 하기 어렵다. 자신이 소탐하고도 대탐까지 할 수 있는 최고의 전문가라면 협상을 극단으로 밀어붙이거나 자산 가격의 꼭지까지 기다려 팔고 나올 수 있을 것이다. 그러나 이 책을 읽는 대부분의 독자들은 그렇지 못할 가능성이 높다. 물론 필자도 여러분과 마찬가지이다. 고수에게 걸려 상승 주기의 끝까지 모두 누리지 못했을 때도 있었다. 지금에 와서 생각해 보면 아무리 발버둥쳐도 맞닥뜨릴 필연적

---

11 오해를 없애기 위해 말하지만, 필자는 종교가 없다.

인 귀결이었다. 매사에 적절한 욕심을 부리고 멀리 보면 인생이 행복해질 확률이 높다.

중국을
버려두진 말자

한국 내에서 중국에 대한 감정이 날로 악화되고 있다는 것을 느 낀다. 40대인 내 주변에서도 감지할 수 있을 정도로 우리나라의 미래를 책임질 젊은 세대가 중국을 대하는 태도는 매우 부정적이다. 중앙일보의 올해 초 기사에 따르면, '민심으로 읽은 새 정부 외교 과제'와 관련된 여론 조사에서 2030세대 10명 중 7명은 '중국이 한국에 부정적인 영향을 미친다', 9명은 '중국을 신뢰하지 않는다'라 고 답했다. 중국에 대해 어떤 생각을 가져도 좋다. 개인의 자유이고 일상생활에 영향을 미치지 않을 것이기 때문이다. 자기 집을 갖고 있지 않고 미국과 한국 주식에 투자하고 있지도 않으면서 중국에서 돈을 벌 기회가 있는지 기웃거릴 이유도 전혀 없다. 하지만 부동산 자산이 충분하고 미국과 한국 증시에도 참여하고 있어 자산 배분을 고려한다면 감정적인 이유 때문에 중국을 외면하는 것은 바람직하지 못하다.

중국은 세계 제2의 경제 대국으로 GDP가 미국의 70%에 이른다. 투자자들이 가장 많이 참고하는 지수인 MSCI 기준으로 미국은 세계 전체 주식 시장에서 60% 이상을 차지하고 있는 반면, 홍콩과 대만을 포함해 계산해도 범중국권의 비중은 10% 미만에 그친다. 중국은 장기적으로 위안화를 달러에 이은 두 번째 기축 통화로 만들고자 한다. 위안화는 달러 지수에 포함되지 않았지만, SDR에는 10% 이상 차지하고 있다. 달러, 유로 다음이고 엔이나 파운드에 비해서도 비중이 높다.

양대 기축 통화로 자리잡기 위해서는 반드시 금융 시장을 개방해야 한다. 외화 유출에 대한 우려만 완화되면 금융 관련 규제는 지속적으로 풀릴 확률이 높다. 불확실성이 줄어들면 국제적인 은행이나 증권사가 중국으로 쇄도할 가능성이 올라간다.

2019년에 중국 정부가 자산 운용사, 증권사 및 보험사 등의 외국인 지분 제한을 풀고 결제 대행 업체 사업 허가도 내 주면서 규제를 완화하는 모습을 보이자 미국 금융 기관들은 즉각 반응했다. 미중 무역 분쟁과 헝다 사태로 불안감이 가중됐던 2020~2021년에도 중국으로 달려갔다.

블랙록Blackrock[12]은 2020년 9월에 독자적인 펀드 사업 허가를 받

---

12 자산 기준 세계 최대의 자산 운용사이다. 2021년 기준 10조 달러를 운용하며 1988년에 래리 핑

았고 뱅가드Vanguard는 2020년 8월에 홍콩에 있는 아시아 본부를 상하이로 이전한다고 발표하기도 했다. 시티그룹Citigroup Inc.[13]은 중국 내 펀드 수탁 업무 사업 허가를 취득했다. 제이피모건JPMorgan Chase & Co.[14]은 2021년 8월 외국 기업으로는 처음으로 중국에서 100% 지분을 갖는 증권사 설립을 허가받았다.

중국의 국가 구조에 대해 범인凡人들은 걱정만 하지만, 세계 최고의 전문가들은 그곳에서 기회를 찾고 있다. 뉴스에서 위험을 이야기해도 돈을 직접 다루는 사람들은 중국으로 가고 있다. 말보다는 행동을 믿어야 한다. 이는 결과를 낸 사람을 따르자는 말과도 일맥상통한다.

플라자 합의Plaza Accord로 엔화가 급등하면서 일본의 전체 주식 가치가 미국을 압도했던 1980년대 중반부터의 5년간은 극단적인 예로 중국 증시에서 실현되기 어렵다.

니케이 지수Nikkei 225는 달러 기준으로 1985년 50에서 1990년 고점으로 250을 돌파[15]하기도 했다. 무역 수지 균형을 추구하는 과정에서 위안화가 구조적으로 절상되고 중국 주식 시장의 비중이 경제에서 차지하는 위치에 가까워진다면 중국 지수인 CSI300이나 MSCI 중국이 장기적으로 오를 수 있는 여지가 크다. 감정에 이끌

크Larry Fink가 창업했다

13　시티코프Citicorps와 트래블러스 그룹Travelers Group이 1998년에 합병하면서 만들어진 미국 4대 은행이다. 상업은행과 투자은행 부문을 모두 수행한다.

14　미국 최대 은행으로 최고 경영자인 제이미 다이먼은 2005년에 자리에 올라 18년째 회사를 지휘하고 있다. 2008년 리먼 브라더스 위기를 잘 돌파해 유명해졌다.

15　엔화를 기준으로 13,000에서 38,000 내외로 폭등한 것을 말한다. 엔화를 기준으로 니케이 지수는 지금까지 1990년 고점을 돌파하지 못했다.

에필로그

려 중국을 터부시해서는 곤란하다. 투자 대상의 하나로 중국에 대해 공부할 필요가 있다. 돈은 국적을 가리지 않는다.

부동산은 어떻게
접근해야 할까?

2015년 이후 집값이 끊임없이 오르면서 주택 매수를 포기하는 사람들이 늘고 있다는 기사를 심심찮게 볼 수 있다. 아파트가 비싸지면서 연립이나 다세대 주택으로 이사를 가는 사람들도 많아졌다는 이야기도 들린다. 2021년에 나온 조선일보 사설의 일부를 소개한다.

> 아파트 매매가가 계속 오르기만 하고 전·월세 매물까지 급감하면서 아파트에 살 수 없게 된 2030세대와 서민들이 다세대·연립주택 매입으로 몰리고 있다. 아파트를 사는 것도, 세를 드는 것도 힘들어진 무주택자들이 이번에는 연립주택 '영끌 매수'에

나서고 있는 것이다. 지난 4년여간 정부의 20여 차례 부동산 대책이 모두 실패한 결과가 서민층 주거지인 연립주택 시장까지 과열시키는 풍선 효과를 빚고 있다.

서울의 지난 달 연립 매매 거래는 5,424건으로, 2년 전 같은 달보다 62% 급증했다. 서울의 연립 거래량은 올 1월 처음으로 아파트 거래량을 추월했으며 이런 역전 현상이 5개월째 이어지고 있다. 아파트 비중이 큰 서울에서 과거엔 없었던 이례적인 일이다. 인천과 경기 지역도 올 들어 월평균 연립 거래가 3,000~6,000건씩으로 약 13년 만에 최대치를 기록했다. 다세대 연립주택 값도 치솟아 지난달엔 3억 3000만원에 육박했다. …(후략)…

— Chosun.com, 2021년 6월 22일 기사 중

기사를 하나 더 살펴보자.

전셋값 폭등에 지친 '전세 난민'들이 아파트 전세를 포기하고 비슷한 가격의 연립·다세대 주택을 사들이는 것으로 분석됐다. 한국감정원은 8일 최근 수도권 주택시장의 실거래 신고 자료를 종합적으로 분석한 결과, 이같이 나타났다고 밝혔다. 집값 대비 전셋값 비율을 뜻하는 전세가율은 1월 기준 70%에 육박하는 수준으로 올라 2년새 7%p 이상 뛰었다.

한국감정원 자료에 따르면, 지난해 수도권의 중형 이하 주택 거래량은 2013년과 비교해 전체적으로 늘어났다. 그 증가 폭은

20% 후반대에 달한다. 지역(서울·경기·인천)과 평형(소형·중소형·중형)별로 보면 아파트보다 다세대·연립 주택의 거래 증가세가 눈에 띈다. 서울의 소형 주택 거래량을 보면 아파트가 2013년 1만 5,400가구에서 지난해 2만 200가구로 31.0% 증가했고 연립 거래량은 1,800가구에서 2,600가구로 43.6%가 늘었다. 서울 중소형의 경우 역시 아파트가 29.2%(2만 1,700가구 → 2만 8,000가구) 늘어난 사이 연립은 50.0%(1,600가구 → 2,500가구) 증가했다. 서울 중형을 보면 아파트는 31.8% 늘었지만, 연립은 44.3%, 다세대는 41.7% 늘어 연립과 다세대주택 거래 증가량이 아파트를 웃돌았다. …(후략)…

— Yna.co.kr, 2015년 3월 8일 기사 중

6년의 시차를 두고 같은 이야기가 반복되고 있다. 상황은 천양지차다. 2015년은 리먼 브라더스 사태 이후 약세장에 진입했던 부동산 시장이 2013년에 바닥을 찍고 본격적인 상승 추세를 탄 것인지에 대해 의견이 분분할 때다. 2021년은 2006년 이후 가장 센 강세장이었다. 2015년 서울 아파트 중위 가격 평균은 5억 원으로 2014년 대비 5% 올랐던 반면, 2021년은 10.2억 원으로 전년 대비 11%나 급등했다. 같은 기간 서울의 3분위 가구 기준 연소득 대비 가격 PIR, Price Income Ratio은 각각 5.1배, 6.7배였다.[1] 시세 흐름이 달랐기 때문에 정부도 정반대의 태도를 취했다.

2015년에는 대출과 재건축 규제가 완화됐다. 2021년에는 15억 원 초과 주택 또는 2주택자 이상은 대출이 나오지 않았다. 완전히

에필로그

다른 상황에서 동일한 성격의 기사가 속출한다는 의미이다. 부동산도 주식과 마찬가지로 뉴스에 지나치게 휘둘러서는 안 되는 이유이다.

분명 10년 전에 비해 자가를 마련하기 어려워졌다. 대출도 어렵고 부동산 값도 많이 올랐다. 그러나 자기 집 사기의 어려움은 조선시대라고 다르지 않았다. 다음은 조선 정조 때 한양에 살았던 유만주가 남긴 일기의 한 대목이다.

1784년 7월 27일
'집값을 200냥 올린 것은 참으로 본디 헤아렸던 바가 아니지만…. 사람으로 하여금 속이 뒤집히게 한다.

1784년 8월 6일
집을 사는 일이 참 어렵다. 모두 이와 같다면 누가 집을 사려고 물어보겠는가?

조선시대 서울의 인구는 계속 늘었기 때문에 세종 때부터 주택 부족이 사회 문제로 대두됐고 성종~연산군 대에 이르러 심각한 문제가 됐다고 한다. 모든 사람이 갖고 싶어 하는 땅이 비싸지는 현상도 요즘만의 문제가 아니다.

조선 초기인 세조 재임기에 신숙주[16]는 종로 일대 민가를 철거하면서 "저자 사람들이 아침, 저녁으로 이권을 노리는 땅이니, 3배로 주는 것이 편하겠습니다"라고 말하기도 했다.[2]

난이도가 높다고 해서 시험 자체를 포기하면 합격 가능성은 0%다. 일단 시도해야 1%의 확률이라도 갖고 갈 수 있다. 입주하고 싶은 주택을 자기 자본과 적절한 수준의 차입을 통해 마련할 수 있다면 사는 쪽으로 생각하는 편이 좋다. 1가구 1주택은 정신 건강에 도움이 되고 다른 투자에 나설 때도 자신감을 심어 준다. 주택을 고르는 기준은 첫째도 위치, 둘째도 위치, 셋째도 위치다.

건설 담당 애널리스트로 일하면서 외국인 영업 담당 직원들과 각자 자기 나라의 부동산 시장에 대해 종종 이야기할 기회가 있었다. 그들이 한 목소리로 외친 말은 "Location(위치), Location(위치), Location(위치)"였다. 위치의 중요성은 동서고금을 막론한다. 1997년 국민 주택 규모 아파트 가격을 보면 신축, 구축 여부나 당시의 분위기보다 핵심 지역 여부를 훨씬 더 중요하게 여겨야 한다는 점을 알게 된다. 상대적으로 집이 새 것이라거나 개발 계획이 있다는 이유 등을 주택 구매 결정의 중요한 근거로 삼아서는 곤란하다.

1997년에 비슷한 크기의 마두동 강촌우방아파트와 청담동 삼익아파트의 가격이 거의 유사했다. 강촌우방아파트는 1993년에 입주가 진행됐기 때문에 1997년이면 신축이었고 신도시라는 장점이

---

16 세종부터 성종까지 섬겼던 명신으로, 1417년에 태어나 1475년에 사망했다. 집현전에서 책을 읽다 잠들었을 때 세종이 옷을 덮어 줬다던 훈훈한 고사의 주인공이기도 하지만, 세조를 따랐다는 이유로 평가가 엇갈리기도 한다

있었다. 삼익아파트는 1980년에 완공된 구축이었고 당시에는 근처에 지하철도 없고 정비되기도 전이었다. 서울에 핵심 지역이라는 점을 빼면 우월한 점이 하나도 없었다. 호가에 따라 다르긴 하지만, 지금은 가격 차이가 4배에 가깝다.

지역에 대한 개념은 어디가 좋고 나쁘고만으로 끝내서는 안 된다. 지역 간 격차에 대한 개념을 반드시 염두에 둬야 한다. 중요하기 때문에 다시 한번 강조한다. 부동산의 위치는 무조건 상대적이다. 자기가 사는 동네를 나쁘다고 말하는 사람을 본 적이 거의 없다. 익숙함에서 나오는 당연한 반응이다. 다른 곳과 비교하지 않기 때문이다. 자기가 사는 집이 정말 마음에 들어도, 지금 있는 지역보다 상급지인 곳과의 격차가 역사적 관점에서 어디에 와 있는지 여부는 꼭 확인해야 하는 정보이다.

인터넷을 이용하든, 직접 발품을 팔든 지역별 아파트의 가격과 간격을 항상 공부해야 한다. 상급지, 중급지 및 하급지 개념을 받아들이고 각 급지 안에서의 순위도 있다는 사실을 명심해야 한다. 상급지의 3단계와 중급지의 1단계가 매물로 나왔는데, 적정한 가격 차이를 머리에 두고 있지 않다면 빠른 결정을 할 수 없다. 여기까지만이라도 항상 명심하고 부동산에 접근한다면 실패할 확률은 크게 줄어든다.

1997년 서울 주요 아파트 가격

구/시	동	아파트명	평형	시세(백만원)
강동	고덕	아남	35	165
강서	염창	동아	32	165
군포	산본	모향롯데	37	165
강동	명일	명일LG	35	167.5
동대문	회기	신현대	32	167.5
도봉	창	동아	32	170
동작	본	신동아	35	170
송파	풍납	풍납현대	33	170
서초	서초	무지개	33	172.5
강남	청담	삼익	35	175
강동	둔촌	주공고층	31	175
부천	중	그린타운삼성	38	175
서대문	홍제	한양	32	175
성남	서당	효자임광	32	175
성남	서현	시범우성	32	175
성남	서현	시범현대	33	175
성남	이매	이매청구	33	177.5
고양	마두	강촌우방	32	178
서초	반포	미도	34	180

자료: 매일경제

미주

프롤로그

1 리처드 탈러, 캐스 선스타인 저, 『넛지』: 동전 던지기에서 앞면이 나오면 X달러를 따고, 뒷면이 나오면 100달러를 잃을 때, 사람들은 X가 200달러는 돼야 참가할 의지가 있다고 밝혔다.

2 Gustave Le Bon, 'THE CROWD: A Study of the Popular Mind'

3 피터 린치, 존 로스차일드, 『전설로 떠나는 월가의 영웅』

4 kosis.kr, 부동산 거래 현황, 아파트 매매 가격 지수

5 kosis.kr, 아파트 매매 실거래 중위 가격

6 CoinDesk Insights, 'Ray Dalio: 'I Have Some Bitcoin'', 2021년 5월 24일

7 msci.com

8 동아일보, "세계는 넓고 할 일은 많다" 대우 신화 일궈 낸 세계 경영 선구자, 2019년 12월 10일

제1부

1 Mckinsey & Company, 'How COVID-19 has pushed companies over the technology tipping point—and transformed business forever', 2020년 10월

2 Latanya Sweeney, 'Discrimination in Online Ad Delivery', 2013년 3월, Amy Webb, 'The Big Nine'

3 Careers.google.com/eeo, 'Google does not discriminate against any employee or applicant because of race, creed, color, religion, gender, sexual orientation, gender identity/expression, national origin, disability, age, genetic information, veteran

status, marital status, pregnancy or related condition (including breastfeeding), or any other basis protected by law.'

4 Scientific American, 'The Rise and Fall of Ishaemic Heart Disease', 1980

5 earth-policy.org/data_highlights/2012/highlights25

6 Medicalxpress.com/news/2020-05-anti-viral-drug-remdesivir-effective-coronavirus.html

7 pharmnews.com/news/articleView.html?idxno=109878

8 James Le Fanu, 'The Rise and Fall of Modern Medicine'

9 금융투자협회, '2021 주요국 가계 금융 자산 비교', 2021년 7월 5일

10 한국은행, '2020년 국민 대차대조표', 2021년 7월 22일

11 금융투자협회, '2021 주요국 가계 금융 자산 비교', 2021년 7월 5일

12 매일경제, '퇴직 연금 선진국 호주, 주한 호주 대사가 전하는 운용 비결은', 2021년 11월 14일

13 kosis.kr

14 Factset, 이하 주가 및 집값 자료원 동일

15 marketwatch.com, 'This is Warren Buffet's 'first rule' about investing.', 2022년 2월 2일

16 한국은행, 국가기록원, 이하 예금 금리 및 물가 상승률 자료원 동일

17 fund.nps.or.kr/ jsppage/fund/mpc/mpc_03.jsp

18 kcu.or.kr/ IN/IN-P710T02.do

19 reits.molit.go.kr/ svc/svc/openPage.do?pageId=010100

20 재무 연구 제28권 제3호, '해외 사모펀드 성과와 분산 투자 효과'

제2부

1 잭 슈웨거Jack Schwager, '시장의 마법사들Market Wizards: Interviews with Top Traders'

2 Putnam Investments

3 Capital Group

4   Factset, 이하 PER, EPS 및 업종 비율 자료원 동일

5   fred.stlouisfed.org, 2020년 미국 GDP 성장률 -3.4%, 2009년 -2.6%, 이하 경제 성
    장률, 저축률 및 가계 건전성 지표 자료원 동일

6   federalreserve.gov/publications/files/2021-dfast-results-20210624.pdf, 2021년 6
    월 24일

7   Bank of International Settlements

8   bls.gov

9   tsa.gov, faa.gov

10 뤼트허르 브레흐만, '휴먼카인드Humankind'

11 로데베이크 페트람, '세계 최초의 증권거래소', 이하 네덜란드 동인도 회사 관련
    자료원 동일

12 양동휴, '미국 경제사 탐구', 이하 미국 경제 역사 관련 자료원 동일

13 IQVIA Institute, 'The Global Use of Medicines 2022', 2022년 1월

14 Deloitte

15 Bloomberg, 이하 GDP 대비 중앙은행 자산 자료원 동일

16 Evaluate Pharma, 'World Preview 2021 Outlook to 2026', 2021년 7월

17 population.un.org

18 US Homeland & Security

19 Bain Capital, KPMG

20 Pew Research Center

21 History Database of the Global Environment

22 Stockholm International Peace Research Institute

제3부

1   앙드레 코스톨라니, '돈 뜨겁게 사랑하고 차갑게 다루어라Kunst, uber Geld nachzudenken'

2   Forbes, 'The Berkshire Bunch', 1998년 10월 12일. 참고로 버크셔 해서웨이 주가
    는 1998년 이후 현재까지 약 7배 올랐다.

3 2021년 버크셔 해서웨이 주주 서한

4 Factset, 이하 주가, 순이익 및 기타 재무 지표 자료원 동일

5 G.M. Loeb, 'The Battle for Investment Survival'

6 이병철, 『호암자전』, 이하 이병철 회장 사업 관련 내용 자료원 동일

7 혼마 무네히사, 이형도 편저, 『거래의 신 혼마』

8 Jeffrey D. Van Niel & Nancy B. Rapoport, 'Dr. Jekyll & Mr. Skilling: How Enron's Public Image Morphed from the Most Innovative Company in the Fortune 500 to the Most Notorious Company Ever', & Investopia, 'Enron Scandal: The Fall of a Wall Street Darling', 이하 엔론 관련 내용 자료원 동일

9 Center for Ethical Organizational Cultures, 'Worldcom's Bankruptcy Crisis' & International Banker, 'History of Financial Crises: The Worldcom Scandal', 이하 월드컴 관련 내용 자료원 동일

10 2006 Financial Analysts Seminar, 2006년 7월 16일~21일

11 현금흐름 할인법과 관련된 이론적 내용은 Mckinsey & Company에서 John Wiley & Sons, Inc. 출판사를 통해 발간한 'Valuation: Measuring and Managing the Value of Companies'에 바탕을 두고 있다.

12 statista.com

13 한국은행 경제통계시스템

제4부

1 최준철, 김민국, 『한국형 가치투자 전략』, 태평양과 롯데칠성 관련 자료원 동일

2 Bloomberg, 이하 가계 금융 자산 관련 자료원 동일

3 Factset, 이하 주가 및 이익 관련 자료원 동일

4 IEA, Statista 이하 전기차 시장 관련 자료원 동일

5 전자신문, 2019년 10월 22일

6 디일렉. 2020년 2월 4일

7 IQVIA Institute, 'The Global Use of Medicines 2022', 2022년 1월, 이하 헬스케어

시장 관련 자료원 동일

8 UN, 이하 인구 관련 자료원 동일

9 IMF

10 kosis.kr

11 msci.com

제5부

1 chosun.com, 2020년 5월 5일, donga.com 2020년 7월 7일, joongang.co.kr 2020년 8월 31일 등

2 Factset, 이하 EPS 및 PER 등 관련 자료원 동일

3 Michael E. Porter, 'How Competitive Forces Shape Strategy', HBR March-April 1979 등

4 공정거래위원회

5 Factset, 이하 매출, 이익률, 회계 및 은행업 주요 수치 등 관련 자료원 동일

6 2021년 말 기준, 시가총액, 수익률 및 기타 SWAN 관련 자료원 동일

7 fred.stlouisfed.org, 이하 미국 은행업 관련 자료원 동일

에필로그

1 KB부동산

2 중앙일보, 강력 부동산 대책 낸 영조, 정작 딸은 집 마구 사들였다, 2020년 7월 12일

끝까지 살아남는 미국주식 고르기

초판 1쇄 발행 · 2022년 8월 29일

지은이 · 한상희
발행인 · 이종원
발행처 · (주) 도서출판 길벗
주소 · 서울시 마포구 월드컵로 10길 56 (서교동)
대표전화 · 02) 332-0931 | **팩스** · 02) 322-0586
출판사 등록일 · 1990년 12월 24일
홈페이지 · www.gilbut.co.kr | **이메일** · gilbut@gilbut.co.kr

기획 및 책임편집 · 이치영(young@gilbut.co.kr) | **제작** · 이준호, 손일순, 이진혁
마케팅 · 정경원, 김진영, 김도현, 장세진, 이승기 | **영업관리** · 김명자 | **독자지원** · 윤정아, 최희창
디자인 · studio forb | **교정교열** · 안종군
CTP 출력 및 인쇄 · 금강인쇄 | **제본** · 금강제본

ISBN 979-11-407-0093-6 03320
(길벗 도서번호 070483)

정가 20,000원

독자의 1초를 아껴주는 정성 길벗출판사

(주)도서출판 길벗 IT교육서, IT단행본, 경제경영서, 어학&실용서, 인문교양서, 자녀교육서
www.gilbut.co.kr
길벗스쿨 국어학습, 수학학습, 어린이교양, 주니어 어학학습, 학습단행본
www.gilbutschool.co.kr